Die Prophezeiungen des Nostradamus

Die Prophezeiungen des Nostradamus

Gondrom

Zusammenstellung: Helmut Werner, Frankfurt
Covergestaltung: CREATIV Werbe- und Verlagsgesellschaft
Ulrich Kolb, Leutenbach
Satz: Concept GmbH, Höchberg bei Würzburg
Gesamtherstellung: TĚŠÍNSKA TISKÁRNA Český Těšín,
ČSFR
ISBN 3-8112-0857-8

Inhalt

Vorwort

Michael Nostradamus zieht seit fünf Jahrhunderten das Interesse der Menschen auf sich; selbst seine Kritiker müssen neidlos eingestehen, daß er zumindest, was die Popularität seiner Person und Einfluß seiner Weissagungen anbelangt, einer der bedeutendsten Propheten der Weltgeschichte ist. In unruhigen und kriegerischen Zeiten und des Umbruchs wie in unserer Gegenwart wird auch dem einzelnen Menschen bewußt, wie sehr sein individuelles Schicksal von dem seines Volkes abhängt, und er greift nach Prophezeiungen, die das Kollektivschicksal der Völker und Länder beinhalten.

Seit Jahrhunderten wurde der Text dieser Weissagungen verfälscht verstümmelt und je nach der politischen Lage gedeutet und, was noch schlimmer ist, für nationalistische und politische Propaganda mißbraucht. Diese Art von Nostradamusliteratur füllt ganze Bibliotheken; der größte Teil ist glücklicherweise heute in Vergessenheit geraten.

Daneben gab es immer schon eine Nostradamusforschung, in der Generationen von hervorragenden Kennern mit emsigem Fleiß und in mühevoller Kleinarbeit viele Detailprobleme der schwer verständlichen Weissagungen des großen Sehers lösten. Sie trugen dazu bei, daß wir heute den Text besser verstehen lernen. Die vorliegende Nostradamusausgabe enthält den vollständigen Text in deutscher Übersetzung, die bei umstrittenen und auch heute noch nicht restlos geklärten Stellen ausschließlich die Mehrheitsmeinung der führenden Nostradamusforscher folgt, die nach wissenschaftlichen Grundsätzen arbeiten. Unwissenschaftliche, unkritische und denkfehlerhafte Tüfteleien von Außenseitern sind unberücksichtigt geblieben. Dies gilt insbesondere für die Erläuterungen, die nur einen Querschnitt der internationalen auf wissenschaftlichen Grundsätzen beruhenden

Nostradamusforschung wiedergeben. In der Einleitung wird nach dem heutigen Stand der Forschung die Biographie und die Entstehungsgeschichte des Werkes nachgezeichnet. Bei der Darstellung der Hauptprobleme der Nostradamusforschung erfährt der Leser, wie man an diese Vierzeiler herangehen sollte. Insbesondere wird gezeigt, was man von den Weissagungen des Nostradamus erwarten kann und wo die auch von Nostradamus selbst gezogenen Grenzen liegen.

Der Herausgeber
Helmut Werner

Einleitung

Der berühmte Arzt, Astrologe und Prophet Michael Nostradamus wurde am 14. Dezember 1503 in St. Remy in der Provence geboren. Sein eigentlicher Name war Michel, was auf seine jüdische Abkunft hinweißt. Sein Vater, Jakob Nostradamus, dessen Name französisch Notre-Dame geschrieben werden müßte, war königlicher Notar in seiner Geburtsstadt. Seine Mutter hieß Renata de St. Remy. Seine beiden Großväter waren Leibärzte, und zwar auf der mütterlichen Seite Johann de St. Remy bei dem König Renatus von Jerusalem und Sizilien, und auf der väterlichen Seite Petrus de Notre-Dame bei dem Herzog von Kalabrien. Beide Großväter waren bekannte Astrologen, so daß sich Nostradamus rühmen konnte, daß die Gabe der Prophezeiung in seiner Familie erblich sei. Seine Familie mußte schon eine Generation christlich gewesen sein, denn sein Großvater hätte als Jude nie den Namen Notre-Dame führen dürfen. Michael Nostradamus war stolz auf seine jüdische Abstammung, denn er hatte aus den Sternen gelesen, daß seine Urahnen aus dem Stamm Isaschar abstammten. Von den Angehörigen dieses Stammes heißt es im Alten Testament, daß sie weise seien und sich auf die Weissagung verstünden.

Sein Großvater, Johann de St. Remy, erzog den kleinen Michael und weckte in ihm besonders das Interesse zur Naturkunde und Astrologie. Nach dessen Tod schickte ihn sein Vater in die Universitätsstadt Avignon, wo er seine humanistischen und philosophischen Studien fortsetzte. 1520 bestand er dort die Prüfung zum „Maitre des Arts“, so daß er die schönen Künste und Philosophie lehren durfte. Danach wechselte er an die Universität Montpellier, um sich dem Medizinstudium zu widmen. Schon im Jahre 1525 schloß er seine Studien ab und erhielt die Lizenz, sich als praktischer Arzt zu betätigen.

Fast zur gleichen Zeit wurde Montpellier von einer fürchterlichen Pestepidemie heimgesucht. Nostradamus galt als einer der tüchtigsten Ärzte: Einige seiner Biographen erwähnen ein geheimnisvolles Pulver, das er benutzt haben soll. Die Bekämpfung der Seuche dauerte fast vier Jahre. Auch andere Städte nahmen seine Dienste in Anspruch. Zuverlässig ist dies für die Städte Carcassonne, Toulouse, Narbonne und Bordeaux nachgewiesen, wo er sich längere Zeit aufhielt. In den beiden letzteren Städten, wo sich größere jüdische Gemeinden befanden, soll er sich ausführlich mit dem Talmud und der Kabbala, der jüdischen Geheimlehre, befaßt haben. Gelegentliche Abstecher führten ihn auch nach Avignon. Dort soll er in seinen Mußestunden ein „Quitten-Gelee" kreiert haben, das er außer dem Kardinal von Bordeaux auch dem König von Frankreich angeboten habe.

Nach diesem unsteten Wanderleben als Pestarzt kehrte er 1529 an die Universität von Montpellier zurück und bereitete sich auf seine Doktorprüfung vor. Groß war seine Enttäuschung, als er feststellte, daß die Professoren seine Erfolge bei der Pestbekämpfung nicht besonders würdigten. Er bestand alle Prüfungen und erwarb sich sogar die Anerkennung von Antoine Romier, einem der bekanntesten Medizinprofessoren der damaligen Zeit. Doch schon 1531 begann er von neuem sein Wanderleben, das ihn wieder zu seinen Freunden und Gönnern aus seiner Zeit als Pestarzt führte. Schon damals gehörte die Prinzessin von Navarra zu seinen Bewunderern, der er auch die Übersetzung eines Gedichtbandes mit dem Titel „Das Buch von Orus Apollo, Sohn des Osiris, König von Ägypten" widmete.

Bei seinen Reisen machte er auch die Bekanntschaft von Julius Caesar Scaliger (1484–1558), einem französischen Humanisten italienischer Abstammung, der sich zu dieser Zeit in Agen aufhielt. Seine Zeitgenossen bewunderten seine naturwissenschaftlichen Kenntnisse. Der Philosoph Leibniz sah in ihm einen der wichtigsten Vertreter der Aristotelischen Heilkunst und Metaphysik. Das Verhältnis der beiden Gelehrten trübte sich aber mit der Zeit. Scaliger verspottete sogar seinen einstigen Freund in seinen Gedichten. Aber der Aufenthalt Nostradamus in Agen bescherte ihm für eine kurze Zeit ein bescheidenes Glück; hier lernte er nämlich ein adeliges Fräulein kennen, deren Name seinen Biographen bis heute unbekannt geblieben ist, und heiratete sie. Sie schenkte ihm zwei Kinder, einen Sohn und eine Tochter. In der Pestepedemie des Jahres 1535 verlor er seine Frau und seine beiden Kinder. Dieses tragische Schicksal versuchte er in einer fast zehnjährigen Reise durch Frankreich und Italien zu vergessen.

Von 1536 bis 1541 hielt er sich in Elsaß-Lothringen, Deutschland und Italien auf, ab 1541 bis 1546 in der Provence. Dieser Zeitabschnitt gehört zu den am wenigsten bekannten Perioden im Leben des Nostradamus. Seine Biographen vermuten, daß er auch die Bekanntschaft von Paracelsus (1493–1541) gemacht hatte. Auch dem Magier und Geisterbeschwörer Doktor Johannes Faust (1480–1550) aus Württenberg soll er begegnet sein. Die spärlichen Quellen sprechen dafür, daß er sich intensiv mit Astrologie beschäftigte und damit auch seinen Lebensunterhalt verdiente. Man vermutet auch, daß in dieser Zeit Nostradamus die „Weissagung von Orval" verfaßte. Im Jahre 1816 sollen in der Zisterzienserabtei Orval im belgischen Luxemburg diese Weissagung gefunden worden sein. Der Legende nach soll der Verfasser ein Einsiedler in dieser Gegend gewesen sein, aber sie sind mit Sicherheit lange vor 1790 abgefaßt worden. Die „Weissagung von Orval" findet sich bereits in einem 1544 in Luxemburg gedruckten Buch. Die Prophezeiungen schildern sehr genau die Geschicke Frankreichs vom Auftreten Napoleons I. an.

Im Jahre 1544 tauchte Nostradamus in der Provence auf und spielte mit dem Gedanken, sich endgültig in Marseille niederzulassen. Zur gleichen Zeit wütete in dieser

Gegend eine fürchterliche Pestepidemie. Innerhalb von zwei Jahren gelang es Nostradamus, zusammen mit seinen Kollegen, dieser Seuche Herr zu werden. Als im Jahre 1546 die Seuche in Aix ausbrach, kam eine Gesandtschaft der Stadt zu ihm und bat ihn um Hilfe. Bei der Bekämpfung der Seuche bediente er sich eines Rauchpulvers, das er in dem Buch „Des Fardements et des senteurs“ genau beschreibt. Auch die Städte Salon und Lyon baten ihn um seine Hilfe. Lyon verließ er bald wieder, als er mit seinem Kollegen Antoine Sarrazin in Streit geriet, der ihn beschuldigte, magische Mittel anzuwenden.

Trotz der aufreibenden Arbeit als Pestarzt fand er noch Zeit, sich mit wissenschaftlichen Fragen zu beschäftigen. So schrieb er 1545 das Buch „Interpretation des Hieroglyphes de Horopollo“ (Interpretation der Hieroglyphen von Horopollo), das bis 1968 als Handschrift in der Nationalbibliothek von Parigi lag und von Pierre Rollet veröffentlicht wurde.

Nostradamus schien des unstetigen Wanderlebens überdrüssig zu sein; denn 1547 schloß er mit der Patriziertochter Anne Poussard in Salon zum zweitenmal die Ehe. Sie schenkte ihm sechs Kinder, drei Söhne und drei Töchter. Wenngleich diese Ehe sehr glücklich war, so gibt es dennoch Hinweise, daß sich Nostradamus gelegentlich auch Seitensprünge erlaubte. So kaufte er bei einem Apotheker in Genua im Jahre 1548 eine Tinktur aus Rosenhonig und Opium. Beide Stoffe wurden als Liebesmittel benutzt.

Anfänglich schien sich Nostradamus in Salon, wo er sich nun bis zu seinem Lebensende aufhielt, noch intensiv mit der Medizin beschäftigt zu haben. Er veröffentlichte ein Buch über seine erfolgreichsten Rezepte „Des Fardements et des senteurs“, das sogar 1572 ins Deutsche übersetzt wurde. Einträglicher war aber sein Geschäft mit der Astrologie. Seit 1550 veröffentlichte er jedes Jahr seine Almanache, von denen die aus den Jahren 1553 und 1557 erhalten sind. Es handelte sich um Almanache für die Landwirtschaft, aber keineswegs wandten sie sich an die Bauern, die ja zu dieser Zeit nicht lesen konnten. Diese Schriften wurden auch gern von den reichen adeligen Damen gelesen, die im Anschluß an den jährlichen Kalenderteil über Sitten und Gebräuche belehrt wurden. Wenngleich sich der bekannte Arzt über seinen beruflichen Erfolg nicht beklagen konnte, so fühlte er sich in Salon nicht ganz glücklich. Er beklagte sich mehrfach über die Unwissenheit seiner Mitbürger, die ihn auch als einen heimlichen Kalvinisten verdächtigten. Mit der Zeit zog er sich aus seiner ärztlichen Praxis fast gänzlich zurück und widmete sich der Astrologie. Aber auch diese Tätigkeit brachte ihm viele Anfeindungen und Polemiken ein.

Nachts zog sich Nostradamus in sein kleines Kabinett zurück, das ihm die Übersicht über den ganzen Horizont seines Wohnortes gestattete. Noch heute wird dieses Zimmer in Salon gezeigt. Von hier aus beobachtete er die Sterne, und in seinem Innern sah er vor seinem „zweiten Gesicht“ die Zukunft der Menschheit. Die Visionen, die er vor seinem inneren Auge sah, teilte er zunächst nur seinem Schüler und engsten Vertrauten Jean Aimes de Chavigny mit, der auch sein Biograph und Nachlaßverwalter wurde.

Als die Abdankung des deutschen Kaisers Karl V. zugunsten Ferdinands I., der Tod des französischen Königs Heinrich II. und die Hugenottenkriege nahe bevorstanden, entschloß sich Nostradamus, seine Visionen zu veröffentlichen, da er diese Ereignisse vorausgesehen hatte. Zunächst schrieb er sie in Prosa nieder und bediente sich der französischen Sprache. Daß er nicht das bei solchen Veröffentlichungen übliche Latein benutzte, zeigt, daß er auf eine große Wirkung im Volk setzte. Freilich ist dieses Französisch sehr schwierig zu lesen, was schon seine Zeitgenossen beklagten. Nicht nur die sehr komplizierten Satzkonstruktionen, sondern auch die zahlreichen

Beimengungen aus den französischen Dialekten, besonders dem Provenzalischen, Lateinischen und Hebräischen erschweren die Lesbarkeit. Zusätzlich verdunkelt er den Text durch Anagramme, die man nur verstehen kann, wenn man die Buchstaben rückwärts liest. All dies genügte ihm aber noch nicht, um den Sinn seiner Visionen zu verschleiern. Er übertrug sie aus der Prosa in vierzeilige Strophen, den Quatrains, und teilte sie nach Hunderten als Zenturien ab. Um aber auch die Möglichkeit, diese Verse allein durch die zeitliche Abfolge zu deuten, auszuschließen, mischte er sie durcheinander.

Erst in dieser Form glaubte er, seine Visionen und Prophezeiungen unbedenklich der Nachwelt übergeben zu können. Es war seine erklärte Absicht, daß die Weissagungen erst dann erkannt und gedeutet werden sollten, wenn das prophezeite Ereignis schon eingetreten war. Er selbst drückte dies so aus:

„Ich gebe in dem Spiel von tausend dunklen Reimen
entdeckend und verbergend, was der Zukunft wird entkeimen
an Haupterlebnissen der großen Potentaten,
der Neugier eine Folter, die sie nicht erraten,
denn eine lange Reihe von Dingen ist verzeichnet,
die man erst dann erkennt, wenn sich die Tat ereignet."

Man würde in diesem Labyrinth sich kaum zurechtfinden, wenn Nostradamus nicht Personen, Länder und bestimmte Ereignisse stets mit demselben Deckwort, das immer sehr charakteristisch gewählt ist, bezeichnen würde. Auch ist die antike Mythologie eine Hilfe, die ausgiebig zur Anwendung kommt. So ist es sicherlich verständlich, daß sich seine Prophezeiungen besser umschreiben als übersetzen lassen.

1555 erschienen unter dem Titel „Les vrayes Centuries et Propheties de M. Nostradamus" die Centurien 1 bis 7, die in der Vorrede seinem Sohn César gewidmet sind. Die öffentliche Meinung verhielt sich mehr ablehnend als zustimmend. Man zögerte nicht, Nostradamus einen Betrüger und Scharlatan zu nennen. Was in diesem Buch geboten wurde, war in der Tat sehr ungewöhnlich und überstieg sogar das Vorstellungsvermögen der gebildeten Zeitgenossen.

Der französische Königshof erkannte sofort die Wichtigkeit dieser Prophezeiungen. Im August 1556 ließ die Königin Katharina von Medici ihn an den Hof rufen. Nostradamus mußte ihren vier Söhnen das Horoskop stellen. Wahrheitsgemäß sagte er ihr voraus, daß drei von ihnen Könige werden würden, aber er verschwieg, daß die Krönung des einen durch den Tod des anderen bedingt ist.

Mit Geld und Ruhm überhäuft, kehrte der nun mehr berühmte Seher nach Salon zurück. Zwischenzeitlich kursierten sogar schon gefälschte Prophezeiungen unter seinem Namen. Drei Jahre später (1558) folgte die Veröffentlichung der Zenturien 8 bis 10, die dem König Heinrich II. zugeeignet sind. Gleichsam, als ob er beweisen wollte, daß er auch ein hervorragender Arzt war, übersetzte er eine Abhandlung des berühmten griechischen Arztes Galen ins Französische. (Traité sur le remède contre la peste et toutes les fièvres – Abhandlung über das Heilmittel gegen die Pest und alle Fieberarten.)
Zu Lebzeiten des Nostradamus erschienen 942 Weissagungen, die auf 10 Bücher verteilt sind, so daß jedes Buch fast 100 Zenturien hat. Nach seinem Tod fand man unter seinen Papieren noch eine Anzahl weiterer Prophezeiungen, die sich teilweise auf bestimmte Jahre bezogen. Sie werden gewöhnlich als die 11. und 12. Zenturie numeriert. Gewöhnlich legt man für ihre Übersetzung eine Ausgabe zugrunde, die sich in der Bibliothek des berühmten Philosophen Pascal befand. Im Vergleich zu den anderen Zenturien haben sie nur eine untergeordnete Bedeutung. Sie bilden keine vollen Zenturien und haben die Form von Sechszeilern.

Nach der Veröffentlichung der 10 Zenturien ging der 35. Vierzeiler der ersten Zenturie in Erfüllung. Er lautet:

„Auf dem Kampfplatz junger Leu den alten
im Duell besiegt der Augen Licht
wird im gold'nen Käfig er ihm spalten'
zwei Spieg'l einer, 's Aug im Tod dann bricht."

Im Juli 1559, bei der Doppelhochzeit von Töchtern Heinrichs II., streckte der junge Leu (= Löwe) Graf Montgomery den „alten" König Heinrich II. in den Sand, als sie mit stumpfen Waffen in einem Turnier ihre Kräfte maßen. Dabei zerbrach seine Lanze, und ein Splitter drang durch das goldene Visier des Helms (= goldener Käfig) ins rechte Auge. Der König starb an dieser Wunde. Die Deutung der letzten Zeile des Vierzeilers ist umstritten.

Für Nostradamus bedeutete dies, daß der Hof in Paris nicht mehr an seiner Sehergabe zweifelte. Er war im ganzen Königreich zu einer bekannten Persönlichkeit geworden, von dem sich die Mächtigen das Horoskop stellen ließen.

Noch im Jahre 1559 besuchte der Herzog Philibert Emanuel von Savoyen mit seiner Gemahlin Margarete den Seher in Salon. Als sie schwanger war, mußte Nostradamus nach Nizza kommen und wurde nach dem Geschlecht des Kindes befragt. Er sagte, es werde ein Knabe sein, der Karl getauft und ein großer Feldherr werden würde. Im Jahre 1562 kam tatsächlich ein Knabe zur Welt. Nostradamus stellte ihm das Horoskop, in dem es hieß, er werde in einem bestimmten Jahr verwundet, aber nicht sterben, bevor nicht eine 9 vor einer 7 komme. Als man das betreffende Jahr schrieb, sagte der Prinz zu einem Freund, er werde noch im laufenden Jahr verwundet werden. Sein Freund konnte nicht begreifen, daß der Prinz mitten im tiefen Frieden sich eine schwere Verletzung zuziehen könnte. Da stand der Prinz rasch auf und wollte das Horoskop holen. In der Eile stieß er den Tisch um und verletzte sich schwer.

Da sich diese Prophezeiung erfüllt hatte, glaubte Karl, daß er erst im Alter von 97 Jahren sterben würde. Doch er verstarb mit 69 Jahren. Wiederum hatte sich der Seher nicht geirrt, denn bei dem Todesjahr kommt eine 9 vor der 7. Auf 69 folgt nämlich 70.

Im Jahre 1564 unternahm Katharina, zusammen mit dem jungen König Karl IX., eine Rundreise durch die Provinzen: Auch ein Besuch bei dem berühmten Seher in Salon stand auf dem Programm. Nostradamus weissagte ihr im geheimen, daß ihr Lieblingssohn, der Herzog Heinrich von Anjou, den Thron besteigen würde. Auch einem anderen Knaben, dem Heinrich von Navarra – der spätere König Heinrich IV. –, weissagte Nostradamus die Königskrone.

Anläßlich dieses Besuches wurden Nostradamus hohe Ehren zuteil. So wurde er Leibarzt von Karl IX. und erhielt ein Geldgeschenk von zweihundert Goldtalern, das von Katharina noch um hundert erhöht wurde.

Wenngleich es ihm jetzt weder an Geld noch an Ehren fehlte, so wurde ihm dennoch das Leben zu einer schweren Last. Er litt an Arthritis und Wassersucht. Als sein Freund Jean Aime Chavigny ihn spät in der Nacht des 1. Juli 1566 verließ, sagte Nostradamus zu ihm: „Der Sonnenaufgang wird mich nicht mehr unter den Lebenden finden." Da man bei dem kranken Nostradamus keine Anzeichen eines bevorstehenden Todes bemerkte, schenkte man seinen Worten keinen Glauben. Aber sie bewahrheiteten sich. Nostradamus war in der Nacht sanft auf einer Bank neben seinem Bett entschlafen.

Unter seinen Papieren entdeckte man einen Vierzeiler, den er im Jahre 1564 verfaßte:

„Zurückgekehrt legt' ich des Königs Gabe nieder;
Die Arbeit ist vollbracht, ich geh' zu Gott;
Mir nahn Verwandte, Freunde und Brüder –
Bei einer Bank an meinem Bett werd' ich gefunden tot."

Am 2. Juli wurde Nostradamus links vom Haupteingang der Minoritenkirche in Salon beigesetzt, was ebenfalls einer Prophezeihung entsprach. Seine Witwe ließ ihm folgende Grabinschrift setzen:

„Hier ruhen die Gebeine des hochberühmten Michael Nostradamus, der nach dem Urteil aller Sterblichen allein würdig war, mit seiner beinah göttlichen Feder nach dem Lauf der Stirne die künftigen Ereignisse des ganzen Erdkreises zu beschreiben. Er lebte 52 Jahre 6 Monate und 10 Tage und starb in Salon im Jahre 1566. Nachwelt, neide ihm nicht den Ruhm! Pontia Gemella wünscht dem Gatten wahre Seligkeit."

Über dem Grab stellte sie sein Brustbild auf mit den Worten: Gott allein, während in den beiden unteren Ecken zu lesen stand:

„Der Du unter den Großen, o Michael, stets zu erwähnen,
Treu den Galliern warst, Zierde den Deinigen Du!"

Nostradamus hat außer den bekannten in Vier- bzw. Sechszeiler abgefaßten Prophezeiungen noch solche in Prosaform hinterlassen, die sein Nachlaßverwalter Chavigny in zwölf Büchern zusammenstellte. Sie gingen wie eine Reihe anderer Werke Nostradamus verloren. So sollen sich noch bis in die ersten Jahrzehnte des 19. Jahrhunderts in der Ebnerischen Bibliothek in Nürnberg Originalhandschriften von Nostradamus befunden haben. Als der Nachlaß dieser reichen Patrizierfamilie versteigert wurde, kamen sie in die verschiedensten Länder und sind seitdem verschollen.

Seine Weissagungen beginnen mit dem Jahr 1555 und enden am Schluß des ersten sogenannten Geschichtsweltalters im Jahre 3797 n. Chr. In dem Sendschreiben an Heinrich II. teilt Nostradamus mit, daß er nur Ereignisse in Europa und aus einem Teil Afrikas und Asiens behandeln will. Ausgeschlossen wird der Osten Asiens und Indien. Auffallend zahlreich sind die Prophezeiungen, die sich auf Frankreich und hier besonders auf seine Heimat, die Provence und das angrezende Piemont, beziehen.

1867 veröffentlichte der französische Gelehrte Pelletier in zwei umfangreichen Bänden die „Prophezeiungen“ und begründete damit die neuere Nostradamusforschung. Wer heute tiefer in die Problematik des Werkes von Michael Nostradamus eindringen will, muß die kommentierte Ausgabe von Pelletier zu Rate ziehen, die enzyklopädisch das gesamte Wissen zusammenfaßt. Pelletier kam zu dem Schluß, das von den Versen zweihundert in Erfüllung gegangen sind. Es handelt sich hierbei um Ereignisse von größter geschichtlicher Tragweite und solche von ganz untergeordneter Bedeutung, die von dem Seher mit großer Liebe und Ausführlichkeit behandelt wurden.

Bevor einige berühmte Fälle von Weissagungen des Nostradamus vorgestellt werden, die in Erfüllung gegangen sind, müssen zunächst die Maßstäbe und Kriterien der Beurteilung dargelegt werden. Voraussetzung ist, daß der betreffende Vers nachweisbar von Nostradamus stammt. Dies wird am einfachsten dadurch gezeigt, daß er in der Ausgabe von 1555 bzw. 1558 oder in einer späteren Ausgabe des 16. Jahrhunderts stand. Selbst wenn man eine Ausgabe aus dem 16. Jahrhundert benutzt, ergeben sich noch große Schwierigkeiten. Die folgende Tabelle gibt einige Textvarianten, die auch dem der französischen Sprache Unkundigen zeigen, welche Deutungsmöglichkeiten der überlieferte Text der Weissagungen bietet. Die Eigennamen haben grundverschiedene Bedeutungen: Orléans und Orient, Lycurge und Ligure, Mantoua und Mârove.

Stelle:		Ausg. 1568	Ausg. v. Rigaud o.D.	Ausg. 1566
I, Quatr.	2	verge	vierge	verge
	20	Orléans	Oriens	Orléans
	20	tenduës	tenduës	renduës
	24	Mantoue	Màtoue	Mârove
	37	s'esconse	s'absconde	s'absconce
t. III, Quatr.	39	mois	moins	moins
	39	Lycurge	Ligure	Ligure
t.VIII, Quatr.	21	portant	pourtant	pourtant
	33	signe	sine	fine
	46	destrois	destrois	de trois
t. IX, Quatr.	14	borneaux	bordeaux	Bourdeaux
	31	Mortara	Morrura	Mortura
	57	Portée	Portera	Porte

Aus *Klinckowstroem*: Die ältesten Ausgaben der Prophétics des Nostradamus Zeitschrift für Bücherfreunde N.F. IV 1913 Bd. 2 361ff.

Wenn dieser Nachweis nicht geführt werden kann bzw. der Text der frühen Ausgaben variiert, muß eine Ausgabe herangezogen werden, die einen möglichst langen Zeitraum vor dem betreffenden Ereignis erschien, das in den Weissagungen erwähnt wird und in Erfüllung gegangen sein soll. Grundsätzlich muß bei jeder Textdeutung die Möglichkeit einer Fälschung ins Auge gefaßt werden. Während des 1. und 2. Weltkrieges wurden für Propagandazwecke Vierzeiler des Nostradamus gefälscht und in dem betreffenden Feindesland in Umlauf gebracht. Beim Einmarsch der deutschen Truppen in Frankreich im Jahre 1940 waren vom Propagandaministerium Vierzeiler ausgesucht worden, die auf die bevorstehende Niederlage Frankreichs hinweisen sollten. Doch im letzten Augenblick verzichtete man darauf, weil man seine Karten nicht zu früh aufdecken wollte. Für die Nationalsozialisten war Nostradamus zu gefährlich, da es, wie im Anhang zu diesem Buch gezeigt wird, auch Vierzeiler gibt, die auf den Untergang des Dritten Reiches deuten. Hitler gab persönlich den Befehl, aus der Münchner Staatsbibliothek eine sehr alte Ausgabe der „Propheties" zu entfernen. Die Gestapo beschlagnahmte bei einem Verlag alle Bücher des bekannten Nostradamusforscher Loog, der vorgab, den verborgenen Schlüssel zu den Prophetien gefunden zu haben. Selbst die französische Ausgabe von de Fontbrune wurde auf Befehl der Gestapo 1940 beschlagnahmt, weil der Autor zeigte, daß 1941 Hitler in einer großen Schlacht im Schweizer Jura den Tod finden würde. Trotzdem soll nicht unerwähnt bleiben, daß einer der führenden Astrologen des Dritten Reiches, der Schweizer Karl Ernst Krafft (1900–1945), im Jahre 1940 die Ausgabe von 1568 in nur dreihundert Exemplaren reprintete.

Wer sich an die Deutung der Weissagungen des Nostradamus heranwagt, muß auch zeigen, daß nach der Wahrscheinlichkeitsrechnung die betreffende Prophezeiung nicht ein Ergebnis des Zufalls sein kann. Max Kemmerich hat in seinem Buch „Prophezeiungen", S. 383ff., den Nachweis erbringen können, daß Nostradamus ein echter Prophet war und der Zufall praktisch ausgeschlossen ist.

Wenn zum Beispiel im 34. Quatrain der IX. Zenturie ein Graf Narbon erwähnt wird, so kann man folgende Überlegung anstellen. Da das betreffende Ereignis im Jahre 1791 spielt, so liegen zwischen dem Erscheinungsdatum der Prophezeiungen 2 1/2 Jahrhunderte oder ungefähr 7 Generationen. Die damalige Bevölkerungszahl Frankreichs dürfte um die 28 Millionen betragen haben. Wenn man diese Zahl nun durch die 7 überhaupt in Frage kommenden Generationen des Grafen Narbon teilt, so erhält man 4 Millionen, von denen die Hälfte als weibliche Personen ausscheidet. Die Wahrscheinlichkeit, daß Nostradamus zufällig den Namen Narbone wählte, ist ebenso groß, wie wenn er bei einmaligem Wählen aus 2 Millionen Losen den Haupttreffer gezogen hätte. Man könnte gegen diese Rechnung den Einwand erheben, daß die Zahl der Personen nicht gleich der Zahl ihrer Familiennamen ist. Weiterhin interessierte sich Nostradamus nicht für die Franzosen, sondern nur für die Mitglieder des Hochadels, die auch die Geschicke des Landes bestimmten. Wenn man auch eine oder zwei Nullen wegstreichen würde, so wäre immer noch die Wahrscheinlichkeit sehr hoch, daß der Seher diesen nicht zufällig gewählt hatte.

Die Sehergabe des Nostradamus versuchte man durch den Einwand einzuschränken, daß er bei seinen Weissagungen Quellen benutzte und die Prophezeiungen anderer Astrologen als die seinigen ausgab. So werden im Quatrain 32 der IV. Zenturie ein paar Worte aus einem Werk des Erasmus von Rotterdam entlehnt. Dies rechtfertigt sicherlich nicht den Vorwurf des Plagiates, denn im Vorwort an seinen Sohn Césare bekennt er, daß er die Voraussagen der älteren Astrologen verwertete. Überdies ist der Begriff des Plagiates für diese Zeit nicht anwendbar. Der Nachweis solcher Quellen gehört zu den schwierigsten Kapiteln der Nostradamusforschung. Bei der Übernahme solcher Quellen übersieht er sogar versteckte Fehler. Quatrain 51 der I. Zenturie ist eine Übersetzung einer Stelle aus einem Werk des Astrologen und Kardinals Pierre d'Ailly, das er um 1414 verfaßte. Diese Prophezeiung soll sich auf die Französische Revolution (1789) beziehen. Aber diese Voraussage beruht auf einem astronomischen Rechenfehler und würde richtig errechnet die Jahreszahl 1778 ergeben. Klinckowstroem vermutet, daß Nostradamus vielleicht nur sekundäre Quellen vorgelegen haben (Zeitschrift für kritischen Okkultismus 1927 S. 89 ff.). Die Quellenfrage wird von den engagierten Anhängern und Interpreten des großen Sehers sehr stiefmütterlich behandelt. Wenn sich nämlich Nostradamus mit einer älteren Voraussage identifiziert, so bekommt sie denselben Wert, wie wenn sie aus seinem Mund stammen würde.

Aus dem bisher Vorgetragenen kann jetzt schon der Schluß gezogen werden, daß die Weissagungen des

Nostradamus erst nach dem Eintreten des vorausgesagten Ereignisses richtig gedeutet werden können. Dies war aber auch die erklärte Absicht des großen Sehers. Alle Versuche, mit ihrer Hilfe den Schleier zu lüften, der über die Zukunft gebreitet ist, sind sehr problematisch, ja in den meisten Fällen auch unglaubwürdig.

Von den Verehrern des Nostradamus wird die 34. Quatrain der IX. Zenturie als Beleg für seine Sehergabe angeführt. Die Sprache ist zwar sehr dunkel, aber unschwer ist ein wichtiges Ereignis der französischen Geschichte zu erkennen. Am 20. Juni 1791 ergriff Ludwig XVI. zusammen mit seiner Gemahlin die Flucht. Genau ein Jahr später fand eine Massendemonstration der Jakobiner gegen den König und der Einfall des Volkes in die Tuilerien statt. Dabei wurde der König nicht nur beschimpft, sondern ihm auch die rote Jakobinermütze aufs Haupt gesetzt. Darauf soll sich der erste Satz des Vierzeilers beziehen. Es sei noch angemerkt, daß die Bischofsmütze wie die Jakobinermütze rot ist. Der eigentliche Angriff auf die Tuilerien erfolgte in der Nacht vom 9. auf den 10. August 1792, als die „Fünfhundert fédérés marseillais“ aus der Hafenstadt Marseille nach Paris kamen. Außer der Zahl ist auch der Ort richtig angegeben. 1564 – also kurz vor dem Tod des Nostradamus im Jahre 1566 – hatte Katharina von Medici an einer Stelle, wo früher Ziegeleien waren, den Grundstein zu den Tuilerien gelegt. In diesem Zusammenhang muß man berücksichtigen, daß das eigentliche Königsschloß das von Versailles war und Ludwig XVI. nur unter Zwang in das Pariser Schloß übergesiedelt war. Als Nostradamus seine Prophezeiungen schrieb und veröffentlichte, gab es die Tuilerien nicht. Verblüffend sind auch die Namen. Narbonne, der als Verräter bezeichnet wird: Er ist identisch mit dem Grafen Narbonne-Lara (1755–1813), der in der fraglichen Zeit Kriegsminister war. Seine Mutter war eine natürliche Tochter Ludwig XV. Sein politisches Ziel war es, das Königtum gegen das Ausland zu stärken, besonders gegen Österreich und Preußen. Deshalb stand er über den Parteien und hielt sich loyal an die neue Verfassung. Beide Seiten, der König und die Jakobiner, verdächtigten ihn als einen Verräter. Von Ludwig XVI. wurde er kurzerhand entlassen. Die Abqualifizierung des Grafen Narbonne als Verräter soll beweisen, daß Nostradamus die Position des Könighauses vertritt. Wenn ein Angehöriger des Hochadels seinem König nicht bedingungslos folgt, ist er ein Verräter. Auch der Name Saulce ist historisch. So hieß nämlich der Krämer und Gastwirt in Varennes, der Ludwig XVI. auf der Flucht erkannte und anhielt. Der Verrat des Saulce wurde durch Beschluß der Nationalversammlung mit 20000 Livres belohnt.

Man führt aber auch Stellen an, die beweisen sollen, daß Nostradamus seine Weissagungen auch mit Jahreszahlen belegen konnte. Überdies hebt er in seinem Widmungsschreiben an Heinrich II. diesen Umstand ausdrücklich hervor. Dort wird auch gesagt (Seite 178 oben), daß über die christlichen Kirchen eine Verfolgung hereinbrechen und bis zum Jahre 1792 dauern wird. Dies kann sich auf die große Kirchenverfolgung beziehen, die 1790 in Frankreich begann. 1791 wurde verfügt, daß alle Kleriker, die den Bürgereid nicht leisten wollten, auf ihr Amt verzichten mußten. Man schaffte das Christentum ganz ab und führte den Kult der Göttin der Vernunft ein.

Am Ende des Widmungsbriefes an Heinrich II. (S. 179) wird gesagt, daß 25 Jahre lang die Reiche der Gläubigen wie Ungläubigen zittern werden. Wenn man von der Jahreszahl 1792 ausgeht und 25 Jahre dazurechnet, kommt man bis zum Jahre 1817. In dieser Zeit ereigneten sich unzählige Kriege. Die wichtigsten sind: die Napoleonischen Kriege, die ganz Europa umfassen, und die sich anschließenden Befreiungskriege. Ruhiger wird der Kontinent erst, nachdem Napoleon endgültig in der Schlacht bei Waterloo besiegt wurde (1815).

Auch sonst finden sich noch einige klar ausgesprochene Zahlenangaben. Der 13. Quatrain der VII. Zenturie bezieht sich auf Napoleon I. Nostradamus bezeichnet wiederholt Napoleon als den Mann mit den geschorenen Haaren. Im Gegensatz zu ihm trugen die französischen Könige lange Haare. Napoleon ließ sich seine Haare kurz schneiden, um symbolisch anzudeuten, daß die Revolutionszeit beendet ist. Die „zinsbare Stadt" ist Toulon, die den Engländern tributpflichtig war und von Napoleon erobert wurde. Unter den „Schmutzigen" ist das Direktorium zu verstehen. Tatsächlich dauerte die Herrschaft Napoleons 14 Jahre, nämlich vom 19. November 1799 bis zum 13. April 1814.

Eine verschlüsselte Zahlenangabe enthält der Quatrain 101, der in der Ausgabe von 1568 der X. Zenturie angefügt wurde. Die Übersetzung gibt zunächst keinen Sinn. Wenn man aber diese Worte als Bildet deutet, so läßt sich der durch zwei Gabeln getragene Gegabelte als ein „M" darstellen, was im Lateinischen den Zahlenwert 1000 hat. Ein Halbhorn, d.h. die Hälfte eines Jagdhorns hat die Form eines „C", dessen Zahlenwert 100 beträgt. Ein Paar geöffneter Scheren bildet ein „X" mit dem Zahlenwert 10. Wenn wir die Zahlen nebeneinanderschreiben, erhalten wir: MCCCCCCXXXXXX = 1660.

Die Kröte ist das Wappentier der ersten Merowingerkönige. 1661, nach dem Tod des mächtigen Kardinals Mazarin, übernahm Ludwig XIV., der als der „Sonnenkönig" in die Geschichte einging, die Regierung. Die Differenz von einem Jahr wird dadurch erklärt, daß der König sicherlich schon während der Krankheit des Kardinals die Geschäfte geführt habe!

Gelegentlich wird dasselbe Ereignis in zwei verschiedenen Vierzeilern verkündet. In der 60. Quatrain der I. Zenturie wird von einem Kaiser gesprochen, der bei Italien geboren und mit einem Fleischer verglichen wird. Da Napoleon in Korsika geboren wurde und ganz Europa mit blutigen Kriegen überzog, soll sich der Inhalt der Prophezeiung auf ihn beziehen. Der Quatrain 35 der

III. Zenturie spricht von einem „armer Leute Kind“, was ebenfalls ein Hinweis auf Napoleon sein soll, der aus ganz ärmlichen Verhältnissen stammte. Auch der Inhalt der übrigen Verse läßt sich auf ihn beziehen. Er war ein sprachgewaltiger Truppenführer, der auch in ausweglosen Lagen noch seine Soldaten begeistern konnte. Das Wort „Morgenland“ könnte sich auf Ägypten beziehen, wo er sich 1798/99 den Ruf als unschlagbarer Feldherr erwarb.

Im Zweiten Weltkrieg ist der Quatrain 94 der V. Zenturie berühmt geworden. Dieser Vierzeiler wurde schon im 19. Jahrhundert auf einen kommenden Krieg zwischen Deutschland und Frankreich bezogen. Das Propagandaministerium des Dritten Reiches ließ ihn folgendermaßen übersetzen:

„Weil der Waffenstillstand ein Betrug war,
wird der große Führer von Armenien (dem Lande Arnims = Hermanns des Cheruskers) Brabant, Flandern, Gent, Brügge und Boulogne nach Großdeutschland überführen und wird überraschend Wien und das Rheinland besetzen.“

Nach dem 2. Weltkrieg war „Armenien“ nicht mehr eine germanische Provinz, sondern wieder das uralte Armenien im Kaukasus, wo Joseph Stalin geboren wurde. Dieses Mal deutete man den Vierzeiler als einen Hinweis auf die bevorstehende Invasion Westdeutschlands durch die Rote Armee.

Auf das Atomzeitalter und einen weltweiten nuklearen Krieg kann man den 9. Quatrain der VI. Zenturie beziehen. Das dunkle Wort „Samatobryn“ soll nach Rudolf Putzien (Nostradamus-Weissagung über den Atomkrieg 1968 S. 303 ff.) auf die Atombombe weisen. Es ist eine Umstellung der Worte „Atom-Brysant“, so daß der ganze Ausdruck mit berstendes Atom oder Atomzertrümmerung übersetzt werden müßte. Der Seher erblickt eine radioaktive Wolke, die die Länder verseucht und die

Bewohner tötet. Durch die gewaltige Hitze der Atomexplosion werden langandauernde Regenfälle selbst in den Polarregionen niedergehen. Unter den Menschen wird ein gesetzloser Zustand herrschen, den auch ernsthafte Kritiker der Atomwaffen im Falle eines nuklearen Krieges voraussagen.

Einen Hinweis auf die Atomkatastrophe von Chernobyl sah man 1986 in der Quatrain 85 der V. Zenturie. Das „Gewölk“ war die radioaktive Wolke, die weite Teile Mitteleuropas, besonders Süddeutschland (Schwaben) bedrohlich verseuchte. Tonnenweise wurden Gemüse, Feldfrüchte und die Molkereiprodukte vernichtet, weil die radioaktiven Grenzwerte bedrohlich überschritten wurden.

Auch Seuchen wie Aids soll Nostradatmus vorhergesehen haben. Im 55. Quatrain der IX. Zenturie wird von einer Seuche gesprochen, die auch das Blut befällt.

Recht zahlreich sind die Weissagungen, die sich auf eine Bedrohung Europas durch die Araber beziehen. Bis Ende der 80er Jahre sah man hierin eine Anspielung auf den lybischen Obersten Ghaddafi. Paradebeispiele waren die Vierzeiler I,9: „Aus dem Osten kommt die punische Rotte.“ Die Punier bewohnten im Altertum das Siedlungsgebiet der heutigen Lybier. Im Vierzeiler II,81 wird von punischen Schiffen gesprochen, die Sardinien erschrecken. In dem Vierzeiler III,27 ist die Rede von einem gewaltigen lybischen Fürsten, der auch im Abendland sehr gefürchtet ist.

Auf die Araber allgemein beziehen sich die Vierzeiler V,25: „Fürst Arabiens ... trüb zur See der Kirchenstaat Glanz.“ Der letzte Teil dieses Vierzeilers wurde zu Beginn der 80er Jahre auf den persischen Führer Khomeini bezogen. In diesem Zusammenhang verwies man auch auf den Vierzeiler I,70, wo von „einem Krieg ohne Ende in Persien“ gesprochen wird. Bekanntlich dauerte der Golfkrieg zwischen dem Irak und dem Iran fast zehn Jahre.

Als der zweite Golfkrieg 1991 begann, wurde in amerikanischen Zeitungen häufig der Vierzeiler VI,44 zitiert:

„... im arabischen Meer wird eine große Flotte untergehen." Man befürchtete in Amerika, daß die im persischen Golf zusammengezogenen Kriegsschiffe schreckliche Verluste durch den Beschuß irakischer Raketen erleiden würden. Zu Beginn und während des Golfkrieges fanden in Amerika und Europa die Prophezeiungen des Nostradamus einen reißenden Absatz.

Diese Beispielsammlung unterstreicht noch einmal die schon einmal vorgebrachte These, die übrigens von den seriösen Nostradamusforschern der Vergangenheit und Gegenwart geteilt wird, daß eine Zukunftsvoraussage mit Hilfe der Vierzeiler des Nostradamus kaum möglich ist. Erst wenn ein Ereignis eingetreten ist oder wie im obigen Beispiel ausblieb, kann man sagen, ob die Weissagung eines betreffenden Vierzeilers in Erfüllung gegangen ist. Anders würde sich die Sachlage darstellen, wenn es gelänge, die ursprüngliche Ordnung der Vierzeiler wiederherzustellen. Man müßte wissen, nach welchem System oder Schlüssel Nostradamus seine Vierzeiler umgestellt hat. So könnte man die chronologische Ordnung wiederherstellen und die gesamten Weissagungen entschlüsseln, die ja von 1555 bis zum 3797 n. Chr. reichen. Nostradamus selbst hat einen Fingerzeig in der Vorrede an seinen Sohn Césare gegeben. Er spricht von dem „ererbten Wort der verborgenen Weissagungen, das in seiner Brust verborgen bleiben wird". Der Nostradamusdeuter fügte zu diesem Satz des berühmten Sehers hinzu: „Derjenige, dem es bestimmt ist, den Schlüssel zu finden, wird schon wissen, wie er den Sinn des Wortes aufzufassen hat" (La Clef de Nostradamus – Der Schlüssel zu Nostradamus, 1710).

Nostradamus war sicherlich auch sehr vertraut mit der praktischen Kabbala, also diesem Teil der jüdischen Geheimlehre, der sich, modern ausgedrückt, mit der Entschlüsselung bzw. Verschlüsselung von hebräischen Texten beschäftigte. Ausgehend, daß jedem der 22 Buchstaben des hebräischen Alphabetes ein Zahlenwert zukommt, versuchte man durch sehr komplizierte Methoden der Buchstabenumstellung den verborgenen Sinn der Bibel zu deuten. Umgekehrt wandte man diese Techniken auch bei der Verschlüsselung von Texten auf Amuletten und Talismanen an, die für magische Zwecke benutzt wurden. Nostradamus war jüdischer Herkunft und wuchs in der Provence auf, wo nicht nur die Kabbala entstand, sondern in den dortigen jüdischen Zentren immer besonders gepflegt wurde. Es ist als Forschungsansatz nicht abwegig, davon auszugehen, daß die ursprüngliche Reihenfolge der Vierzeiler mit Hilfe solcher kabbalistischer Methoden verschlüsselt wurde. Inwieweit auch der Text der Vierzeiler selbst mit solchen Verfahren der jüdischen Geheimlehre verschlüsselt wurde, muß offenbleiben. Carlo Patrian gibt in seinem Buch „Nostradamus – Le Profezie, Rom 1978, einige Beispiele, die sehr überzeugend sind.

Methodisch kann man das Problem des verborgenen Schlüssels auf zwei Weisen versuchen zu lösen. Man müßte versuchen, möglichst viele Vierzeiler zu historischen Komplexen zusammenzufassen. Wenn man nämlich die überzeugenden Deutungen durchliest, so fällt sofort auf, daß Nostradamus offenbar sich intensiv mit der Geschichte der französischen Herrscherhäuser befaßte. Dies ist übrigens bei seiner schon oben skizzierten, sehr konservativen Grundeinstellung nicht verwunderlich. Er war ein glühender Verehrer des französischen Herrscherhauses, dem er ja seinen ganzen Ruhm verdankte, und überzeugter Katholik und Verfechter des Papsttums.

Dieser Weg, den man als den empirischen bezeichnen könnte, kann bei den zusammenhängenden Versen einsetzen, die den gleichen Gegenstand behandeln. Schon dem bekannten Nostradamusforscher Pelletier fiel auf, daß die Vierzeiler V,74 bis V,79 (die sogenannten Papstverse) einen Block bilden, der eine zusammenhängende geschichtliche Situation beinhaltet. Der Nostradamusforscher Centgraf (Pseudonym: Centurio) bringt sie mit den großen Päpsten der Gegenreformation in Verbindung. Diese Vierzeiler sind Fixpunkte im System der verschlüsselten Weissagungen, deren Nahtstelle sich aus bisher noch nicht erklärbaren Gründen erhalten hat. Centgraf fand noch andere historische Blöcke (Nostradamus, Berlin 1953): Die Vierzeiler I,71–73 behandeln die Kämpfe in Frankreich zur Zeit Heinrich des Glücklichen; II, 97–99 Napoleon und die Päpste Pius VI. und Pius VII.; III, 7–9 Hitlers Blitzkrieg gegen Frankreich; IV, 24–25 die Kirchenverfolgung; X, 71–73 die Türkenkriege; X, 71–73, 78–80, 86–88 Heinrich II. oder den Glücklichen. Wenn man noch mehr solcher Blöcke hätte, könnte man das System erkennen, nach dem die ursprüngliche chronologische Reihenfolge umgestellt wurde. Aber davon ist die Nostradamusforschung zur Zeit noch weit entfernt.

Der zweite Weg zur Lösung des Problems ist bei weitem schwieriger, aber er würde sehr schnell das gewünschte Ergebnis bringen, nämlich die ursprüngliche Reihenfolge der Vierzeiler zu finden. Einen interessanten Beitrag leistete in den 20er Jahren der deutsche Nostradamusforscher C. Loog (Die Weissagungen des Nostradamus, 1922). Die fanatischen Nostradamusanhänger waren lange Zeit von den Ergebnissen der Untersuchungen Loogs fasziniert und glaubten, daß endlich der lang gesuchte Chiffreschlüssel gefunden sei.

Loog fiel zunächst auf, daß in den beiden Vorreden zu den Propheten 25 lateinische Sätze in dem französischen Text enthalten sind. In dem Vierzeiler VI, 100 gibt Nostradamus den Rat, daß sich nur Lateinkenner mit den Weissagungen befassen sollen. Denn das Wort „Barbar“ bezeichnet Menschen, welche die lateinische Sprache, die frühere Gelehrtensprache, nicht beherrschen. Nach der Ansicht Loogs muß zwischen diesem Vierzeiler und den 23 lateinischen Einschiebseln in der Vorrede eine Verbindung bestehen. Offensichtlich wollte Nostradamus den Lesern seiner Weissagungen den Hinweis geben, daß der verborgene Schlüssel mit Hilfe dieser 23 Sätze zu finden ist.

Bei seinen Untersuchungen fand dann Loog weiter heraus, daß zwischen der Anzahl der verschlüsselten Vierzeiler und der Zahl der Buchstaben der lateinischen Sätze eine Übereinstimmung besteht. Eine Prüfung der Zahl der Vierzeiler ergibt, daß nur 23 von ihnen verschlüsselte Weissagungen enthalten. Loog findet die Zahl auf folgende Weise: Von der Zahl 942 müssen 3 Vierzeiler abgezogen werden, die keine Weissagungen enthalten. Es sind dies die Vierzeiler I, 1 u. 2 und VI, 100. Somit beträgt die Gesamtzahl der verschlüsselten Vierzeiler 939. Denselben Zahlenwert hat auch die Summe der Buchstaben aller lateinischen Sätze. Es ist nun folgendes Chiffrierungsverfahren denkbar. Nostradamus hat auf jeden Buchstaben der lateinischen Sätze einen Vierzeiler gesetzt, indem er beispielsweise den ersten Vierzeiler auf das erste A, den zweiten auf das folgende A usw. setzte. Unter der Voraussetzung, daß er die Reihenfolge der lateinischen Sätze in den Vorreden beibehielt, würde dies so aussehen:

1 2 3 4 5	ursprünglicher Zahlenwert
Ad Caesarem Nostradamus	
1 2345 6 789	neuer Zahlenwert

Der erste Vierzeiler der ursprünglich chronologischen Reihenfolge wäre identisch mit dem 1. der uns vorliegenden, der 2. mit dem 2., der 3. mit dem 4. usw.
Wenn alle A belegt wären, dann könnte man zu den B übergehen, bis allen Buchstaben ein Vierzeiler zugeordnet wurde.

Aber dieses Schema führte zu keinem Ergebnis. Schon Loog vermutete, daß Nostradamus mehrfach die Vierzeiler verschlüsselte. Für diese Vermutung gibt er im Vierzeiler VII,40 einen Hinweis, wo er von den „zwei

Wachen“ spricht. In Frage käme eine Verschlüsselung mit Hilfe der magischen Quadrate der Planeten. Bei diesen magischen Quadraten ist die Summe der waagrechten und senkrechten Reihen und der Diagonalen immer gleich (siehe Abbildungen). Den Planeten Merkur, Venus, Mars, Jupiter und Saturn und einschließlich der Sonne und dem Mond werden solche magischen Quadrate zugeordnet. Da Nostradamus in der Vorrede an seinen Sohn Césare von gewissen astrologischen Zyklen spricht und schreibt, daß die Herrschaft des Mondes durch die Sonne abgelöst und dann die des Saturn folgen würde. Daraus hat man den Schluß gezogen, daß sich Nostradamus an die alte astrologische Überlieferung hält, die nacheinander Sonne, Saturn, Venus, Jupiter, Merkur, Mars und Mond die Herrschaft ausüben läßt.

8	58	59	5	4	62	63	1
49	15	14	52	53	11	10	56
41	23	22	44	45	19	18	48
32	34	35	29	28	38	39	25
40	26	27	37	36	30	31	33
17	47	46	20	21	43	42	24
9	55	54	12	13	51	50	16
64	2	3	61	60	6	7	57

Das magische Merkur-Quadrat
(8 x 8 = 64 Zahlen = 64 Vierzeiler)

4	9	2
3	5	7
8	1	6

Das magische Saturn-Quadrat
(3 x 3 = 9 Zahlen = 9 Vierzeiler)

Die Gesamtsumme der Zahlen aller 7 Quadrate beträgt 280, so daß sie bei der Verschlüsselung mehrfach angewandt werden müssen. So könnte man auf den beiden oben abgebildeten Quadraten einmal 64 bzw. 9 Vierzeiler verteilen. Da man diese Quadrate aber rückwärts, vorwärts, waagrecht, senkrecht und diagonal lesen kann, so ergeben sich zahlreiche Möglichkeiten, die Vierzeiler erneut zu verschlüsseln. Beispielsweise beim Saturnquadrat könnten für nur 9 Vierzeiler folgende Reihenfolgen gebildet werden: 4, 9, 2, 3, 5, 7, 8, 1, 6/4, 3, 8, 9, 5, 1, 2, 7,6/usw.

Die Forschungen Loogs brachten aber noch eine wichtige Erkenntnis zu Tage. Das Wort Zenturie bedeutet nicht unbedingt hundert Vierzeiler, sondern bezieht sich auf die einzelnen Jahrhunderte. In der Vorrede an seinen Sohn Césare gibt Nostradamus an, daß sich seine Wahrsagungen über einen Zeitraum von 2242 Jahren erstrecken würden. Wenn man die Jahreszahl 1555 hinzurechnet, kommt man auf das Jahr 3797 n. Chr. Diese 2242 lassen sich in 22 bzw. 23 Zenturien einteilen. Die Zahl 22 ist bekanntlich eine wichtige kabbalistische Zahl, da das hebräische Alphabet 22 Buchstaben hat. Bevor man überhaupt mit der Ordnung der Vierzeiler beginnt, müßten sie auf 22 Zenturien verteilt werden. Aber es gibt keine Deutung eines Nostradamusforschers, die dies in überzeugender Weise geleistet hätte. Zu viele neue Hilfshypothesen werden eingeführt, um dann letztlich doch nur ein unbefriedigendes Ergebnis hervorzubringen.

Gegen die Forschungen Loogs und überhaupt gegen die Annahme eines Chiffreschlüssels wurden wichtige Einwände erhoben. Besonders Klinckowstroem (Psychische Studien, 1921, S. 580 ff.) kritisierte, daß Loog völlig die Entstehungsgeschichte außer acht läßt. Loog setzte voraus, daß Nostradamus schon 1555 alle Vierzeiler einschließlich der beiden Vorreden fertiggestellt haben müßte. Aber die Ausgabe von 1555 enthält nur 7 Zenturien. Wer auch immer in Zukunft ein Chiffrierungssystem bei den 942 Vierzeilern erkennen will, muß dies auch in Einklang mit der Entstehungsgeschichte des Werks bringen.

Die Prophezeiungen des Nostradamus

Erste Vorrede

An meinen Sohn Cäsar Nostradamus.

Leben und Heil!

Deine späte Ankunft, mein Sohn Cäsar Nostradamus, hat mich veranlaßt, in den langen Stunden meiner durchwachten Nächte zum gemeinen Nutz und Frommen der Menschheit schriftlich für dich aufzusetzen, was die Gottheit durch astronomische Umwälzungen mir kundgegeben, um dir nach dem körperlichen Erlöschen deines Erzeugers eine Erinnerung zu hinterlassen, weil es dem unsterblichen Gott nicht gefallen hat, dich mit dem natürlichen Lichte ausgerüstet auf diesen Weltenstrich zu setzen, und – ich will nicht sagen, deine Märzjahre, die noch vereinzelt dastehen, sondern – deine Märzmonate nicht im Stande sind, in dein schwaches Verständnis aufzunehmen, was ich erst nach dem Schlusse meiner Tage werde vollenden können. Dieweilen es nun nicht möglich ist, dir schriftlich zu hinterlassen, was durch die Unbild der Zeit verwischt würde, da das vererbte Wort der verborgenen Weissagung in meiner Brust verschlossen bleiben wird; in Anbetracht auch, daß die Ereignisse entschieden ungewiß sind, und daß alles von der unberechenbaren Macht Gottes regiert und geleitet wird, der uns nicht in der bachantischen Wut, noch in der emphatischen Bewegung, sondern in der Schrift der Gestirne inspiriert – „nur die vom göttlichen Hauche angehaucht und mit dem Geiste der Weissagung erfüllt sind, schauen die Ereignisse" – wiewohl ich seit vielen Jahren mehrere Male lange Zeit vorausgesagt, was sich nachher begeben hat in besonderen Regionen. Alles der göttlichen Kraft und Inspiration zuschreibend, und andere glückliche und unglückliche Begebenheiten mit beschleunigter Geschwindigkeit ausgesprochen, welche sich nachher in den Klimaten der Welt begeben haben; indem ich aus Grund der Unbild, nicht allein der gegenwärtigen Zeit, sondern auch des größten Teiles der Zukunft schweigen und nichts schriftlich aufsetzen wollte, weil die Reiche, Sekten und Regionen eine so entgegengesetzte, nämlich in diametralem Gegensatze zu der Gegenwart stehende Veränderung erleiden werden, daß, wenn ich berichten wollte, was sich begeben wird, die vom Reiche, von der Sekte, von der Religion und vom Glauben Widerspruch genug mit ihrer Ohrenphantasie darin finden würden, um zu verwerfen, was man im Laufe der Zeit erfahren und wahrnehmen wird; in Anbetracht auch, daß der wahrhafte Erlöser gesagt hat: „Gebet das Heilige nicht den Hunden hin und werft eure Perlen nicht den Schweinen vor, damit sie nicht mit ihren Füßen sie zertreten, sich umwenden und euch zerreißen" – so habe ich aus diesen Gründen meine Zunge vom Volke und die Feder vom Papier zurückgezogen, und hierauf, wenn ich für das Allgemeine die Zukunft erklärte, über die künftigen, selbst die am meisten dringendsten Ursachen, die mir, mag eine menschliche Veränderung eintreten, welche da will, die Schwäche des Hörers nicht mehr zu ärgern schien, in dunklen und verworrenen Sätzen mich ausgedrückt und Alles mehr in nebelhaften Umrissen, als in rein prophetischer Sprache gegeben, wiewohl „du dies den Weisen und Gewaltigen verborgen hast und es geoffenbart den Einfältigen und Geringen" Sowie den Propheten Mittest des unsterblichen Gottes und der guten Engel haben sie empfangen den Geist der Weissagung, mit welchem sie die entfernten Dinge erkennen und die künftigen Ereignisse voraussehen; denn nichts kann vollendet werden ohne ihn, der eine so große Macht hat und güte gegen die Geschöpfe, daß, so lange sie in ihm bleiben, obgleich den übrigen Einflüssen unterworfen, ob der Verwandtschaft mit dem guten Genius, diese Wärme und Gabe der Weissagung sich uns mitteilt, wie es bei den Strahlen der Sonne der Fall ist, welche ihren Einfluß auf die elementarischen Körper ausüben und auf die nicht elementarischen. Wir für uns, die wir Menschen sind, können nichts aus unserer natürlichen Erkenntnis und

Wurmnatur erkennen von den dunklen Geheimnissen Gottes, des Schöpfers, „denn uns ist nicht gegeben die Zeit zu erkennen und die Stunde," wiewohl auch immerhin Personen kommen und sein können, denen Gott der Schöpfer durch imaginative Eindrücke einige der judiciellen Astrologie zugestandenen Geheimnisse der Zukunft, sogar der Vergangenheit geoffenbart hat, und daß eine gewisse Macht und selbsttätige Erkenntnis daraus hervorging, wie die Flamme aus dem Feuer hervortritt, so daß man bei seinen Eingebungen die göttlichen Inspirationen von den menschlichen unterscheiden lernte. Denn die göttlichen Werke, welche durchaus absolut sind, vollendet Gott, das Mittel die Engel, das Dritte die Bösen. Aber, mein Sohn, ich spreche hier ein wenig zu dunkel mit dir; aber was die verborgenen Weissagungen betrifft, so empfängt man sie durch den feinen Geist des Feuers, der bisweilen durch das aufgeregte Verständnis, bis zu den höchsten Höhen der Gestirne sich erhebend, als aufmerksam selbst auf die Aussprache, wenn überrascht das Geschriebene ohne Furcht aussprechend, eine unbefangene Redseligkeit erlangt; was aber alles von der göttlichen Macht des großen ewigen Gottes kam, von welchen alles Gute kommt. Wenn ich, mein Sohn, auch den Namen Weissagungen, was so viel ist, als Prophetengesichte, vorangestellt habe, so will ich einen Titel von solcher Erhabenheit nicht für die gegenwärtige Zeit anwenden, denn „wer heutzutage Prophet genannt wird, hieß ehedem Seher"; denn der eigentliche Prophet, mein Sohn, ist derjenige, der entfernte Dinge vermöge der natürlichen Erkenntnis aller Kreatur sieht. Und den Fall angenommen, daß dem Propheten mittelst des vollkommenen Lichtes der Weissagung göttliche wie menschliche Dinge offenbar werden, so kann jenes nicht geschehen, dieweilen die Wirkungen der Vorhersagung des Zukünftigen sich in die Ferne erstrecken. Denn die unbegreiflichen Geheimnisse Gottes und die wirkende Kraft stehen in einer sehr entfernten Berührung mit der natürlichen Erkenntnis, welche ihre nächste Quelle in dem freien Willen hat, und die Ursachen an sich selbst können nie zu der Gabe der Erkennbarkeit gelangen, weder durch die menschlichen Vorwahrnehmungen, noch durch irgend eine andere Erkenntnis oder verborgene Kraft im ganzen Umkreise des Himmels, ja der ganzen Ewigkeit, welche alle Zeit in sich schließt. Aber mittelst einer, wenn gleich unteilbaren Ewigkeit, lassen sich bei der sie begleitenden hirakleischen Agitation die Ursachen durch die himmlische Bewegung erkennen. Auf daß du mich wohl verstehst, mein Sohn, ich sage nicht, daß die Erkenntnis dieses Gegenstandes sich nicht in dein schwaches Gehirn prägen könne, obgleich die weitentfernten zukünftigen Ursachen nicht der Erkenntnis der vernünftigen Kreatur zustehen, wenn anders das Erkenntnisvermögen der erschaffenen Seele für die entfernten gegenwärtigen Dinge nicht entgegensteht, und sie ihr überhaupt nicht zu dunkel und zu relativ sind, sondern ich sage nur, die vollkommene Erkenntnis der Ursachen läßt sich nicht ohne jene göttliche Inspiration erwerben, sintemal jede prophetische Inspriration ihr hauptsächlichstes bewegendes Prinzip aus Gott dem Schöpfer und dann aus der Stunde und der Natur schöpft. Weil denn die Ursachen indifferent sind, ohne Unterschied vervorgebracht oder nicht hervorgebracht, tritt teils die Vorbedeutung ein oder ist vorhergesagt worden. Denn der intellectuell erschaffene Verstand kann auf verborgenem Wege nur durch die mittelst der dünnen Flamme an den Lymb ergangene Stimme, sehen, auf welche Seite sich die zukünftigen Ursachen neigen werden. Auch bitte ich dich inständigst, mein Sohn, deinen Verstand nie jenen eitlen Träumen zuzuwenden, welche den Körper vertrocknen und die Seele in's Verderben stürzen, indem sie die schwache Vernunft verwirren; oder gar der eiteln, mehr als fluchwürdigen Magie dich hinzugeben, welche schon von der heiligen Schrift und von den kanonischen Gesetzen verworfen wurde, die das Urteil der judiciellen Astrologie ausnehmen, nach welcher und mittelst göttlicher Inspiration und Offenbarung wir unter forwährenden Berechnungen unsere Prophezeiungen niedergeschrieben haben. Und obwohl diese geheime Philosophie nicht verdammt worden, wollte ich doch ihre ausschweifenden Enthüllungen nicht vorlegen, wiewohl mir mehrere Bände, welche lange Jahrhunderte verborgen gewesen, geoffenbart worden. Aber weil ich ahnte, was da kommen würde, weihete ich sie, nachdem ich sie gelesen hatte, dem Vulcan, dessen leckende Flamme, während sie dieselben verzehrte, einen ungewöhnlichen Glanz verbreitete, weit strahlender, als die natürliche Flamme, das Haus mit einem plötzlichem Glaste erleuchtend, als stünde es auf einmal im Brande. Daß du doch in Zukunft nie getäuscht würdest in Erforschung der vollkommenen, sowohl salinischen als solitarischen Verwandlung, und der unter der Erde und in den Wassern verborgenen unzerstörbaren Metalle. Was aber das Judicium betrifft, welches mittelst des himmlischen Judiciums vollendet werden soll, so will ich dir dies offenbaren: Wir erlangen Kenntnis von den künftigen Ursachen, indem wir, die phantastischen Bilder der Imagination durchaus verwerfend, die besonderen Verhältnisse der Oertlichkeiten durch übernatürliche göttliche Inspiration in Uebereinstimmung mit den himmlischen Figuren, die Oertlichkeiten und einen Teil der ihrer Natur nach dunklen Zeit durch die göttliche Kraft, Macht und Fähigkeit bestimmen, in deren Angesicht die drei Zeiten von Ewigkeit her umschlungen sind, ihren Umschwung an die vergangene, gegenwärtige und zukünftige Ursache bindend: denn „Alles liegt nackt und offen vor dir, o Herr“ usw. Darum kannst du, mein Sohn, ungeachtet deines zarten Gehirns, leicht begreifen, daß die Dinge, die da kommen sollen, aus den himmlischen Leuchten der Nacht, welche natürlich sind, und aus dem Geiste der Prophezeiung prophezeit werden können; nicht als ob ich mir prophetische Benennung oder Wirkung zuschreiben wollte, sondern aus geoffenbarter Inspiration, als einem sterblichen Menschen zu Teil geworden, der mit dem Verstande eben so wenig dem Himmel fern steht, als mit den Füßen der Erde. „Ich kann mich nicht irren, noch täuschen“, (spricht der Herr) – ich bin ein größerer Sünder, als irgend Einer in der Welt, unterworfen allen menschlichen Gebrechen. Aber bisweilen in der Woche lymphatisch angeregt und mittelst langer Berechnung, die nächtlichen Studien versüßend, habe ich Bücher mit Prophezeiungen entworfen, von denen jedes astronomische Strophen von Prophezeiungen enthält, die ich absichtlich etwas dunkel gegeben habe; und es sind perpetuirliche Weissagungen von jetzt an bis zum Jahre 3797; worüber Etliche die Stirne runzeln werden, wenn sie einen so langen Zeitraum unter dem Monde gegeben sehen und seinen Ursachen, erkannt im ganzen Umfang der Erde. Wenn du das natürliche Alter des Menschen erreichst, wirst du um dein Klima im Gebiete des deiner Geburt eigentümlichen Himmels die vorausgesehenen künftigen Ereignisse erleben. Obwohl der Eine ewige Gott allein derjenige ist, der die Ewigkeit mittelst seines aus ihm selbst hervorkommenden Lichtes erkennt, sage ich doch offen, daß, wenn seine unermeßliche Größe, die ohne Maß ist und unbegreiflich, durch lange melancholische Inspiration offenbaren wollte, daß mittelst dieser göttlich geoffenbarten verborgenen Ursache – wobei hauptsächlich von zwei hauptsächlichen Ursachen, welche enthalten sind in dem Verständnisse des Inspirirten, welcher prophezeit, die eine es ist, die, das übernatürliche Licht erleuchtend, der Person eingießt, welche nach der Belehrung der Gestirne voraussagt und nach der inspirirten Offenbarung prophezeit, die da ist eine gewisse Beteiligung an der göttlichen Ewigkeit, – der Prophet sein Urteil aus demjenigen schöpft, was ihm sein göttlicher Geist durch Gott den Schöpfer und durch eine natürliche Instigation gegeben hat: das heißt, daß das, was vorausgesagt, wahr ist, und von oben stammt, und solche Leuchte und dünne Flamme allwirksam ist und desgleichen so erhaben, daß die natürliche Klarheit und das natürliche Licht die Philosophen ihrer Sache so gewiß macht, daß sie mittelst der Prinzipien der ersten Ursache die tiefsten Tiefen der erhabensten Lehren ergründet haben. Aber (genug) – auf daß ich nicht zu tief ausschweife, mein Sohn, für die zukünftige Fassungskraft deines Verstandes, und dieweilen ich finde, daß die Wissenschaften einen so großen und unvergleichlichen Wurf tun, daß ich finde, es werden vor der allgemeinen

Verbrennung der Welt solche Fluten und so hohe Ueberschwemmungen über sie kommen, daß nicht leicht ein Gebiet sein werde, welches nicht mit Wasser bedeckt wäre, und zwar so lange, daß außer Ethnographien und Topographien[3]) Alles untergehe. Auch vor und nach solchen Ueberschwemmungen werden mehrere Gegenden so wenig Regen haben und eine solche Fülle von Feuer und weißglühenden Steinen wird vom Himmel fallen, daß nichts übrig bleibt, was nicht verzehrt ist; und dieses wird sich in Kurzem ereignen und vor der letzten Verbrennung, obgleich der Planet Mars sein Seculum vollendet und am Ende seiner letzten Periode, wenn er es wieder aufnimmt; aber versammelt die Einen im Wassermann mehrere Jahre, die Andern im Krebs längere und continuierliche Zeit. Und jetzt, wo wir vom Monde geleitet (beherrscht) werden, ehe er seinen ganzen Umschwung vollendet hat, wird mittelst der Allmacht des ewigen Gottes die Sonne kommen und nachher der Saturn. Denn zufolge der himmlischen Zeichen wird das Reich Saturns wiederkehren, daß, Alles berechnet, die Welt einer anaragonischen Umwälzung sich nähert, und daß von diesem Augenblick an, wo ich schreibe, vor hundert siebenzig sieben Jahren, drei Monaten, elf Tagen durch Pestilenz, lange Hungersnot und Kriege und mehr noch durch die Ueberschwemmungen die Menschheit zwischen jetzt und der bestimmten Frist, vor und nach zu mehreren Malen so sehr verringert werden, und es so wenige Menschen geben wird, daß man Niemanden findet, der die Felder bestellt, welche so lange frei bleiben werden, als sie in Knechtschaft gewesen. Und was das sichtbare himmlische Judicium betrifft, stehen wir in dem siebenten Tausend, das Alles vollendet, und nähern uns dem achten, wo das Firmament der achten Sphäre ist, welche ist in der Latitudinardimension, wo der große ewige Gott die Umwälzung vollenden wird und die himmlischen Zeichen sich wieder neu bewegen werden und die höhere Bewegung eintritt, welche uns die Erde

[3]) Länder- und Völkerkunde

stabil und fest macht, „sie wird sich nicht wandeln von Ewigkeit zu Ewigkeit“, außer daß sein Wille erfüllt werde, aber durchaus nichts anders; wiewohl nach zweideutigen Meinungen, welche alle natürliche Vernunft mit mahomedanischen Träumen überschreiten, Gott der Schöpfer bisweilen auch durch den Dienst seiner Feuerflammenboten den äußern Sinnen und selbst unsern Augen die Ursachen einer Vorhersagung des Zukünftigen im Bilde des künftigen Ereignisses darlegt, das sich auf denjenigen bezieht, welchem die Vorbedeutung geoffenbart wird. Denn die Vorbedeutung, welche aus dem äußern Lichte kommt, urteilt untrüglich bei und nach dem äußeren Lichte; wiewohl zwar der Anteil, den das Auge an der Wahrnehmung zu haben scheint, nicht mit Verletzung des Imaginationsvermögens verbunden ist, wovon der Grund zu sehr einleuchtet, da alles durch den Hauch der Gottheit und durch Vermittlung des dem prophezeienden Menschen inspirierten englischen Geistes vorhergesagt wird, der ihm Weissagungen eingibt, ihn erleuchtend, die Fernsicht der Phantasie durch verschiedene Erscheinungen der Nacht in ihm erregend, die er in der Vergewisserung des Tages prophezeit durch den Dienst der Astronomie, verbunden mit der hochheiligen Vorhersagung der Zukunft, die übrigens lediglich auf dem freien Geiste beruht. Höre denn in dieser Stunde, mein Sohn, daß ich durch meine mit der geoffenbarten Inspiration übereinstimmenden Umwälzungen finde, daß uns jetzt der Tod mit seinem Schwerte naht durch Pest, Krieg, schrecklicher als seit drei Menschenaltern, und Hungersnot, welches über die Erde kommen und wiederkommen wird; denn die Gestirne stimmen in der Umwälzung überein, und er hat auch gesagt: „Ich will ihre Missetaten mit eiserner Rute heimsuchen und will sie mit Schlägen züchtigen“, denn die Barmherzigkeit Gottes wird nicht ausgestreut werden zu einer Zeit, mein Sohn, bis die meisten meiner Weissagungen erfüllt sind und durch die Erfüllung vollendet werden. Alsdann wird während der bösen Zeitläufte der Herr zu mehreren Malen sprechen: „Zerschlagen will ich und zerbrechen, und will mich nicht erbarmen"; und tausend andere Ereignisse werden kommen, Gewässer und fortwährende Regengüsse, wie ich weitläufiger beschrieben habe in meinen andern Weissagungen, die ich des Weiten und Breiten in ungebundener Rede abgefaßt habe, Ort und Zeit bestimmend und den voraus festgesetzten Termin, was die Nachwelt erleben wird, untrüglich erkennend die eingetretenen Ereignisse, wie wir für die übrigen bemerkt haben, in deutlicherer Sprache, obgleich die Verständnisse unter Wolken gefangen seyn werden; aber, „wenn die Unwissenheit entfernt seyn wird, dann wird es hell werden". Schließlich denn empfange, mein Sohn, dieses Geschenk deines Vaters Michael Nostradamus, der dir eine jede Weissagung der vorliegenden Strophen zu erklären hofft und zum unsterblichen Gotte betet, daß er dir langes Leben und Glück und Gesundheit verleihen möge.

Salon, den 1. März 1555.

Erste Zenturie

I, 1.
Sitzend auf dem ehr'nen Stuhl alleine,
Die geheime Wissenschaft enthüllt
Bei dem nächtlichen Geflimmerscheine
Dinge, die der Zeiten Lauf erfüllt.

I, 2.
Mit dem Stabe in der Hand, umgeben
Von den Zweigen, sitzt sie an dem Quell;
Flüsternd hört man's durch die Äste beben;
Götterglanz; der Seher ist zur Stell'.

I, 3.
Wenn der Sturm die Sänfte umgeleert
Und Gesichter sich mit Mänteln decken,
Wird die Stadt ein neues Volk durchschrecken,
Daß sich Weiß u. Rot dagegen wehrt.

I, 4.
Ein Monarch wird in der Welt erstehen,
Der nicht lang in Ruh' und Leben bleibt,
Dann die Fischerbarke untergehen,
Die mißleitet auf den Wellen treibt.

I, 5.
Fortgejagt, zu kämpfen lange Zeiten,
Schwerer werden sie gedrückt im Land;
Dorf und Stadt sie haben mehr zu streiten,
Carcaß, Narbonne halten mutig Stand.

I, 6.
Schwäche auf Ravenna's Auge fällt,
Flügel werden seinen Füßen fehlen,
Zwei von Bressa haben aufgestellt,
Turin, Vercell, Gallien zu quälen.

I, 7.

Kommt zu spät, der Spruch ist der
vollstreckte,
Gegenwinde, Briefe ausgespäht;
Die Verschwor'nen vierzehn einer Sekte,
Durch den Rötling war die Tat gesät.

I, 8.

Vielgenomm'ne Sonnenstadt, es wandeln
Um sich deine eiteln, roh'n Gesetze;
Unglück naht, als Knecht wird dich behandeln
Adria und nehmen dir die Schätze.

I, 9.

Aus dem Osten kommt die pun'sche Rotte,
Adria gilts und Romuls Erben schwer,
Ist begleitet von der lyb'schen Flotte,
Tempel Malt' und Nachbarinseln leer.

I, 10.

Zu den Königs Neugebor'nen werden
Schlangen in den Eisenturm gesteckt,
Und die Toten steigen aus der Erden,
Vom Geschrei der Sterbenden erweckt.

I, 11.

Sinne, Herz und Füß' und Hände schwanken,
Napel, Sizil' und Lyon bedroht,
Wass'r in Rom, Feu'r, Schwert durchbricht die
Schranken,
Flut ertränkt, verrückt im Kopfe tot.

I, 12.

Falsch wird er die schwache Menge nennen,
Die ihn aus der Tiefe schnell erhöht,
Plötzlich als aufrühr'risch, wankend kennen,
Wer am Ruder von Verona steht.

I, 13.

Die Verbannten, die den König hassen,
Werden sich verschwören gegen ihn,

Heimlich Feinde durch die Mine lassen;
Seine Treuen gegen sie dann zieh'n.

I, 14.

Sklavenvolk Forderungen, Lied'r und Sang,
Herrn und Fürsten in den Kerker kommen;
Von Idioten ohne Kopf sodann
Später, als Sprüche Gottes aufgenommen.

I, 15.

Mars droht uns mit Kriegesungewittern,
Siebzigmal verspritzet er das Blut;
Glänzen wird die Geistlichkeit u. zittern,
Mehr noch die, die außer ihrer Hut.

I, 16.

Arg am Zinn die Bindung geg'nem Schützen
Hoch im Glanz der Exaltation.
Hunger, Pest u. Tod von Pulverblitzen:
Der Erneu'rung Säculum naht schon.

I, 17.

Vierzig Jahre wird die Iris fehlen,
Vierzig Jahre wird sie täglich steh'n;
Dürre wird der Dürre sich vermählen,
Überschwemmung nah'n, wenn wir sie seh'n.

I, 18.

Bürgerzwiste werden Mahometen
Eine Pforte Galliens erschließen,
Genueser Land und Meer sich röten,
Phokä's Port von Schiffen überfließen.

I, 19.

Wenn um den Altar sich Schlangen stricken,
Trojerblut durch Spanier erschreckt,
Manchen werden sie zum Orkus schicken,
Doch die Hauptfrucht bleibt im
Schlamm versteckt.

I, 20.

Tours, Orleans, Blois, Angers, Reims und
Nantes,
Plötzlich durch Veränderung geplagt;
Kriegsvolk fremder Sprachen liegt im Lande,
Ström', Geschoß Rennes, Land und Meer
verjagt.

I, 21.

Weißen Ton sieht man den Fels bedecken,
Welcher milchig aus dem Abgrund bricht,
Man rührt ihn nicht an aus blindem Schrecken,
Denn daß unten Lehm ist, weiß man nicht.

I, 22.

Was da lebt und Leben den Verstand entbehrt,
Kommt der Hirsch, zum Tod ihm seine List,
Autun, Langres, beid' Chalons, Sens
verheert
Durch den Hag'l und Frost, der Alles frißt.

I, 23.

In dem dritten Mond, wenn sich erheben
Wird die Sonne, der Leopard in's Feld,
Matt blickt Leopard zum Himmelszelt,
Einen Aar sieht um die Sonn' er schweben.

I, 24.

Für die Neustadt nur auf Rache sinnend,
Schwingt der Raubvogel sich himmelwärts,
Die Besiegten durch Verzeih'n gewinnend;
Mantua, Cremon' litt großen Schmerz.

I, 25.

G'hängt gefunden lang vermißt, der Hirt'
Sieht sich Ehre fast wie Gott gespendet,
Lun, wenn ihr groß Säculum vollendet,
Er beschimpft von andern Seiten wird.

I, 26.

Großen trifft der Blitz zur Tagesstunde,
Nachher von dem Bot'n vorausgesagt;
Vorbot sagt, er fall' zu nächt'ger Stunde;
Kampf Reims, London, Toscan pestgeplagt.

I, 27.

Guien schlägt der Himmel an der Eichen,
Unweit dessen liegt der Schatz versteckt,
Den man lang getrachtet zu erreichen,
Doch geblendet stirbt, wer ihn entdeckt.

I, 28.

Boucq's Turm wird Barbarensegeln zittern,
Ein hesperisch Schiff erschien am Strand,
Mord und Plünd'rung wird das Land erschüttern,
Stier' und Wage, welch ein wilder Brand.

I, 29.

Wenn den Land- und Seefisch wälzt gewaltig
Auf den Sand die Meeresflut herein,
Wunderbar, erschrecklich, schöngestaltig,
Wird der Feind bald an den Mauern sein.

I, 30.

Stürm' das wunderbare Schiff verschlagen
Fern an einen unbekannten Ort,
Was auch Palmenzweige immer sagen,
Tod und Raub, zu spät das Warnungswort.

I, 31.

Lange Zeit wird Mars in Gallien dröhnen,
Castulos Monarch tritt aus der Bahn,
Ungewiß der Sieg, drei große krönen,
Adler Hahns dann, Mond, Löw', Sonn' zeigt's an.

I, 32.

Bald wird man das große Reich verlegen,
Und der Ort, den man dazu erkor,
Klein in einer kleinen Mark gelegen,
Schwingt in kurzem sich dadurch empor.

I, 33.

Bei 'nem großen Pont von weiter Flächen,
Läßt der groß' Löwe durch cäsar'sche Macht
Außen die Stadt ihren Starrsinn brechen,
Tore ihm durch Schrecken aufgemacht.

I, 34.

Der Raubvogel wird an's Fenster fliegen,
Eh' mit Frankreich er beginnt den Strauß,
Ein bedenklich Zeichen wird drin liegen,
Doch die Schwächern deuten's günstig aus.

I, 35.

Auf dem Kampfplatz junger Leu den alten
Im Duell besiegt, der Augen Licht
Wird im gold'nen Käfig er ihm spalten,
Zwei Spieg'l einer, 's Aug im Tod dann bricht.

I, 36.

Der Monarch wird es zu spät bereuen,
Daß er nicht den Gegner umgebracht;
Doch am Ende wird er ihm verzeihen,
Willig sinken in die Todesnacht.

I, 37.

Kurz bevor die Sonne gehet schlafen,
Gibt es Kampf und ein gewaltig Morden,
Keine Sicherheit der Meereshafen,
Pontus Grab an zwei entfernten Orten.

I, 38.

Sol und Adler zeiget sich dem Sieger,
Dem Besiegten sagt leer Wort man zu:
Weder Horn, noch Jammern hemmt die
Krieger,
Rache schafft durch Morden schleunig Ruh.

I, 39.
Nacht's den Höchsten Ein'r im Bett erschlägt,
Weil z'lang g'säumt, den Blonden man erliest,
Der Enterbte fordert's Reich als Recht,
Garde töt't ihn, Niemand Ford'rung liest.

I, 40.
Falsche Trombe bergend schaffet neue
Satzungen die Narrheit in Byzanz,
Aus Ägypten, der da will, daß neue
Währung werde für das Geld des Land's.

I, 41.
Nachts die Stadt durch Überfall genommen,
Wenige entrinnen, Kampf am Strand,
Frau entzückt ob Sohnes Wiederkommen,
Gift und Brief verborgen im Gewand.

I, 42.
Zehnt'n April nach got'scher Art Synode,
Bosheit weckt erlosch'nes Feuer auf,
Teufelsbande, keine Ruh' im Tode,
Sucht Amand's, Pselins Gebeine auf.

I, 43.
Wunderbar wird sich ein Fall begeben
Vor der Aenderung des Reiches, und
Eine Porphyrsäule wird man heben
Und verpflanzen auf den weichen Grund.

I, 44.
Bald wird Opfer wieder man erleben,
Wer sich sträubt, erleidet Marterpein,
Keine Mönch und Äbte wird's mehr geben,
Teurer wird als Wachs der Honig sein.

I, 45.
Sektensektner, dem Angeber wehe,
Beste trifft Anordnung im Schauspielhaus,
Der Antik', Erfinder in der Höhe,
Sekten machen Alles wirr und kraus.

I, 46.

Dicht bei Aux, bei Laktor und Mirande
In drei Nächten Feur' vom Himmel fällt;
Etwas Seltsames geschieht im Lande,
Bald darauf erbebt die Erdenwelt.

I, 47.

Lemans Predigt Ärgernis der Welt,
Von den Tag'n auf Wochen reduziert,
Monde, Jahre, ganz dann eingestellt,
Rat ihr hohl' Gesetz dann annuliert.

I, 48.

Nach zwanz'g Jahren vor des Monds
Regierung
Herrscht ein And'rer siebentausend Jahr,
Wenn die Sonne übernimmt die Führung,
Macht sich meine Prophezeiung wahr.

I, 49.

Lange Jahre noch vor diesen Zeiten
Wird der Orient durch Mondes Kraft,
Tausend siebenhundert viel erbeuten,
Fast des Nordens Eck er an sich rafft.

I, 50.

Aquatik Triplizität erzeugen,
Ein'r als Fest den Donnerstag erkennt,
Ruhm und Macht und Herrschaft ist sein
eigen,
Sturm zu Meer und Land im Orient.

I, 51.

Gott auf welche Aenderungen deuten
Haupt des Widders, Jup'ter und Saturn!
Lang dann kehren seine bösen Zeiten,
Gallien und Italien, welcher Sturm!

I, 52.

Skorpion's beide Feinde sind vereinigt,
In dem Saal den Großherrn man erschlägt;

Durch den neuen König Kirch' gepeinigt,
Tief Europa und des Nordens Knecht.

I, 53.

Dann wird großes Volk man quälen sehen,
Das Gesetz, die ganze Christenheit
Durch die Neuerungen untergehn,
Wenn man Gold und Silber neu erbeut't.

I, 54.

Sieh den bösen Sichelträger drehen
Zweimal sich; dies ändert Welt und Reich:
Das unstete Zeichen kommt zu stehen
Zwischen zwei, die sich geneigt und gleich.

I, 55.

Gegenüber, wo das Klima liegt
Babylon's wird großes Blutbad sein,
Land und Meer und Himmel selbst erschrickt,
Sekten, Pest, Verwirrung, Hunger, Pein.

I, 56.

Großen Wechsel früh und spät bereiten
Greueltaten, die die Rache spinnt:
Als ob Luna würd' ihr Engel leiten,
Wird der Himmel freundlicher gesinnt.

I, 57.

Einen Mißklang wird die Trombe geben,
Die dem Himmel selbst den Kopf zerbricht,
Blut wird am blutdürst'gen Munde kleben,
Milch und Honig an des Narr'n Gesicht.

I, 58.

Aufgeschnitt'ner Bauch ein Ungeheuer
Mit zwei Köpf', vier Arm'n, und 's lebet Jahr';
Tag, wo Anglar seine Feste feiert,
Folgt Fossan, Turin dem Haupt Ferrar'.

I, 59.

Die Verbannt'n auf d'Insel deportiert,
Wird ein Grausam'rer den Thron besteigen,
Auf der Folter dann examiniert,
Werden sie kaum etwas mehr verschweigen.

I, 60.

Bei Italien wird gebor'n ein Kaiser,
Dem um teuern Preis verkauft der Thron,
Nicht sowohl als Fürsten, denn als Fleischer
Schildern, ihn, mit denen er zu tun.

I, 61.

Elend wird die Stadt, zu Grund gerichtet
Die unsel'ge durch den neuen Rath,
Sie ist voll verbrecherischer Saat,
Schwaben ihrer Selbstherrschaft vernichtet.

I, 62.

Wie viel wird der Wissenschaft genommen,
Vor Latona's Himmel ist vollkommen!
Feuer, Flut, mehr rohen Fürsten Macht,
Stürzt auf lange Zeit sie in die Nacht.

I, 63.

Alte Blumen wird die Welt mißhandeln,
Frieden wird zu Himmel, Land und Meer
Lange Zeit den Erdenball durchwandeln,
Dann rückt Mars auf's Neue wieder her.

I, 64.

Nachts sieht man es von der Sonne tagen,
Ein Geschöpf erscheint halb Mensch, halb
Schwein,
Lärm, Geschrei am Himmel, Schlacht
geschlagen,
Tiere stellen sich als Redner ein.

I, 65.

Kind ohn' Hände, Blitze nie gesehen,
Eierspiel verletzt das Königskind,

Puy hat wilde Wetter zu bestehen,
Unter Eichen drei erschlagen sind.

I, 66.

Kaum ist diese Botschaft an der Stelle,
Kommt schon wieder eine neue an:
Viviers, Tournon, Montferrand,
Pradelle,
Hag'l und Sturm viel Schaden dort getan.

I, 67.

Große Hungersnot herein wird brechen,
Anfangs wandeln, später allgemein,
Daß sie Wurzeln aus dem Boden stechen,
Kinder nach der Brust vergebens schrei'n.

I, 68.

Mit entsetzensvollen Martern wütet
Man und Qualen gegen drei Gerechte;
Giftverdacht, Verrat, zu schlecht gehütet,
Graus'n erregt durch trunk'ne
Henkersknechte.

I, 69.

Der groß', sieben Stadien runde Felsen
Wird nach Frieden, Krieg und Hungersnot
Fluten weit hin 's Land durchfurchend wälzen,
Schreck verbreitend überall, und Tod.

I, 70.

Regen, Hunger, Krieg in Pers' ohn' Ende,
Groß, verrät den Glauben der Monarch;
Gallien begonnen mit dem Ende,
Eine Vorbedeutung stumm und karg.

I, 71.

Meerturm dreimal g'wonn'n und wieder
g'nommen
Von Hispaniern, Barbarn, Ligurinern,
Marseille und Aix, Arles von Pis'
genommen,
Feu'r, Schwert, Raub, Avignon von
Turinern.

I, 72.

Die Bevölkerung Marseille's ganz
verwandelt,
Umlauf und Verfolgung bis Lyon,
Narbon, Tolouse, Bourdeaux gar
mißhandelt,
Tobt, Gefang'ne eine Million.

I, 73.

Frankreich angefallen von fünf Seiten,
Perser wiegeln Tunis, Algier auf:
Leon, Sevill', Barcelona fallen ab,
Und die vereinigte Flotte bleibet aus.

I, 74.

Wenn verweilt dort, wogen sie in's Reich,
Hauptsuccurs gen Antiochien fahrt,
Schwarzer Krauskopf spannt gewalt'g auf's
Reich,
An dem Spieß gebraten Kupferbart.

I, 75.

Der Tyrann besetzt Sien, Savona,
Flotte nimmt die Beste von dem Meer,
Zwei Armeen in der Mark Ancona,
Schreck verbreitend schwärmen sie umher.

I, 76.

Man wird ihn an einem Namen kennen,
Wie das Schicksalschwesternkleeblatt
hieß,
Groß an Wort und Tat das Volk ihn nennen,
Solchen Ruhm noch keiner hinterließ.

I, 77.

Zwischen zweien Meeren wird er lagern,
Pferdesbiß gibt nachher ihm den Tod,
Sein schwarz Segel wird Neptunus tragen
Um Calpe, und bei Rochelle die Flott'.

I, 78.

Greisem Fürst wird Gott 'nen Sohn erwecken,
Ausartend an Waffen und an Wissen,
Frankreich's Haupt ist seiner Schwester
  Schrecken,
Den Gend'armes das Feld verteilt, zerrissen.

I, 79.

Bazar, Lactor, Condon, Ausch, Agine
Streiten über Recht und Monopol:
Bourdeaux, Tholoze, Bay macht zur
  Ruine,
Weil erneuernd gern ihn Tauropol.

I, 80.

Himmelsglanz vom sechsten Scheine wird
Die Burgunder in Erstaunen setzen,
Häßlich Monstrum dann geboren wird,
März, April, Mai, Jun' voll Raud'n und
  Krätzen.

I, 81.

Aus der Menschenherde neun verstoßen,
Von Gericht und Rat hinausgeschickt,
In der Letzt' geteilt in ihren Losen,
Kappa, Thit', Lambd' todt, verbannt,
  verrückt.

I, 82.

Wenn die hölzernen Gebäude kommen,
Von Austerien mit List bedeckt,
Tritt 'ne große Schaar heraus, beklommen
Alles, Wien und Österreich erschreckt.

I, 83.

Beute teilen wird das Volk, das fremde,
Der Saturn im Mars, sein Blick voll Wut.
Tuskern ist Latinern Schreck der Fremde,
Die Hellenen sind voll Kampfeswut.

I, 84.

Luna wird in finst're Nacht sich hüllen,
Wenn ihr Bruder rot vorüber fährt,
Lang der Große sich in Dunkel hüllen,
Tauchen in die blut'ge Wund' das Schwert.

I, 85.

Frauenantwort schlägt den König nieder,
Die Gesandtschaft ihren Tod nicht scheut;
Heuchelnd ahmt der Große nach die Brüder,
Zwei'n zum Tode, Zorn und Haß und Neid.

I, 86.

Sieht die große Königin sich erliegen,
Zeiget mehr als Männermut das Weib,
Nackt wird sie zu Pferd den Strom
 durchfliegen,
Dann das Schwert sich bohren in den Leib.

I, 87.

Feu'r wird aus dem Schoß der Erde treten,
Daß der Neustadt und Umgebung bang,
Drohen zwei gewalt'ge Felsen lang,
Arethus' ob neuem Strom erröten.

I, 88.

Weh wird schnell den großen Fürsten finden,
Kurz nachdem die Frau geehlicht hat,
Seine Stütze schnell, sein Anseh'n schwinden,
Dem geschor'nen Haupte stirbt der Rat.

I, 89.

An der Mosel Alle aus Ilerden,
All' von der Loire und Seine erschlagend,
Bis nach Hautvill' wird das Meer sie tragen,
Wenn all' Adern Spanier öffnen werden.

I, 90.

Bordeaux, Poitiers ziehen bis nach Langon
Nach der Glocke Klang mit großer Macht,
Gegen Gallier geht ihr Zug; bei Orgon
Häßlich Ungeheu'r zur Welt gebracht.

I, 91.

Götter werden zu den Menschen steigen
Und herbeiführ'n einen großen Streit,
Vor am heitern Himmel Schwert, Speer zeigen
Sich, links ist noch unheilvoll're Zeit.

I, 92.

Einer wird den Frieden proklamieren,
Aber Plünd'rung bald und Aufruhr droht,
Meer und Land wird störr'ge Stadt blockieren,
Drittelsmillion gefangen, tot.

I, 93.

'S bebt Italien in der Berge Nähen,
Mißlich Löwes und Hahn's Verbrüderung,
Furcht nur ist's, daß sie zusammen stehen,
Castulo und Keltenland nur Mäßigung.

I, 94.

In Port Selin der Tyrann getötet,
Doch die Freiheit wird es nicht erwecken,
Neu den Mars mit Blut die Rache rötet,
Dann setzt in Achtung sich durch Schrecken.

I, 95.

Vor dem Kloster wird man Zwilling finden,
Mönchs aus altem Heldenblut entstammt,
Ruhm und Macht wird er durch Sekte gründen,
Daß er hoch erhoben wird genannt.

I, 96.

Der die Tempel, Sekten soll zerstören,
Die man wechselt je nach Zeit u. Ort,
Läßt vor Felsen mehr als Menschen hören
In der Nacht sein schön gedrechselt Wort.

I, 97.

Was die Flamme nicht vollbringt, das Eisen,
Sanftes Wort im Rat durch Frieden tut;
Traum nur wird dem Könige noch weisen,
Feind im Feuer, kriegerisches Blut.

I, 98.

Fürst, der zahllos Volk hinweggeführt
Fern von seinem Himmel fremder Zungen,
Fünftausend in Cret', Tessal' verliert,
Rettung ihm in Meeres Scheu'n gelungen.

I, 99.

Großmonarch wird die Verbindung schließen
Mit zwei Kön'gen, die im Bunde steh'n;
Welche Trän'n der großen Bande fließen,
Kinder rings um Narbon, welches Weh'!

I, 100.

In Toscana wird man einen grauen Vogel und in Dole lange Zeit
Mit dem grünen Zweig im Schnabel schauen;
Großer stirbt bald, aus ist's mit dem Streit.

Zweite Zenturie

II, 1.

Gegen Aquitanien von der Briten
Inseln, von derselben große Einfäll',
Boden viel, das heißt Reg'n und Frost gelitten,
Von Port Selin drohen starke Einfäll'.

II, 2.

Blauhaupt wird Weißhaupt mit Bösem danken,
Was ihm Frankreich immer Gut's getan;
Tod in Blüt', am Ast der Groß' wird schwanken,
Gibt der König die Gefang'nen an.

II, 3.

Fische kochen von der Sonnenhitzen
In dem Meer bei Negropont beinah',
Die Bewohner werden sie benützen,
Brauchen Zwieback Rhodus, Genua.

II, 4.

Von Monaco bis Siziliens Gauen
Wird der Landmann finden wie entlaubt,
Weder Stadt noch Dorf ist mehr zu schauen,
Welches der Barbar nicht ausgeraubt.

II, 5.

Schwert und Brief im Fisch enthalten sind,
Und heraustritt, der da Krieg beginnt
Eine Flotte hat er wohlbemannt
Und erscheint vor dem Latiner Land.

II, 6.

Vor und in den Mauern von zwei Orten,
Wird man nie erhörte Plagen seh'n,
Pest und Hunger wird, die drinnen, morden
Und das Schwert die draußen niedermäh'n.

II, 7.

Unter'n Deportierten gibt es Einen,
Der zwei Zäh'n im Hals zur Welt gebracht
Hungertod ob abgefress'nen Bäumen,
Neuer König neu Gesetz d'rob macht.

II, 8.

Römisch eingeweihte Tempel schätzen Ihre
rohen Fundamente ab,
Kehr'n zurück zu menschlichen Gesetzen,
Steh'nd nicht ganz vom Dienst der heil'gen ab.

II, 9.

Friedlich herrscht der Magere neun Jahre
Dann fällt er in Blutdurst, und in Scharen
Stirbt das Volk durch ihn ohn' Glaub' und
Recht.

II, 10.

Alles wird in kurzem sich entfalten,
Arge Zeiten über kurz und lang,
Stand von Nonn' und Mönch sich umgestalten
Men'ge bleiben woll'n in ihrem Rang.

II, 11.

Nächster Sohn vom Ält'sten wird gelangen,
hoch erhoben auf den Thron der Starken,
Jedem wird vor seinem Namen bangen,
Doch sein' Kinder müssen aus Reiches Marken.

II, 12.

Geschloss'ne Augen für Antiken,
Mönchsgewandung findet nicht mehr Platz;
Großmonarch wird ihren Wahnsinn zügeln,
Vornweg rauben ihren Tempelschatz.

II, 13.
Nicht mehr wird geopfert Leib' ohn' Seele,
Zum Geburtstag wird der Todestag:
Selig wird durch Gottes Geist die Seele,
Daß das ew'ge Wort nie schauen mag.

II, 14.
Tours, Guien wahrt Augen, die nicht schlafen
Die Serene sehen sie von weit:
Sie und ihr Gefolg erscheint im Hafen,
Kampf und Sieg, und Oberherrlichkeit.

II, 15.
Der Monarch erschlagen kurz vorher,
Dioskur'n im Schiffe, Haargestirn:
Staatsschatz ist erschöpft durch Land und Meer,
Pis' im Bann und Ast, Ferrar', Turin.

II, 16.
Napel, Palerm', Sizil', Syrakusa
Neu' Tyrannen, Himmelsfeu'r u. Blitz:
London, Brüssel schlachten Gent und Susa,
Hekatomben, des Triumphes Sitz.

II, 17.
Des Vestalentempels Truppen stehen
nicht weit von Ethen und Pyrenäen:
Hauptschar im Morast versteckt, und Gräben
Nordwärts zog'n und ausgehau'n die Reben.

II, 18.
Regenstürme die heran sich wälzen,
Bringen plötzlich sie in große Not,
Steine, Himmel, Feu'r im Meere, Felsen
Stürzen die Umringten in den Tod.

II, 19.
And're setzen an der nackten Stätte,
die für jetzt noch unbewohnt; sich fest,
Nehmen Wiesen, Häuser, Felder, Städte,
Lange Feldbau, Hunger, Krieg u. Pest.

II, 20.

Brüder, Schwestern, da und dort gefangen,
Werden dem Monarchen vorgestellt,
Seine Blicke an den Zweigen hangen,
Kinn und Stirn u. Nase ihm mißfällt.

II, 21.

Und der Gesandte abg'schickt mit
  Zweirud'rern,
Zurückg'jagt unterwegs von Unbekannt;
Kommt Verstärkung dann mit Dreirud'rern,
Tau' und Kett'n in Negropont gespannt.

II, 22.

Blascons Feld wird von Europa scheiden
Setzend bei'r versunk'nen Insel an:
Flott' von Aaron eine Phalanx breiten,
Höhern Ton der Weltnabel nimmt an.

II, 23.

Vogel Vögel treibt aus dem Palaste,
Bald darnach gelangt der Prinz zum Thron:
Ueber'n Fluß getrieben der Verhaßte,
Draußen fängt die Vögelschar man schon.

II, 24.

Hunger wird das Wild durch Ströme jagen,
Weiter tritt der Hister in das Land,
In den Eisenturm der Groß' läßt tragen
Bruderssohn, eh' diesem was bekannt.

II, 25.

Fremde Wache wird die Vest' verraten,
Hoffnung, Aussicht auf erlauchte Eh':
Die betrog'ne Wach' in Klemm geraten!
Loire, Saone, Rosne, Gar, o Todesweh.

II, 26.

Weil die Stadt begünstiget den Großen,
Welcher bald verlieren wird die Schlacht,
Wird am Po und Tessin Blut vergossen,
Feu'r und Wasser stürzt in Todesnacht.

II, 27.
Gottes Wort, der Himmel wird es drücken,
Daß nicht weiter gehen kann sein Schritt,
Das Geheimnis werden sie ersticken,
Des Erlösers, daß man es zertritt.

II, 28.
Dem Vorletzten, den man den Propheten
Nennt, wird Tag und Ruh' Diana sein,
Weithin trägt er seine wilden Reden,
Groß Volk will von Steuern er befrei'n.

II, 29.
Aus der Heimat Morgenländer scheiden,
Über'n Apennin nach Gallien zieh'n,
Wolken, Wasserfluten, Schnee durchschneiden,
Alles wird vor ihren Streichen flieh'n.

II, 30.
Höllengötter Hannibals wird wecken
Einer, daß er alle Welt erschreckt;
Nimmer sah man einen solchen Schrecken,
Als von Babel über Rom sich streckt.

II, 31.
Cassilin wird in Campanien schäumen,
Daß das Wasser alles Land begräbt:
Vor- und nachher sieht man außer Bäumen
Lange keine Pflanze mehr belebt.

II, 32.
Milch und Blut wird in Dalmatien laichen,
Kampf entstehen, Seuchen bei Balennes,
Groß Geschrei in allen Sklavenreichen,
Dann ein Monstrum bei und in Ravenn'.

II, 33.
Auf dem Strome, der berührt Verona,
Wo zum Padus seine Wasser flieh'n,
Großer Schiffbruch, wie auf der Garona,
Wenn von Genua sie ihr Land durchzieh'n.

II, 34.
An der Tafel zücken wilder Weise,
Brüder ihre Schwerter auf der Stell',
Tot, verwundet im Begriff der Reife:
Ein für Frankreich trauriges Duell.

II, 35.
Nachts wird Feu'r an zwei Gebäude kommen,
Mehr're werden drin verbrannt, erstickt;
An zwei Flüsse wird allein er kommen:
Ach wie trüb' Sonn', Steinbock, Bogen
blickt!

II, 36.
Briefe strafen den Propheten Lügen,
Die man find't und dem Tyrannen bringt;
Seinen König wollte er betrügen,
Doch sein Anschlag nun ihn selbst verschlingt.

II, 37.
Von den zahlreichen Verstärkungsscharen
Für die Veste, die belagert ist,
Werden Pest u. Hunger siebzig sparen,
Die sodann das Schwert des Feindes frißt.

II, 38.
Ein Verdammungsurteil finden Viele,
Wenn die Herrscher wieder einig sind;
Aber Einer stößt auf Widerspiele,
Daß das Bündnis wenig Halt gewinnt.

II, 39.
Deutsche, Gallier, Spanier in dem Forte,
Ein Jahr vor ital'schen Kriegs Beginn,
Schule stürzet, Rathaus ein im Orte,
Und erschlägt die Meisten, die darin.

II, 40.
Bald darauf wird sich ein Lärm erheben,
Ein gewaltiger zu Meer und Land:
Namentlich wird's einen Seekampf geben,
Tiere mehr verheeren noch und Brand.

II, 41.

Sieben Tag' der große Stern wird schimmern,
Im Gewölk' 'ne Doppelsonne blitzt,
In der Nacht der große Hund wird wimmern,
Wenn der Papst verändert seinen Sitz.

II, 42.

Zu des totgefundenen Despoten
Blut eilt Hahn und Hund und Katz herbei;
Und ein And'rer, der entging dem Tode,
Liegt im Bette, Arm' und Bein entzwei.

II, 43.

Während der behaarte Stern noch weilet,
Dauert der drei großen Fürsten Strauß;
Land und Frieden wird vom Fluch ereilet,
Po und Tiber schwillt, wirft Schlangen aus.

II, 44.

Zwischen Flaggenvögeln und Gedränge
Wird der Adler werden übermannt,
Trommeln, Schellen und
Trompetenklänge,
Bringen die Verrückte zum Verstand.

II, 45.

Himmel weint, daß Androgyn erschaffen,
Blutvergießen dieser Himmel sät,
Tod zu spät für's Volk sich aufzuraffen,
Die ersehnte Hilf' kommt früh u. spät.

II, 46.

Großen Kreis, worin wir uns bewegen,
Größ'rer folgt, die Welt erneuert sich:
Blut, Milch, Hunger, Schwert und Pest und
Regen,
Feu'r am Himmel, langer Funkenstrich.

II, 47.

Gift entfernt den großen Feind, den alten,
Herrscher durch Geringe unterjocht;
Steine regnen aus des Blitzes Falten,
Auf Vertrag im Tod umsonst gepocht.

II, 48.

Groß Heer übersteigt die Alpentriften,
Mars am Fisch, Saturn im Bogen steht,
Salmenköpfe sind gefüllt mit Giften,
Durch den Strang ihr Oberhaupt erhöht.

II, 49.

Zu dem ersten Monopole raten.
Die Erob'rer von Melit' verführt,
Rhodus und Byzanz auf ihren Pfaden,
Hand bei ihren Planen nicht berührt.

II, 50.

Wenn in Henn'gau, Brüssel, Gent sie stehen,
Daß vom Feind belagert Langres ist,
Wird im Rücken blut'ger Krieg entstehen,
Schlimm'r als Feind die alte Wunde ist.

II, 51.

Schuldlos Blut wird Londons Frieden rauben,
Sechs von dreiundzwanzig trifft der Blitz,
Und mit vielen von dem gleichen Glauben
Stürzt die hehre Frau vom hohen Sitz.

II, 52.

Mehr're Nächte wird die Erde beben,
Frühling zweier Schritte Frucht erleben;
Auf zwei Meeren Ephesus, Korinth;
Krieg sich durch zwei edle Held'n entspinnt.

II, 53.

Von der Pest die Seestadt bleibt umnachtet,
Bis gerochen der gerechte Mann,
Den man der Verstellung nur geschlachtet,
Der Gewalt'gen, der er nichts getan.

II, 54.

Durch ein fremdes Volk aus fernem Land,
Dann durch Wasser Roma schwer getroffen;
Mädchen ganz woanders ohne Hand,
Fürst gefangen und kein Schloß erbrochen.

II, 55.

Der Gewalt'ge, der im Kampf nichts taugte,
Führt zuletzt noch Wundertaten aus,
Während Adria seh'n wird, was man brauchte,
Schwelgt der Stolze bei dem Waffenschmaus.

II, 56.

Was dem Tod durch Pest und Schwert
entgangen,
Wird vom Blitz erschlag'n auf Berges Höh'n;
Der Abt stirbt, wenn er sieht untergeh'n,
Die vom Schiffbruch nach der Klippe langend.

II, 57.

Vor dem Kampfe stürzt die große Mauer,
Und der kaum gebor'ne Große sinkt –
Früher, jäher Tod und bitt're Trauer!
D' Mehrzahl schwimmt, Blut Stromes Ufer
trinkt.

II, 58.

Ohne Fuß und Hand mit spitz'gem Zahn,
Kugelweise nach dem Hafenorte,
Wollenkopf verrät'risch schleicht zur Pforte,
Luna leuchtet, Klein und Groß sie sahn.

II, 59.

Gall'sche Flotte auf Neptunus' Wogen
Schwimmt, von seiner Dreizackmacht
beschirmt,
Provence durch ein Kriegsheer ausgesogen,
Mars und Speer und Pfeil um Narbo stürmt.

II, 60.
Pun'sche Treu' gebrochen im Morgenland,
Ind und Rhone, Loire und Tajo schwillt,
Anders, wenn des Maultiers Durst gestillt,
Flott' zerstreut, nur Leich'n und Blut am
Strande.

II, 61.
Auge, Tamins, Gironde und la Rochelle,
O Trojanenblut, Mars bei la Flèche,
Hinter'm Fluß erklettert Festungswälle,
Schwert und Feu'r, groß Blutbad auf der
Bresche.

II, 62.
Mabus wird bald sterben dann, darauf
Wüten unter Menschen und Vieh der Tod,
Rach' hat Eil' Erpressung, Truppennot,
Hung'r und Durst, weil der Komet im Lauf.

II, 63.
Nicht Ausoniens Gallier wird zwingen
Po, die Marne und Seine wird Parm'
verschlingen,
Große Mau'r sich gegen sie erheben,
Groß'r an's Kleinern Mau'r verlier'n das
Leben.

II, 64.
Durst und Hunger Genfern schwere Plage,
Leer die Hoffnung, die man sich verspricht,
Das Gesetz der Genfer auf der Waage,
Flott' erreicht den großen Hafen nicht.

II, 65.
Großes Elend vor der Türe steht,
Spanien wird's und Insubra erreichen;
Feu'r im Schiff, Gefangenschaft und Seuchen,
Hermes steht im Bog'n, Saturnus sät.

II, 66.

Der Gefang'ne mit Gefahr entkommen,
Groß er bald ein ander Schicksal hat;
Im Palast das Volk wird festgenommen,
In Belagerung gesetzt die Stadt.

II, 67.

Einen Handstreich wird der Blonde wagen,
Mit den Waff'n hinaus die Gegner jagen,
Die Verbannten lassen in die Mauern
Und den Stärksten d' Seeplätz' anvertrauen.

II, 68.

Groß wird man im Norden sich bemühen,
Nach dem Meer die Pforte offen steh'n,
Neu die Herrschaft auf der Insel
erblühen,
London zitternd off'ne Segel seh'n.

II, 69.

In der dextra celtica wenn sieht
Gallier König Zwist der Monarchie,
Auf drei Seiten dann sein Szept'r erblüht
Gegen d' Rapp der großen Hierarchie.

II, 70.

Himmels Pfeil wird seine Beut' erreichen,
Sprechend tot, Blut wird durch Henker
fließen,
D'Axt am Baum, das stolze Volk wird weichen,
Und ein menschlich Ungeheu'r wird büßen.

II, 71.

Die Verbannten nach Sizilien kommen,
Zu befrei'n vom Hunger fremde Zunft;
Mit Tags Anbruch ihm die Kelten frommen,
Leben bleibt, der König hört Vernunft.

II, 72.
In Italien find'st du deine Plagen,
Celtisch Herr, nur Schlacht und Tod ist da;
Flieh die Römer, Gallier geschlagen
Am Tessin, am Rubikon ist's nah'.

II, 73.
Am Fucin, an Benac's Strand besiegt,
Um Lemanner Port von Ogmion;
Dreiarmig geboren deut't auf Krieg
Den drei Kronen dem Endymion.

II, 74.
Sens, Autun wird an die Rhone schicken
Truppen, nach den Pyrenä'n zu zieh'n,
Aus der Mark Ancona werden rücken
Große Züg' zu Land und Meer dahin.

II, 75.
Jenes Vogels Stimme wird vernommen,
Der wehkündend um die Dächer schwirrt;
Und der Scheffel Korn wird so hoch kommen,
Daß der Mensch zum Menschenfresser wird.

II, 76.
In Burgund wird durch den Blitz geschehen,
Was durch das Geschütz nicht möglich ist,
Am gelähmten Ratsgesandten sehen
Dann die Feinde, was begegnet ist.

II, 77.
Abgetrieben durch Geschoß' und Brände,
Mitternachts Geschrei mit G'heul vermischt,
Eingelassen durch durchstoß'ne Wände,
Die Verräter durch den Gang entwischt.

II, 78.
Groß Neptun aus Meeres tiefen Gründen,
Punisch Volk, vermischt mit gall'schem Blut,
Waffnet für den Zauderer die Inseln,
Weh'r ihm, als verheimlicht Weh ihm tut.

II, 79.

Schwarzer Krausbart mit Geschütz wird
zähmen
's wilde Volk und sich zu Füßen legen,
Der groß Chiren all' Gefang'nen nehmen
Mit Selin'schem Banner ab dem Trägen.

II, 80.

Auf die Wort', die der Verletzte drechselt,
Tritt zum Scheine kurze Ruhe ein;
Doch die Großen werden nicht gewechselt,
Zeitig wird man wieder Feinde sein.

II, 81.

Himmels Feuer brennt die Stadt fast nieder,
Mit der Urne droht Deukalion;
Punisch Schiff erschreckt Sardinien wieder,
Libra lässet ihren Phaeton.

II, 82.

Hunger ist's, daß Wolf nach Beute geht,
Den Angreifer drückt der Not Gewicht,
Vor dem Ältesten der Jüngste stehet,
Im Gedräng' entkommt der Große nicht.

II, 83.

Großes Lyon, dein blüh'nder Handel mindert,
Alles eilt zum früheren Verfall,
Der Soldaten Beut', wirst du geplündert;
Jura, Schwaben, Nebel überall.

II, 84.

Sechs Mond' neun Tag' fällt kein Tropfen
Regen
In Kampagn', Sien, Flora, Tuscien,
Fremdes Kriegsvolk wird Dalmatien
Überschwemm'n und alles wüste legen.

II, 85.
Der ergraute Vollbart wird, der strenge,
Bei Lyon dem kelt'schen Adler höh'r;
Kleingroß treibt den Starrsinn z'weit in d'
Länge,
Schlacht am Himmel, rot 's ligursche Meer.

II, 86.
Schiffbruch einer Flott' in Adria's Meer,
Tief im Innern wird die Erd' erschüttert,
Vor des Halbmonds Macht Ägypten
zittert,
Unterwerfung ist Herolds Begehr.

II, 87.
Nachher kommt aus weiter Fern' herüber
Ein german'scher Fürst, seinThron von
Gold,
Knechtschaft naht, die Flut verheerend rollt,
Dana Magd, Anbetungszeit vorüber.

II, 88.
Wüste wird des Großen Land er legen,
Siebter Nam' dem Fünften dann gehört;
Fremder Held, um's Drittel überlegen,
Moudon, Lutez, Aix nicht Schutz gewährt.

II, 89.
Eines Tags die beiden Meister sehen
Sich entsetzt, vermehrt wird ihre Macht,
Neuland wird im Höhepunkte stehen,
Dem Blutdürstigen wird's hinterbracht.

II, 90.
Leb'n und Tod wird Ungarns Herrschaft
ändern,
Schwer'r als KnechtschaftsJoch auf seinen
Ländern,
Alles in der Hauptstadt seufzt und weint,
Kast'r und Pollux in den Schrank'n als
Feind.

II, 91.

Sonnenaufgang großes Feu'r am Himmel,
Lärm und Röte gegen Mitternacht,
Rings umher Geschrei und Kampfgetümmel,
Feuer, Hunger, Schwert des Todes Macht.

II, 92.

Himmels goldfarb' Feu'r auf Erden, treffen
Wird's den Sohn, Ereignis wunderbar;
Großes Blutbad, Festnehmung des Neffen,
Der Stolz ist entronnen der Gefahr.

II, 93.

Libitina haust an Timbers Saum,
Nachdem kaum die Flut das Land verheert;
Schiffshauptmann gebund'n in untern Raum
G'worfen, Schloß, Palast durch Brand zerstört.

II, 94.

Großes Pan, den Galliern großes Wehe,
Des Seelöwen Schrecken leer und blind;
Endlos Volk ist auf der Meereshöhe,
Keine Viertelsmillion entrinnt.

II, 95.

Öde wird es an volkreichen Orten,
Große Felderteilung weit und breit,
Reiche den unfäh'gen Klugen worden,
Dann die großen Brüder Tod und Streit.

II, 96.

Abends wird am Himmel Fackelröte
Man an Rhone's Quell und Mündung seh'n,
Hunger, Schwert, die Hilfe kommt zu späte,
Perser gegen Mazedonien geh'n.

II, 97.

Laß dir raten, Papst, die Stadt zu fliehen,
Die am Busen zweier Ströme ruht,
Unweit ihrer, wenn die Rosen blühen,
Strömet dein und deiner Treuen Blut.

II, 98.

Wem das Blut des Opfers, das geschlachtet
Werden wird, das Antlitz färbt, dem droht,
Wie man sieht, wenn man den Leu betrachtet,
Der Verlobten wegen selbst der Tod.

II, 99.

Roms Gebiet, wie aus dem Zeich'n erhellte,
Schlägt der Gallier mit Brand und Mord,
Doch die Stunde fürchtet nun der Celte,
Zu weit zog die Armee vor dem Nord.

II, 100.

Innerhalb der Inseln solches Lärmen,
Allenthalben solches Kriegsgeschrei,
Plünd'rer überall in solchen Schwärmen,
Daß man tritt dem großen Bunde bei.

Dritte Zenturie

III, 1.

Nach der Schlacht, die er hat schlagen lassen,
Wird Neptun auf seiner Wart' erblickt,
Schrecken macht den roten Gegn'r
erblassen,
Selbst der große Ozean erschrickt.

III, 2.

Allem, was im Himmel und auf Erden
In der myst'schen Milch verborgen kreist,
Der Substanz wird von dem Worte werden
Leib' und Seel' und ein allmächt'ger Geist.

III, 3.

Mars, Merkur und Silber steh'n im Bunde,
Gegen Mittag alles Erdreich dürr,
Erdbeben in Asiens Hintergrunde,
Ephesus, Korinth bestürzt und wirr.

III, 4.

Wenn die Finsternisse der Lunaren
Nicht sehr ferne von einander sind,
Kälte, Dürre, an der Grenz' Gefahren,
Selbst wo das Orakel sich entspinnt.

III, 5.

Nah, fern Finsternis zwei großer Leuchten,
Die hereinbricht zwisch'n April und März:
Welche Teurung! doch das Aug entfeuchten
Zwei mildtätige Große allerwärts.

III, 6.

Blitz wird im geschloss'nen Tempel zünden,
In der Veste fürchterliche Not,
Fluten ihren Weg zur Mauer finden,
Elend Mensch und Vieh, Durst, Hungertod.

III, 7.

Flucht, des Himmels Feuer auf die Piken,
Kampf ist nah, es balgen sich die Raben;
Hilferuf, die Himmel Hilfe schicken,
Wenn die Kämpfer an dem Festungsgraben.

III, 8.

Kimbern mit den Nachbarn sich verbünden,
Wird entvölkern beinah' Spanien,
Lincosiner sich zusammenfinden
In dem gleichen Bunde mit Guyenn.

III, 9.

Bordeaux, Rouan, la Rochelle reichen
Im Besitz des Meeres sich die Hand,
Angeln, Fläminger, Bretonen scheuchen
Bis Rouan zurück sie in das Land.

III, 10.

Blutbad, Hunger wird noch stärker kommen,
Siebenmal die Küste er verheert;
Durch den Hunger wird Monak genommen,
Großer in den Eisenturm gesperrt.

III, 11.

Waffenlärm am Himmel lange Tage,
Mitten in der Stadt der Baum geknickt,
Schwert, Brand, Krätze, Ungezieferplage,
Der Monarch von Adria erliegt.

III, 12.

Eb, Po schwellen, Tajo, Timb'r und Rhone,
Der Lemanner Ariciner See,
Und die beiden Hauptstädt der Garonne
Leiden von den Fluten mehr als je.

III, 13.

In dem Kasten schmilzt das Geld vom Blitze,
Von zwei G'fang'nen Einer frißt den Andern,
Hingestreckt wer an der Bürger Spitze,
In den Meeresgrund die Flotten wandern.

III, 14.

Zweig der tapferen Persönlichkeit
Frankreich's, niedrigst durch un' sel'gen Vater
Ehren, Schätz', im hohen Alter Leid,
Weil geglaubt an falscher Menschen Rat er.

III, 15.

Herz, Kraft, Ruhm des Reiches in Verfall,
Seinen Gegner hat es überall,
Frankreich knechtet Kindheit durch den Tod,
Noch mehr es ein Großregent bedroht.

III, 16.

Mars im Herzen wird verfolgen wollen
Sein gut Glück ein Prinz aus Engelland,
Seiner Mutter Liebling wird er grollen,
Zwei Duell', in einem d' Brust durchrannt.

III, 17.

Nachts wird den Avant man brennen seh'n,
Finst'rer Himmel plötzlich Flandern treffen,
Der Monarch verjagen seinen Neffen,
Arg sich ihre Geistlichen vergeh'n.

III, 18.

Nach dem ziemlich langen Milchesregen
Fleckt der Himm'l in Reims sich hier und da,
Grund zu einem blut'gen Kampf sie legen,
Sohn und Vater wagen sich nicht nah'.

III, 19.

Blut und Milch wird es in Lucca regnen,
Ein Regierungswechsel geht voraus,
Pest und Krieg und Hungersnot begegnen
Weit und breit, sein Fürst in Pluto's Haus.

III, 20.

Weithin an dem großen Bätisflusse,
In Granada, fern von Ebro's Strand,
Tritt das Kreuz der Halbmond mit dem
Fuße,
Ein'r aus Cordua verrät das Land.

III, 21.

Im Crustumium, an Adria's Meer,
Schwimmt ein fürchterlicher Fisch daher,
Fisch an Leib mit menschlichem Gesicht
Zieh'n sie an der Angel ihn an's Licht.

III, 22.

Sechs Tag' Sturm wird auf die Stadt man
geben,
Liefern eine schwere, heiße Schlacht,
Drei ergeben sie, man schont ihr Leben,
Alle Andern werden niederg'macht.

III, 23.

Gehst du über das ligur'sche Meer,
Frankreich, bist auf Inseln g'sperrt und
Meeren;
Mah'met Feind, mehr's adriat'sche Meer,
Pferds- und Eselsknochen wirst verzehren.

III, 24.

Viel Verwirrung in dem Unternehmen.
Volksverlust, der größte Schatz ist dein,
Doch mußt noch 's Gelüste darnach zähmen,
Denke, Frankreich, dieser Rede mein.

III, 25.

Der das Reich Navarra wird ererben,
Eins wenn Napel und Sicilien,
Wird Bigore, Landes, Born von Ein'm
erwerben,
Der zu tief verhängt mit Spanien.

III, 26.

Statuen wird man den Kön'gen setzen,
Augurn wählen und Haruspizes,
Am geschmückten Opfer sich ergötzen
Und befragen die Extispizes.

III, 27.

Lyb'scher Fürst, gewalt'g im Abendland,
Frankreich für Arabien ganz entflammt;
Selbst gelehrt läßt die arabsche Sprache
Er in die französ'sche übertragen.

III, 28.

Nied'rer Abkunft aus entferntem Lande
Kommt ein armes Weibsbild in das Reich,
Lange Zeit regieret es im Lande,
Seinem schlechten Regiment nichts gleich.

III, 29.

Großgezogen auf verschied'nen Wegen
Beide Neffen, eine Schlacht zu Meer,
Väter fall'n zu Land, die wackern Degen
Schlagen rächend ihrer Feinde Heer.

III, 30.

Der den Größeren zum Kampf gefordert
Mit dem Schwert, wird der Gefang'ne sein;
Nachts im Bett wird er von Sechs gemordet,
Stürmend auf den Unbewehrten ein.

III, 31.

Dreimal sammeln in den Ebenen
Sich von Med', Arab', Armenien
Zwei Hauptheer', am Aras wird gerichtet
Und der große Soliman vernichtet.

III, 32.

Aquitaniens Völker werden finden
Im Toskanerland ihr großes Grab,
Mars wird seine blut'ge Fack'l anzünden
Bei Germaniens Grenz und Mantua.

III, 33.

Bei der Stadt, in die der Wolf wird gehen,
In der nächsten Nähe steht der Feind,
Großes Land wird fremde Truppen sehen,
An die Mau'rn und Alpen tritt der Freund.

III, 34.

Wird sich dann die Sonn' mit Nacht
umkleiden,
Wird man am Mittag das Monstrum seh'n,
In ganz and'rem Sinne wird man's deuten,
Und auf Teurung Keiner sich verseh'n.

III, 35.

In Europa's West'n, an fernem Orte,
Kommt von armen Leut'n ein Kind zur Welt,
Es verführt viel Volk mit seinem Worte,
Das noch mehr im Morgenland gefällt.

III, 36.

Lebend ein Starrsüchtiger begraben
Wird gefunden mit zerfress'ner Hand;
Der Häret'ker, der verändert haben
Ihr Gesetz soll, von der Stadt verdammt.

III, 37.

Vor dem Angriff das Gebet gesprochen,
Aar Milan durch Hinterlist gewinnt;
Durch's Geschütz die alte Mau'r
durchbrochen,
Schwert und Feuer, wenig Volk entrinnt.

III, 38.

Gallisch Volk und fremde Nation
Über'n Berg'n erschlagen u. gefangen,
Dem entgegen nah' der Ernte schon
Von den Großen Frieden eingegangen.

III, 39.

Die im Norden werden sich verbinden,
Nach den Apeninnen steht ihr Hang,

Durch Liguriens Feigheit aber finden
Und durch Sturm sie schnell den Untergang.

III, 40.

Reu wird man das große Schauspiel sehen,
D' Würfel liegen, d' Netze sind gestreut,
Müd' wird auf dem Eis der Erst' sich gehen,
Sie durch Pfeile fall'n, die längst bereit.

III, 41.

Buckeligen wird der Rat ernennen,
Häßlicheres Monstrum sieht man nicht,
Des Prälaten Plan in's Aug wird brennen,
Den Verräter ahnt der König nicht.

III, 42.

Mit zwei Zähn'n im Hals ein Kind geboren,
Steine regnet es in Tuscien,
Wenig Jahr darauf die Ernt' verloren,
Nichts, den Hungernden zu sättigen.

III, 43.

Ihr am Tarn, am Lot, an der Garona,
Hütet vor den Apenninen euch,
Euer Grab bei Rom und bei Ancona,
Der schwarz' Krauskopf wird vernichten euch.

III, 44.

Bringt nach großen Müh'n und großen Sprüngen
Das vertraute Tier ein Wort hervor,
Wird der Blitz der Jungfrau Unheil bringen
Und sie schleudern in die Luft empor.

III, 45.

Fremde siehst du fünf zum Tempel schreiten,
Bald befleckt ihr Blut das Gotteshaus,
Toulouse wird von Einem viel erleiden,
Der sein ganz Gesetz wird rotten aus.

III, 46.

An dem Himmel (Plancus Stadt) wir lesen
In der Sterne wunderbarer Schrift,
Daß auf einmal sie doch nicht ob bösen,
Noch ob guten Taten Aend'rung trifft.

III, 47.

Von dem Thron gestoßen sieht den Alten
Hülfe man im Orient erfleh'n,
Furcht vor'm Kreuze seine Fahnen falten,
Z' Land und Meer nach Mitylene geh'n.

III, 48.

Siebenhundert G'fang'ne schwer gebunden,
Mit dem Tod die Hälfte schon bedroht;
Plötzlich kommt die Rettung, doch gefunden
Hat ein Fünfzehntel bereits den Tod.

III, 49.

Gallisch Reich, groß Wechsel wird dir nahen,
Seltsamer Ort Regierungssitz dir sein,
Neu Gesetz u. Recht wirst du empfangen,
Rouan macht und Chartres dir viel Pein.

III, 50.

Zu der großen Streng' sich nicht verstehen
Will die große Stadt im Bürgerrat,
König hinaus wird bei 'r Trompete gehen,
Leiter an der Mau'r, es reut die Stadt.

III, 51.

Große Mordtat wird Paris beschließen,
Blois sie stell'n in voller Wahrheit an,
Haupt von Orleans zurückgewiesen,
Angers, Troyes, Langres ihm bösen Plan.

III, 52.

Regen haben lang der Champagne Hügel
Und die Pouille große Trockenheit;
Hahn sieht Adler, schlecht bestellt der Flügel,
Durch den Löwen dem Untergang geweiht.

III, 53.

Wird der Größere den Preis bekommen,
Zieh'n von Nürnberg, Augsburg,
Baselland
Über Agrippina – Frankfurt g'nommen, –
Bis nach Gallien sie durch flämisch Land.

III, 54.

Ein Gewalt'ger wird in Spanien fliehen,
Dem er nachher lange Wunde brennt;
Sengend wird er über d' Berge ziehen,
Führen dann ein friedlich Regiment.

III, 55.

Jahr, in dem ein Aug' in Frankreichs Marken
Wird regier'n der Hof in großen Nöten,
Großen von Blois sein Freund wird töten
Doppelt's Reich in Zweifeln und im Argen.

III, 56.

Montauban, Nismes, Avignon und
Besier
Pest, Blitz, Hagel Ende März ereilen;
Von Paris die Brück', Lyon, die Mau'r
Montpellier,
Von siebhundert vierzig an drei Teile.

III, 57.

Sieben Wechsel seh'n wird's brit'sche Volk,
Jahr zweihundertneunz'g mit Blut es tränken;
Frank'n an Deutschland keinen Halt,
Bedenken
Macht dem Widder sein Bastarner Pol.

III, 58.

Groß'r an Volk geboren wird am Rhein
Norischer Gebirg', zu spät gekommen,
Der Sarmats, Pannoniens Schirm wird sein,
Wissen wird man nicht, wohin er kommen.

III, 59.
Das Barbar'nreich an sich reißt der Dritte,
Größtenteils zum Tod führt er sein Blut,
Schafft durch Gift den Vierten aus der Mitte,
Aus Besorgnis, Blut möcht töten Blut.

III, 60.
Von der Acht ganz Asien durchdrungen,
Die selbst Mys', Lys' und Pamphilien naht,
Blutvergießen viel durch einen jungen
Freigelass'nen Schwarzen voll Verrat.

III, 61.
Große Sekte wird der Kreuzesbrüder
In Mesopotamien ersteh'n;
Leichte Truppe in des Stromes Näh'n,
Der ein solch Gesetz gar sehr zuwider.

III, 62.
Nah' am Dur' tyrrhenische Flott' im
  Meere,
Bald hat er die Pyrenä'n durchbrochen;
Abgehau'n die Hand, die Zung' durchstochen
Führt nach Carcassone er sein Heer.

III, 63.
Sehr tief sinken wird die röm'sche Macht,
Nachahmer ihr großer Nachbar ist,
Heimlich nähr'n die Bürger Haß und Zwist,
Daß der Narr sogar nicht länger lacht.

III, 64.
Persiens Heer erfüllt die groß' Kolchade,
Mit Dreirud'rer-Flott' auf Mahmet los,
Parthien, Medien, Plünd'rung der
  Kykladen,
Lange Ruh im jon'schen Meeres Schoß.

III, 65.
Wann des großen Römers Grab man trifft,
Wird man Tags darauf den Papst erwählen,

Beim Senat wird's ihm an Freunden fehlen,
Und im heil'gen Kelche trinkt er Gift.

III, 66.
Den Großrichter Orleans weiht dem Tode
Einer, der vom Rachegeist entbrannt;
Nicht wie er verdient, noch wie ihm drohte,
Stirbt, der schon gelähmt an Fuß und Hand.

III, 67.
Neue Philosophensekt' sich gründet,
Tod verachtend, Würden, Gold und Geld;
Fern von der german'schen Alpenwelt
Ihnen nach sie großen Anhang findet.

III, 68.
Volk ohn' Haupt von Spaniern und Ausonen
In den Chersones erschlag'n ohn' Schonen;
Torheit, Leichtsinn ihren Zug verraten,
Überall schwimmt Blut auf ihren Pfaden.

III, 69.
Großes Heer, geführt vom jungen Degen,
Wird sich in die Hand des Feinds er geben;
Doch der Reis, ein Sohn des halben Schweins,
Macht, daß Masco und Chalons sind eins.

III, 70.
Großbritannien wird die Flut verheeren,
Die besonders Engelland beweint,
Krieg Ausoniens neuer Bund erklären,
So daß man sich gegen ihn vereint.

III, 71.
Die so lange sich belagert sehen
Auf den Inseln, halten kräftig aus;
Unter denen, welche draußen stehen,
Feiern Hung'r und Tod den Leichenschmaus.

III, 72.

Falscher Argwohn senkt an Stromes Feld
Guten Alten lebend in das Grab,
Und dem Neu'n, geadelt durch sein Geld,
Raub nimmt unterwegs sein Gold all ab.

III, 73.

Wann den Lahmen auf den Thron sie tragen,
Spricht ihn der verwandte Bastard an,
Ihn wird und das Reich die Krätze schlagen,
Und zu spät wird die Genesung nah'n.

III, 74.

Napel und Florenz, Favenz, Imola
So empör'nd' Bedingungen belieben,
Daß man zu gefall'n dem armen Nola
Sagt, sie hätten Spaß damit getrieben.

III, 75.

Pau, Verona, Sarragoss' ereilen,
Vincenz auch das Schwert und weit und breit
Schwere Pest mit giftgeschwoll'nen Beulen,
Hilfe nah und Gegenmittel weit.

III, 76.

Deutschland wird verschied'ne Sekten
  gründen,
Die dem gold'nen Heidentum sich nah'n,
Das gefang'ne Herz, die kargen Renten
Maßen sich den wahren Zehnten an.

III, 77.

Drittes Klima, unt'rem Widd'r, Oktober
Siebzehnhundert zwanzig sieben Jahr
Von Ägypten Persiens Kön'g erobert,
Kampf und Tod, dem Kreuze große Schmach.

III, 78.

Schott'scher Häuptling mit sechs
  Allemannen
Von Pirat'n aus Morgenland gefangen,

Über Calp' in Spanien mit Geschenken
D' Schritt' zum neuen Perserkön'g sie lenken.

III, 79.

Das Verhängnis wird in seine Kette
Einen schweren Ratschluß fügen ein,
Es zerschlägt des Phoker Hafens Kette
Und ein zahllos Heer die Stadt nimmt ein.

III, 80.

Einen Würd'gen stößt vom Thron der Brite,
Der Ratgeber wird aus Haß verbrannt,
Doch sein Anhang macht so tiefe Tritte,
Daß der Bastard beinah' anerkannt.

III, 81.

Der Vermess'ne, der so schamlos schreit,
Wird zum Führer der Armee gewählt;
D' Brück' zertrümmert die Verwegenheit
Seines Feind's, die Stadt vor Angst entseelt.

III, 82.

Fürcht' Antibor; Nizza's Nachbarorte
Arg verwüst't, zu Meer und Land
  Heuschrecken,
Günst'ger Wind zu Land und Meer, gemordet,
G'fangen, g'raubt, kein Kriegsg'setz zu
  entdecken.

III, 83.

Die Langhaare keltisch Galliens –
Fremde Völker werden sie begleiten –
Knechten das Volk Aquitaniens,
Es nach eigenem Gefall'n zu leiten.

III, 84.

Völlig wird die Hauptstadt umgewendet,
Keine Seele weilet mehr darin;
Haus und Kirch und Jungfrau wird geschändet,
Schwert, Feu'r, Kugel, Pest rafft alles hin.

III, 85.

Durch Betrug und List die Stadt genommen,
Mittelst eines schönen Jung'n genommen,
Sturm gegeben Raubine nah am Aude,
Er und die Verräter all' den Tod.

III, 86.

Ein auson'scher Fürst nach Spanien gehen
Wird zu Meer und halt'n in Marseille an;
Wunder wird nach seinem Tod geschehen,
Dem ein langes Siechtum ging voran.

III, 87.

Gall'sche Flotte, nah' Korsinien nicht,
Noch Sardinien, du wirst Reu erwerben,
Grunzens Hilfe trügt und alle sterben,
Blut wird schwimmen, mir G'fang'nem glaubst
du nicht.

III, 88.

Eine Flott von Barcellon wird kommen,
Daß erschrickt das ganz Marseiller Land,
Abgesperrt die Inseln, schnell genommen,
Dein Verräter schwimmen wird zu Land.

III, 89.

Zypern damals vom ägä'schen Meer
Auf die Hilf' vergebens warten wird,
Seine Alt'n erschlag'n, weggeführt
Wird der König, beschimpft die Kön'gin mehr.

90.

Der groß Pan und Tiger von Hircanien,
Ein Geschenk dem Herrn vom Ozean;
Flottenführer nahet aus Carmanien,
Land't im Tuskischen, Phoka'schen an.

III, 91.

Plötzlich wird der Baum, der abgestorben,
Lange wieder grünen über Nacht;
König krank, der Prinz den Fuß verdorben,
Furcht des Feindes Segel blähen macht.

III, 92.

Nah die Welt der letzten Periode,
Spät noch kehrt Saturn zurück in's Haus;
Man verlegt das Reich zum Volk von Brodes,
Narbon hackt das Aug' ein Geyer aus.

III, 93.

Weil sie alles in Paris zerstören,
Der Regierung Sitz in Avignon;
Hannibal'schen Groll Tricast wird nähren,
Schlechter Trost im Wechsel für Lyon.

III, 94.

Über fünf Jahrhundert wird man fragen
Nach der Rechnung; er, der seiner Zeit
Zierde war, läßt's dann auf einmal tagen,
Alles wird beglückt sein und erfreut.

III, 95.

Das Gesetz der Mauren sieht man fallen,
Ein verführerischeres tritt ein,
Um Borysthenes fällt es vor allen
Durch Geschenke und durch Schmeichelei'n.

III, 96.

Fürst Fossan's wird sich im Blute wälzen,
Spürhunds Führer wird der Mörder sein,
Es geht aus von dem tarpej'schen Felsen,
Dreizehnt' Februar Saturn im Leu'n.

III, 97.

Neuland sich zum neu'n Gesetze wendet;
Syrien, Judäa, Palästin',
Der Barbarn großes Reich dahin,
Ehe Phöbes Säculum vollendet.

III, 98.

Königliche Brüder zum Entsetzen
Zieh'n zum Krieg zwei geg'n einander aus,
Festungen ein Jeder wird besetzen,
Thron und Leben gilt der blut'ge Strauß.

III, 99.

Auf Aleins und Berneque's Blumenwiesen,
Wo der Lebron aus der Durance trinkt,
Beider Lager, großes Blutvergießen,
Mesopotamien in Frankreich sinkt.

III, 100.

Den der Gallier am letzten achtet,
Wird im Kampfe seinen Feind besiegen,
Wie er Stärk' und Boden sich betrachtet,
Wird der Todespfeil in's Herz ihm fliegen.

Vierte Zenturie

IV, 1.

Blut fließt nicht mehr, die Lagunenstadt
Fordert Hilfe, sie wird ihr gegeben,
Wenn sie lange Zeit gewartet hat,
Auf den ersten Hornstoß übergeben.

IV, 2.

Frankreich macht ob Tod sich auf den Weg,
Flott zu Meer, und über d' Pyrenäen,
Spanien in Bewegung, Kriegsvolk reg',
Von den größten Frau'n nach Frankreich gehen.

IV, 3.

Arras, Bourges und Brodes viel Reiterscharen,
Aus Gascon mehr Fußvolk angerückt;
Rhon's Volk wird mit Spanien arg verfahren,
Noch am Berg, wo man Sagunt erblickt.

IV, 4.

Der machtlose Fürst ergrimmt, nur Klagen
Über Raub durch Hähne, Lybier;
Groß zu Land wird nur Italien ragen
Wie zu Meer, vertreibend Gallier.

IV, 5.

Kreuzfried unt'r Erfüllung von dem Worte
Gottes, Spanien, Gallien vereint,
Schwere Schlacht ist nahe, großes Morden,
Keiner so viel Mut, daß er nicht weint.

IV, 6.

Nach dem Friedensschlusse neue Tracht,
Ein Gewebe voll der Hinterlist;
Sterben wird zuerst, wer Probe macht,
Farbe von Venedig Tücke ist.

IV, 7.

Des verhaßten Großen jüng'rem Sohne
Aussatz, wenn er zwanzig Jahre zählt,
Kummer flieht der Mutter Todeskrone,
Und er stirbt, wo feiger Häuptling fällt.

IV, 8.

Schnell mit Sturm die große Stadt genommen,
Überrumpelt plötzlich in der Nacht,
Deine Zeit, St. Quentin, ist gekommen,
Tore g'stürmt, die Wachen nieder g'macht.

IV, 9.

Der Feldhauptmann wird in dem Gedränge
Durch 'nen Pfeil verwund't im Schenkelbein,
Genf in Tränen sehr und in der Enge,
Lausanne, Schweiz wird sein Verräter sein.

IV, 10.

Fälschlich angeklagt hierbei wird führen,
Junger Fürst im Lager Aufregung,
Heer entflammt für die Verteidigung,
Szcepter sühnen, Skropheln dann kurieren.

IV, 11.

Der sich mit der großen Kapp' wird decken,
Wird zu einem raschen Schritt verführt,
Die zwölf Roten werd'n mit Blut beflecken
s' Tafeltuch, die Mordtat wird vollführt.

IV, 12.

Auf dem Zuge in die Flucht geschlagen
Wird das größte Heer, doch nicht verfolgt,
Sammelt es sich und schlägt neu das Lager,
Drauf hinausg'jagt ganz vom gall'schen Volk.

IV, 13.

Wird von größerem Verlust man hören,
Flammt der Aufruf in des Lagers Schoß,
Daß sich Banden rotten und empören,
Doppelphalanx sagt vom Großen los.

IV, 14.

Der Monarch auf einmal auf der Bahren,
Und den Thron besteigt ein anderer,
Früh und spät und alt und jung an Jahren,
Fürchtet man ihn auch zu Land und Meer.

IV, 15.

Woher Mang'l er kommen sieht und Hunger,
Daher kommet Sättigung statt Not;
Weil auf's Meer den Blick der gier'ge Hunger,
Gibt der ein' dem andern Öl u. Brot.

IV, 16.

Freistadt, statt der Freiheit untertänig,
Grüblern und Verbannt'n ein Zufluchtshaus,
Nicht so abhold ihnen der neu' König,
Hundert werden mehr als tausend d'raus.

IV, 17.

Beaune, Puy, Chalons, Dijon wird sich's wenden,
Herzog will verbessern das Gericht,
Schnabel tauchen in den Strom die Enten,
Sieht den Schwanz, das Tor erschließt sich nicht.

IV, 18.

Die in Himmels Dingen sind gelehrt,
Von unaufgeklärter Fürsten Macht,
Schwer verfolgt, Verbrechern gleich, entehrt,
Wo man trifft, verjagt, zum Tod gebracht.

IV, 19.

Rouan, d' Insubre wird belagert werden
Und die Wege g'sperrt zu Meer und Land;
Henngau, Flandern, Gent und Lüttich werden
Aufgewiegelt, plündern Meerestrand.

IV, 20.

Lang' wird Fried'n und Fülle loben Ort,
Lil' verlass'n in seinem ganzen Reiche,

Aus dem Wasser an das Ufer Leichen,
Eitle Hoffnung auf Begräbnis dort.

IV, 21.

Sehr schwer die Veränderung die wicht'ge,
Stadt und Land hat ihr'n Gewinn dabei,
Sinn hoch, Klugheit weg, verjagt das Tücht'ge,
Z' Meer und Land, 's Volk seinen Stand macht
neu.

IV, 22.

Das nun fortgejagte große Heer
Drängt im Augenblick den König sehr,
Die von fern versproch'ne Treu' erlogen,
Sieht er sich von Angst und Not umzogen.

IV, 23.

Die Kriegsmannschaft auf der Meeresflotten,
Kalk und Schwef'l und Pech wird sie
verzehren,
Sich're Fest konnt' lang des Feindes spotten,
Selin Port, nun wird sie Feu'r zerstören.

IV, 24.

Eine Heil'ge seufzet unt'rem Boden,
Die für göttlich hält der Flamme Schein,
Bald bedeckt die Schwelle sich mit Toten,
Und durch Frevel stürzt der Tempel ein.

IV, 25.

Höh're Leib'r ohn' End', das Auge sichtbar,
Dunkelheit aus diesem Grund entsteht,
Leiber, Stirnen ohne Haupt, unsichtbar,
Mindernd sie das heilige Gebet.

IV, 26.

Der gewalt'ge Bienenschwarm wird fliegen,
Der mit keinem Erntesegen naht,
Feinde, die im Hinterhalte liegen,
Nachts hervor, verraten Civitat.

IV, 27.
Sext Salon, Manchalia, Tarrascon',
Wo die Pyramid' noch aufgestellt,
Kommen sie zu liefern Dän'marks Sohn,
Artemis Temp'l ein schmählig Lösegeld.

IV, 28.
Wird von Sol die Venus überdeckt,
Schwindet unt'rem Glanze ihre G'stalt,
Ist's Merkur im Feu'r, der sie entdeckt,
Bloßgestellt durch Kriegslärm der Gewalt.

IV, 29.
Sonne hat von dem Merkur verdunkelt,
Für den zweiten Himmel erst den Schein,
Hermes, von Vulkan verschlungen, funkelt,
Sonne wieder schimmernd blond und rein.

IV, 30.
Mehr als jemals Luna, Sol verachtet,
Alles steigt und sinket nach und nach,
Und so tief, daß Gold gering geachtet,
Hunger, Pest dann, G'heimnis an den Tag.

IV, 31.
Vollmond Nachts auf Berges hohem Stuhle,
Mit dem bloßen Hirn neu' Sophir sieht,
Gern unsterblich möcht' ihn seine Schule,
Aug'n am Mittag, Aug'n an jedem Glied.

IV, 32.
Fleisch, statt Fisch, nach Ort und Zeit, dagegen
Ein gemein Gesetz von and'rem Plan,
Alter fest, geräumt dann aus dem Wege,
Einen Menschenfreund setzt man hintan.

IV, 33.
Venus näher Jupitern als Lunen,
Zeigend sich in vollem weißen Glanz,
Venus troffen von Mars weißem Glanz,
Birgt sich unt'rem Glanze von Neptunen.

IV, 34.

Weggeführt aus fernem Land der Große,
Gold dem Könige Chiren verspricht,
Dann in Mailand, in Ausoniens Schoße
Feu'r und Schwert sein ganzes Heer vernicht't.

IV, 35.

Feu'r gelöscht, die Jungfrauen verraten
Die neu' Bande, Blitz auf Lanz' und Schwert,
Kors' nur Tuskier sich für'n König wehrt,
Nachts das Messer an die Kehl' geraten.

IV, 36.

Gallien wiederholt die neuen Spiele
Nach dem Sieg von Insubre-Champagne,
Auf Hesperiens Berg'n der Großen viele
Tot und g'fang'n; Romanien, Spanien bang.

IV, 37.

Gallier durch Wald und Berge dringen
Und besetzen Insubre's Hauptort,
Tief in's Land hinein ihr Heer sie bringen,
Genua, Monec', schickt Flotten fort.

IV, 38.

Herzog König, Kön'gin drängt, in Banden
Byzantiner, Haupt in Samothraken,
Vor dem Sturm der Eine frißt den andern,
Folgt der Blutspur Keule schwer beschlagen.

IV, 39.

Rhodus fleht um Hilfe, weil verlassen,
Es durch seiner Erb'n Saumseligkeit,
Das arab'sche Reich will wieder fassen
Festen Fuß, Hesperien schlicht't den Streit.

IV, 40.

Die Belagerten sind eingegraben,
Während d' Fest in Grund geschossen wird,
Die Verräter lebend all' begraben,
Schweres Amt für einen Seelenhirt!

IV, 41.

Jungfrau'n nackt als Geisel weggefangen,
Wissen Nachts die Wach' zu hintergeh'n,
Durch ihr Wort den Hauptmann hintergangen
Läßt sie schlüpfen, kläglich anzuseh'n.

IV, 42.

Von Grenoble, Chartres und Dole
gefangen
Die von Langres und Genf in Montlimart,
Von Lausanne und Seisel hintergangen
Werden sie verrat'n um sechzig Mark.

IV, 43.

Waffenlärm wird man am Himmel hören,
Selbes Jahr Feind selbst die Geistlichkeit,
Heiliges Gesetz sie woll'n verkehren,
Viele Gläub'ge fall'n in blut'gem Streit.

IV, 44.

Haufen zwei von Mende, Milhau, Rodes,
Cahours, Limoges, Castres, Septimano,
Nachts der Einzug, eine Schar von Bordeaux,
Auf der Glocke Ruf nach Perigord.

IV, 45.

Wegen Kampfes König 's Reich verläßt,
Der Hauptführer fehlt zur Zeit der Not,
Schwere Schlacht, fast alle trifft der Tod
Von den Fremden, ein'r ist Zeuge des.

IV, 46.

Vor dem, was man „Tat“ nennt, mußt dich
hüten,
Tours, dein Untergang ist nicht mehr weit,
London sie und Nantes durch Reims
verbieten,
Geh' nicht weiter in der Nebelzeit.

IV, 47.

Kaum durch Feuer, Schwert und Pfeil
getränkt,

Satt die Hand mit Blut der schwarze Wilde,
Sieht das Volk, das angst- und schreckerfüllte,
Noch die Größt'n an Hals und Fuß gehängt.

IV, 48.

Die fruchtbar' auson'sche Eb'ne bringt
So viel Schnack'n und Heuschrecken hervor,
Daß die Sonne sie umzieh'n wie Flor,
Alles fressen und die Pest entspringt.

IV, 49.

Vor dem Volk wird Blut vergossen werden,
Das hinauf zum Himmel dringen wird,
Doch nicht lange denkt man des auf Erden,
Nur des Einen Geist es zeugen wird.

IV, 50.

Libra wird Hesperien herrschen sehen,
So im Himmel, wie auf Erden hie,
Asiens Macht wird nimmer untergehen,
Hält im Zaum es nicht die Hierarchie.

IV, 51.

Seinen Feind ein Feldherr wird verfolgen,
Hemmend tritt die Phalanx zwischen ein,
Eilig wied'r ihm auf dem Fuße folgen,
Und am Ganges wird das Treffen sein.

IV, 52.

Mann und Weib sich auf den Mauern regen,
Festungshauptmann sinnt auf Übergab',
Den Gend'armes ist sehr der Wind
entgegen,
Kalk und Staub und Asche treibt sie ab.

IV, 53.

Den Verbannten Rückkehr angetragen,
Vat'r und Sohn bevölkern die Verließ',
Blutger Vater und die Sein'n erschlagen,
Sein noch schlimm'rer Sohn in das Verließ.

IV, 54.
Vor dem König Galliens hat man Grau'n,
Mehr als vor entsetzlichen Gewittern,
England, Spanien und Italien zittern,
Aufmerksam vor all'm auf fremde Frau'n.

IV, 55.
Wenn die Krähe auf den Ziegeln sitzet,
Sieben volle Stunden nichts als krächzt,
Deutet's Mord, die Statue blutbespritzet,
Volk nicht länger unt'rem Zwingherrn ächzt.

IV, 56.
Nach dem Siege wuterfüllte Sprache,
Rührig schafft in dumpfer Ruh der Geist,
Eine Rede hält des Siegers Rache,
Die zusammt den Knochen brät' das Fleisch.

IV, 57.
Des Monarchen mangelnder Erkenntnis
Geht die Schriften zu verbieten bei;
Sein Weib, kein Weib, ein geheim Verständnis
Mit 'nem andern, wenig Lärm bei zwei.

IV, 58.
Sonnenglut heiß in der Kehle brennen,
Tusker Land mit Menschenblut benetzt,
Kapitäns Sohn den Schöpfeimer spinnen,
Frau gefangen in Türkei versetzt.

IV, 59.
Zwei, die ein Glas Wasser konnt' erhalten,
In der Fest' durch ihren Durst verbrannt,
Schloß durchfeilt, und ein tiefsinn'ger Alter,
Nira monstra in dem Genfer Land.

IV, 60.
Sieben Kind'r als Geisel übergeben,
Dritten bringt sein eigen Kind um's Leben,
Zwei durch ihren Sohn erstochen sind,
Genua, Florenz dann angezünd't.

IV, 61.

Seine Stell' dem Alten höhnend rauben,
Wird der Fremd', der ihn verführt, die Hand
G'fressen seines Sohns vor seinen Augen,
Chartes' Bruder Orl verrät Rouan.

IV, 62.

Es bemächtigt sich des größten Heeres
Ein Feldhauptmann, den der Ehrgeiz weckt,
Gegen seinen Fürsten sinnt er Schweres,
Unter seiner Laub' wird er entdeckt.

IV, 63.

Keltisch Heer rückt vor der Berge Mauern,
Find't und fängt das Meut'rer Volk in
  Schlingen,
Bald geschlagen die verschanzten Bauern,
Alle müssen über Klinge springen.

IV, 64.

Der Empörer Haupt, im Bürgerkleide
Stellt der Kön'g zur Red' ob solcher Taten,
Fünfzehn unbeurlaubte Soldaten,
Seiner Güter Herr, Freund wilder Freude.

IV, 65.

Dem, der es für gut fand, auszureißen,
Wird, wenn er die Fest' verlassen hat,
Große Heldentat sein Gegner weisen,
Kaiser stirbt, sein Bluturteil hat statt.

IV, 66.

Unt'rer Maske von geschor'nen Köpfen
Spähen sieben Buben hie und da,
Gift ist aus den Brunnen nur zu schöpfen,
Menschenfress'r im Fort von Genua.

IV, 67.

Wann Saturnus sich mit Mars verbindet,
Weithin große Hitze ohne Dampf,
Großer Ort, durch stille Glut entzündet,
Wenig Regen, warmer Wind, Krieg, Kampf.

IV, 68.

Nah der Venus die zwei größten Helden
Asiens und Afrikas, vom Rhein,
Ist er angekommen, wie sie melden,
Malt', ligur'sche Küste jammern, schrein.

IV, 69.

Die Verbannten d' große Stadt ersteigen,
Die Bewohn'r erschlagen und verjagt,
Parma den geheimen Weg zu zeigen,
Wird von Aquileja zugesagt.

IV, 70.

An den großen Pyrenä'ngebirgen
Stürzt ein großes Heer sich auf den Aar,
Gräßlich Blutbad, fürchterliches Würgen,
Bis nach Pau hinab verfolgt die Schar.

IV, 71.

Hingewürgt die Töchter statt der Gattin,
Mord die schwere Schuld nicht überlebt,
Jungfrau'n in den Brunnen man begräbt,
Und ein reines Opfer fällt die Gattin.

IV, 72.

Äcomiken durch Aginn, Lactora,
Nach Saint Felix Parlament zu halt'n,
Die von Bazas kommen mala hora*,
Condon, Marsan schnell in ihrer G'walt.

IV, 73.

Groß in Waffen wird der Neff' sich zeigen,
Schwer macht ihm der Friedensschluß das
  Herz;
Ast, Ferrar' wird sich dem Herzog zeigen,
Abends bei der Pantomime Scherz.

*) Zur bösen Stunde

IV, 74.

Die Lemann'r und Brannovisser alle
Gegen die von Aqitanien geh'n,
Viel Germanen, mehr noch Schweizer
fallen,
In der Schlacht mit denen von la Maine.

IV, 75.

Abgefall'n, als schon im Feld der Ehre,
Feindliche Armee den Sieg erhält;
Setzen wird die Nachhut sich zur Wehre,
Die Aufrührer fall'n auf offnem Feld.

IV, 76.

Nitiobrig' vom Volk von Perigord
Werden g'jagt, bis wo die Rhone fließt,
Bundsgenoß von Gascon und Bigore,
D' Kirch verrat'n, weil Priester Messe liest.

IV, 77.

Selin gibt Italien den Frieden,
Reiche eins, der Allerchristlichste
Stirbt im Wunsch, in bles'schem Land zu
liegen,
Wenn von Räubern er befreit die See.

IV, 78.

Hauptheer in des Bürgerkrieges Tagen
Wird in Parma überfall'n bei Nacht,
Neunundsiebzig in der Stadt erschlagen,
Und die Fremden alle niederg'macht.

IV, 79.

Kön'gsblut fließt, Monhurt, Mas, Aigillon,
ang'füllt werden Bourdelois, les Landes,
Navarr', Bigore so der Hunger mahnt,
Daß man Eicheln ißt und Disteln schon.

IV, 80.

Großer Grab'n am großen Strom Landschmal,
Wird das Wass'r in fünfzehn Teil' geteilt,
Stadt genomm'n, Feu'r, Blut, Kampf überall,
Alles g'sperrt im Kolossäum weilt.

IV, 81.

Schleunigst baut aus Booten man die Brücken,
Belgiens großer Fürst die Truppen führt,
Durch die tiefe Schlucht hinüberrücken,
Unweit Brüssel, abgeschnitt'n, umschnürt.

IV, 82.

Aus Slawonien erscheinen Horden
Und zerstör'n die Laletanerstadt,
In Romanien sengen sie und morden,
Und die Flamme frißt sich nimmer satt.

IV, 83.

Nachts ein Kampf, der tapf're Hauptmann
fliehet,
Wenig Tote liegen auf dem Feld,
Seines Volks Empörung wächst und blühet,
Ihn sein eig'ner Sohn belagert hält.

IV, 84.

Kläglich stirbt ein Großer von Auxerre'n,
Fortgejagt von Untergebnen,
Die mit Strick'n ihn binden dann und
in Ketten legen,
Wenn Mars, Venus, Sol in Blüte steh'n.

IV, 85.

Weiße Kohl' von schwarzer überwunden,
G'fang'nen führt man auf dem Karr'n daher,
Auf das maurische Kamel gebunden
Nachgebor'ner Furcht das fahle Meer.

IV, 86.

Eint Saturn im Wasser sich der Sonnen,
König stark, ihn krönet Reims und Aix,
Die Erob'rungen, die er gewonnen,
Leiden nachher unverschuldet Weh.

IV, 87.

Sohn des Königs, der viel Sprach'n erlernt,
Gleicht dem älteren Bruder nicht im Reich,
Schwiegervater größern Sohn zugleich,
Und Hauptanhang er durch Mord entfernt.

IV, 88.

Groß Antonius Namens, klein an Tat,
Stirbt der Große an der Läusesucht;
Einer, der nach Blei Verlangen hat,
Vom Erwählt'n ertränkt in Hafens Bucht.

IV, 89.

Dreiß'g in London heimlich sich
verschwören
Gegen ihren König, d' Tat auf dem Ponte,
Satelliten ihm den Tod verwehren,
Kön'g gewählt aus Friesenland der Blonde.

IV, 90.

Mauern stehen zwischen beiden Heeren,
Mailand und Ticinum zittern sehr,
Hunger, Durst und Schrecken sie verzehren,
Nicht ein einzig Böcklein gibt es mehr.

IV, 91.

Gall'scher Herzog zwungen, sich zu schlagen,
Melilles Segel naht Monaco nicht,
Lebenslänglich Haft auf falsche Klagen,
Eh' er stirbt, Sohn auf den Thron erpicht.

IV, 92.

Kopf dem tapfern Hauptmann abgeschlagen
Und geworfen seinem Gegner hin,
Seinen Rumpf die Segelstang' muß tragen,
B'stürzt bei Gegenwind im Boot entflieh'n.

IV, 93.

Schlange sieht dem Fürstenbett sich nahen
Nachts die Frau, die Hunde bellen nicht,
Da wird Frankreich einen Sohn empfangen,
Fürst'n all' seh'n ihn, den der Himmel schickt.

IV, 94.

Ein groß Brüderpaar vertrieb'n aus Spanien,
Älterer besiegt bei'n Pyrenä'n,
Rhon', Meer, Leman trinkt von Almannien,
Blut und Narbon, Bäterre, Agathen.

IV, 95.

Zwei Thronerben, wird nicht lange währen,
Nach drei Jahr'n und sieben Monden Krieg,
Geg'n einander sie die Waffen kehren,
In Armorica dem Jüngern Sieg.

IV, 96.

Vor dem Bruder fünfzehn Jahr' geboren,
Wird die ält're Schwester Engellands
Folgen, wie 's Versprechen ihr geschworen,
Auf dem schwanken Throne dieses Lands.

IV, 97.

Jahr, wo Herm, Mars, Venus zurücklaufen,
Großen Herrschers Linie es nicht fehlt,
Lusitan vom Volk erwählt bei Gade,
Fried' und Reich in's hohe Alter b'hält.

IV, 98.

Die Albaner werd'n in Rom erscheinen,
Die Demipeln sind mit Blut verhüllt,
Der Markgraf und Herzog schonet keinen,
Feu'r, Blut, Masern, Nichts, was Hunger stillt.

IV, 99.

Durch der Königstochter Erstgebor'nen,
Der durch Mut und Waffentaten groß,
Wird der Kelten Heer nach der verlor'nen
Schlacht verfolgt weit in Hesperiens Schoß.

IV, 100.

Himmels Feuer in dem neu'n Gebäude,
Wenn der Mars sein Licht verdunkeln wird,
Sieben Monde Krieg, vergif't viel Leute,
Rouan, Evreux täuscht den König nicht.

Fünfte Zenturie

V, 1.
Eh' der Sturz gekommen von den Kelten,
Unterhandeln in dem Tempel zwei,
Dolch und Speer der Brust des Reiters gelten,
Ohne Lärm setzt man den Großen bei.

V, 2.
Sieben in der Tafelfreuden Schoße
Zieh'n das Schwert Verschwor'ne gegen drei,
Eine der Parteien führt der Große,
Vor die Stirn ihn trifft des letzten Blei.

V, 3.
Der Thronfolg'r im Herzogtum wird gehen
Weit hinaus noch über's tusk'sche Meer,
Gall'scher Stamm wird in Florenz bestehen,
Naut'scher Frosch in seinen Kreis gehört.

V, 4.
Bullenbeißer aus der Stadt verjagt,
Ihn verdrießt das neue Bündnis sehr,
Wenn der Hirsch sie in das Feld gejagt,
Tritt das Mißtrau'n zwischen Wolf und Bär.

V, 5.
Der Befreiung Maske vor der Stirne,
Reißt er selber an sich Volk und Stadt,
Schlimmer machts der Trug der jungen Dirne,
Schnell geliefert, lesend 's falsche Blatt.

V, 6.
Augur legt dem Kön'g auf's Haupt die Hand,
Bittend für Italien ihn um Frieden,
Szepter nimmt er in die linke Hand,
König stimmt den Kaiser dann zum Frieden.

V, 7.

Nach verborg'nem Schatz sie grab'n, und
kommen
Auf's Triumvirn modernde Gebein';
Die Umsteh'nden fühlen sich beklommen,
Auszuweiden diesen Marmorschrein.

V, 8.

In den grauenvollen Grabeshallen,
Feuer bei dem Toten bleibt zurück,
Nachts an d' Luft gebracht, in Staub zerfallen,
Stadt im Feuer, freundlich Feindes Blick.

V, 9.

Große Burg bis auf den Grund vernichtet,
Durch gefang'nen Fürst dem Freund berichtet,
Frau ein haarig Faltengesicht gebiert,
List in Todes Netz den Herzog führt.

V, 10.

Kelt'scher Fürst, verwund't im
Kampfgemenge,
Sieht die Sein'n am Keller niedermäh'n,
Von den Wund'n und Feinden im Gedränge,
Nah'n vier Unbekannt', ihm beizusteh'n.

V, 11.

Über's Meer kein Weg mehr den Solaren,
Ganz Afrik' besitzen Venus Scharen,
Nicht mehr wird Saturn ihr Reich erhalten,
Und wird die Welt Asiens umgestalten.

V, 12.

An den Leman wird durch fremde Maid,
Die die Stadt verraten will, geführt,
Vor ihr'm Tod in Augsburg's Hauptgeleit',
Und vom Rhein aus überfall'n es wird.

V, 13.

Grimmig will der röm'sche König plagen,
Durch Barbarenhorden Belgien,
Grimme Wut wird lyb'sches Volk verjagen,
Bis Herakles aus Pannonien.

V, 14.

Mars, Saturn, im Löwen Spaniens Ketten
Von dem Lybier g'schmiedet in der Schlacht,
Malta nah lebendig g'fang'n Heredde,
Von dem Hahn geschlagen röm'sche Macht.

V, 15.

Papst zur See gefang'n, der Kirche Hüter
Sind bestürzt, ein zweiter wird gewählt,
Weil er fern, geschmälert seine Güter,
Und sein Lieblingssohn durch Mord entseelt.

V, 16.

Die sabä'schen Tropf'n im Preise steigen,
Menschenfleisch, zu Asche durch den Tod,
Pharos wird von Kreuzern schwer bedroht,
Graus Gespenst wird sich auf Rhodus
zeigen.

V, 17.

Nachts vorübergeh'nd an der Androne
Der von Zypern, und ein Hauptkrieg droht:
Weh' dem König, lang die Hand der Rhone,
Die Verschwor'nen geben ihm den Tod.

V, 18.

Im Duell verliert der Arme 's Leben,
Seine Siegerin Triumphe hält,
Alt Gesetz ein frank Edikt gegeben,
Mau'r und Fürst am siebten Tage fällt.

V, 19.

Königssohn mit Gold und Erz beladen,
Friedensbruch, Krieg durch den Jung'n
entbrannt;
Schlecht das Volk mit seinem Haupt beraten,
Mit Barbarenblut bedeckt das Land.

V, 20.

Großes Heer wird über d' Alpen gehen,
Räub'risch Ungeheu'r gebor'n vorher;
Wunderbar und plötzlich wird sich drehen
Der Toskaner seinem Orte näh'r.

V, 21.

Latiums Monarch vom Tod ereilt,
Durch die eig'nen Günstlinge vernichtet,
Feuer angezündet, Raub geteilt,
Die Verweg'nen öffentlich gerichtet.

V, 22.

Eh' zu Rom der Große stirbt, wird Schrecken
Über's fremde Heer sich gießen aus;
Truppen viel bei Parma in Verstecken,
Dann die beiden Roten einen Schmaus.

V, 23.

Beide halten sich vergnügt umschlungen,
Weil der größ're Teil mit Mars im Bund,
Afrik's Großer dann von Schreck
durchdrungen,
Flotten halb getrennt Zweimännerbund.

V, 24.

Unter Venus Reich und Recht gewoben,
Jup'ter beugt sich unter den Saturn,
Recht und Reich durch Sonnenball gehoben,
Schlimmer die Regierung des Saturn.

V, 25.

Fürst Arabiens, Mars, Sol, Venus, Löwe,
Trüb zur See der Kirchenherrschaft Glanz,
Million fast gegen Persiens Löwen,
Ungezief'r Ägypten und Byzanz.

V, 26.

Ein geknechtet Volk hat Mars erkoren,
Und erhaben zu gewalt'ger Höh',
'S wählt ein Haupt sich, auf dem Land
geboren,
Heer geführt durch bergeshohe See.

V, 27.

Feuer, Waffen nicht weit von Marnegro
Gegen Trapezunt aus Persien her,
Pharo zittert Metlin, Sol alegro*,
Voll arab'schen Blutes Adria's Meer.

V, 28.

'S Bein verbunden, in der Schling' die Hand,
Bleich Gesicht, Dolch steckend im Gewand,
– Drei Verschwor'ne in des Volkes Wogen –
Auf den Großen Genua's gezogen.

V, 29.

Hin die Freiheit, alles bald zu Sklaven
Nur gemacht der schwarze Schurke hat,
Wenn befestigen man wird den Hafen,
Istrien, Venedig droht der Stadt.

V, 30.

Große Stadt, von Truppen rings umflossen,
Liegen werden sie in Stadt und Land,
Rom zu überfall'n Paris beschlossen,
Große Plünderung an Meeres Strand.

V, 31.

In dem art'schen Land der Weisheit
Haupt,
Welches jetzt die Rose ist der Welt,
Seemacht weg, der Herrlichkeit beraubt,
Unterjocht, das Schiff im Meer zerschellt.

V, 32.

Wo so freundlich Sol und Luna blickt,
All's in Füll', der Fall wird nahe steh'n,
Von dem Himmel aus erbleicht dein Glück,
Wie dem Siebenfelsen wird dirs geh'n.

*) Munter, heiter wohlgemut.

V, 33.
Aufruhr durch die Großen in der Stadt,
Denen ihre Freiheit gar am Herzen,
Unglücksel'ger Kampf, Schwert frißt nicht satt,
Jamm'r in Nantes, o Anblick voll der Schmerzen!

V, 34.
Fern aus Englands tiefem West wird fahren
Eine Flott' bei Blaye in die Garonnen
Ein mit Wein und Salz als bloßen Waren,
Feuerbrände bergend in den Tonnen.

V, 35.
Vor die Freistadt, der von Selins Meer,
Noch der schwere Stein im Magen liegt,
Englands Flott' im Nebel dunkel rückt,
Zweig des Großen sieht den Krieg erklärt.

V, 36.
Groll dem Bruder wird im Busen stecken,
Mischt in Teig der Schwester gift'gen Tau,
Einfach, ländlich wird der Kuchen schmecken,
Der in's Grab versenkt die alte Frau.

V, 37.
Ein Sinn nur, ein Will' dreihundert lenkt,
An das Ziel zu komm'n von ihren Pfaden;
Zwanzig Mond' darnach, des all' gedenk,
Freundschaft heuchelnd, ihren Kön'g verraten.

V, 38.
Der Monarch der Große, der dem Toten
Folget, schränkt durch nichts die Wollust ein,
Und am Ende, weil er nichts verboten,
Tritt das salische Gesetz noch ein.

V, 39.
Aus der Lilie echtem Zweig entsprossen,
Eingesetzt als Erb' Etruriens,
Wird sein Blut, hoh'm Altertum entflossen,
Blühen noch im Wappen von Florenz.

V, 40.

Königsblut hat sich darein ergossen,
Gallien von Hesperien beschränkt;
Man wird warten, bis die Zeit verflossen
Und der Sache niemand mehr gedenkt.

V, 41.

Mocht' in Schatt'n und Nacht er auch
entspringen,
Wird er, unumschränkt an Macht und Güt',
Aus der alten Urn' sein Blut verjüngen,
Daß der eh'rnen Zeit die gold'n' entblüht.

V, 42.

Mars sieht auf seiner höchsten Warten,
Wie der Allobrog' aus Frankreich zieht;
Groß erschrecken werden die Lombarden,
Und der Adler unt'rer Waage mit.

V, 43.

Der Gesalbten Sturz wird nahe sein
Provence, Napel, Sicil', Seez und Ponz,
In Germanien, in Köln, am Rhein,
Tot gemartet alle von Mogonz.

V, 44.

Roter g'fang'n zu Meer von den Piraten,
Und der Friede wird durch ihn gestört,
Zorn und Habgier lenkt die heil'gen Taten,
Doppeldeutig gegen Papst das Heer.

V, 45.

Bald sieht man das große Reich verödet,
Und an die Ardennen verlegt;
Erstgebor'ner beide Bastard tötet,
Habichtsnase Arnobarb regiert.

V, 46.

Zank durch rote Hüt' und neue Schismen,
Nachdem den Sabiner man erwählt,
Gegen ihn gewaltige Sophismen,
Die Albaner wider Rom in's Feld.

V, 47.
Weit der Araber wird vorwärts rücken,
Von den Byzantinern ihm Verrat,
Rhodus wird ihm Volk entgegenschicken,
Größ'rer Schreck von Südpannonien naht.

V, 48.
Nach der großen Not des Szepters sehen
Zwei der Feind' von ihnen sich geschlagen;
Afrik's Flott' Pannoniern wird erstehen,
Land und Meer entsetzensvolle Taten.

V, 49.
Keinen Spanier, nein einen Franken,
Wird man wählen für das schwanke Boot,
Das Vertrau'n wird an den Feind sich ranken,
Dessen Herrschaft nur Verderben droht.

V, 50.
Sind der Lilie Brüder reif geworden,
Nimmt der eine groß Romanien,
Berge beben, offen Latiums Pforten,
Pascha rücket geg'n Armenien.

V, 51.
Dacien, England, Böhmen und auch Polen
Schließen eng sich aneinander an,
Hercul's Säulenpaar zu überholen,
Barcien, Tuscien spinnen bösen Plan.

V, 52.
König wird, dem man sich widersetzt,
Die Verbannten auf den Thron gesetzt,
's Volk im Blut, die Kaste Hippolyt
Lange unter solcher Fahne blüht.

V, 53.
Sol's Gesetz und Venus' sie bestreiten,
Glauben sich prophet'schen Geistes voll,
Keines wird man hören von den beiden,
Das Gesetz des Christus hängt an Sol.

V, 54.

Von der Tartarei und vom Euxin
Wird ein König rücken woll'n nach Gallien,
Durch Alanenland, Armenien zieh'n
In Byzanz dann lassen blutig Gallien.

V, 55.

Ein Bekenner Mohammeds wird dringen
Aus dem Glücklichen Arabien,
Spanien schrecken und Granada zwingen,
Weher tun zur See Ligurien.

V, 56.

Wenn der hochbetagte Papst entseelt,
Römer wird von schönem Alter g'wählt,
Wird gebrechlich auch der Stuhl genannt,
Führt er Schweres durch und hält lang Stand.

V, 57.

Vom Avantin, Gausier wird kommen,
Der dem Heere gibt geheime Winke,
Beut' zwischen zwei Felsen wird genommen,
Sextburgs und Mansalia's Ruhm im Sinken.

V, 58.

Am Ucet'schen Gardonaquädukte,
Unzugänglich durch Gebirg und Wald,
Handgemenge mitten auf der Brucke,
Nemaus kämpft mit furchtbarer Gewalt.

V, 59.

Nismes zu lang dem Briten Aufenthalt,
Spaniern Änobarb zu Hilfe ziehet,
Viele sterb'n, entdeckt, durch Mars Gewalt,
Wenn der Bartstern Artois sich entziehet.

V, 60.

Ein geschoren Haupt wird Jammer bringen,
Mehr als daß die Last zu tragen ist,
Wut und Grimm wird das Geschlecht verschlingen,
Bis daß Schwert und Feuer satt sich frißt.

V, 61.
Des Gewalt'gen Kind, noch nicht geboren,
Unterjocht den hohen Appenin,
Die der Waage geben sich verloren,
Und die Berge bis zum Cenny glüh'n.

V, 62.
Blut wird auf den Felsen man seh'n regnen,
Sol im Aufgang, Saturn Niedergang;
Krieg bei Orgon, Rom groß Weh' begegnen,
Schiff' versenkt, der Dreizackfürst gefang'n.

V, 63.
Klag' ob ungebührlicher Verehrung,
Gallier irren im Latinerland,
Hunger, Frost und Nässe übt Verheerung,
Blut am Timber, Plagen allerhand.

V, 64.
Die Versammelten zumeist in Ruh',
Gegenordre vom Rat zu Meer und Land;
Herbst verdächt'g um Genua, Nizza zu,
Rings von Trupp'n umschmuggelt Stadt und Land.

V, 65.
Plötzlich überfallen, großer Schrecken,
Die Urheber hüllen sich in Nacht,
Dam' im Brande nicht mehr zu entdecken,
Mehr und mehr die Großen aufgebracht.

V, 66.
Nicht weit von des Aquäduktes Trümmern,
Wo der Vesta Huld'gung man gezollt,
Die Metalle Sol und Luna schimmern,
Treve macht nun die ew'ge Lamp aus Gold.

V, 67.
Fürst Perusia's Tunika nur wagen
Wird im Dunkeln Plünd'rung nur begangen,
Große werd'n umzingelt und gefangen,
Sohn und Vater hinterrücks erschlagen.

V, 68.
Aus der Donau trinkt und aus dem Rhein
Groß Kamel, und es bereut's mitnichten,
Bang der Rhone wird's, mehr der Loire sein,
Bei den Alp'n wird ihn der Hahn vernichten.

V, 69.
Seinem falschen Schlafe wird entraffen
Sich der Groß', die Unruh' ruhig sein.
Eine reichgeschmückte Phalanx schaffen,
Afrik' joch'n und nagen bis auf's Bein.

V, 70.
In den Regionen unt'rer Waage,
Mars in den Gebirgen widerhallt,
All's gefangen, ganz Byzanz voll Klage,
Daß von Land zu Land die Lärmglock' schallt.

V, 71.
Nach dem Wasser wird sich einer sehnen
Und durch Wut entflammen 's ganze Heer,
Edle bringt die Rhon' in siebzehn Kähnen,
Und der Bote kommt zu spät daher.

V, 72.
Gift wird ein Edikt in Glauben säen,
Das den Schild dem Sinnentaumel hält,
Venus auf so reinen Wegen gehen,
Daß sie Sols Gesetz in Schatten stellt.

V, 73.
Gott wird wider seine Kirche streiten,
Tempel werden ausgeplündert, und
's Kind wird d' Mutter bis auf's Hemd
entkleiden;
Araber mit Polen einen Bund.

V, 74.
Ein Germanenherz vom Blut der Troer,
Das zu großer Macht gelangt, zerstreut
Fremd arabisch Volk, und hilft zu hoher
Macht der Kirch', zur alten Herrlichkeit.

V, 75.

Hoch im Guten steigt er, rechter Hand
Wird er sitzen auf dem Quadergrunde,
Gegen Süd'n am Fenster ist sein Stand
Mit dem Krummstab, mit geschloss'nem
Munde.

V, 76.

Unter'n freien Himmel wird er ziehen,
Weil er an den Städten kein Gefall'n,
Aix, Carp, Volkerstadt, Cavaillon fliehen,
Wird verschwind'n aus diesen Orten all'n.

V, 77.

Alle Kirchenwürden wird mißhandeln
Man, in Flammen Dial quirinal
Und in Martial quirinal verwandeln,
Frankreichs Kön'g mach'n ihn zum
Vulcanal.

V, 78.

Die zwei Freunde werden bald sich scheiden,
Dreizehn Jahre lang Barbar'nsatrapen,
So viel sie verlier'n auf beiden Seiten,
Daß der Eine segnet Barke und Kappe.

V, 79.

Senkt die Fahnen feierlich zu Füßen,
Kommt der groß' Gesetzgeber her:
Hebt den Niedern, läßt Rebellen büßen,
Keinen Nebenbuhl'r auf Erden mehr.

V, 80.

Ogmion wird vor Byzanz sich lagern,
Und gesprengt wird die Barbarenliga,
Einem von zwei G'setz' wird Heid' entsagen,
Franken und Barbaren stets im Kriege.

V, 81.

Königsvogel auf die Stadt der Sonnen,
Nächtlich Zeichen sieben Mond' zuvor,
Oestlich Mauer stürzt mit mächt'gem Donnern,
Sieben Tag' die Feinde vor dem Tor.

V, 82.

Bei geschloss'nem Frieden aus der Feste,
Wagt er sich in der Verzweiflung nicht.
Arbois, Langres kämpfen gegen Bresse,
Nehm'n die Dole, wo ihr Gegner liegt.

V, 83.

Die ein Reich zu stürzen unternommen,
Das auf Unbesiegbarkeit sich stützt,
Werd'n aus List drei Mächt' zu warnen
kommen,
Wenn der Große an der Bibel sitzt.

V, 84.

Unermess'ne Golfstadt wird geboren
Unbekannten Eltern werd'n ein Sohn,
Der zu stürz'n des großen Königs Thron,
Durch Rouan und Evreux sich geschworen.

V, 85.

Schwaben und die Nachbarländer werden
Um Gewölkes willen leiden Pein,
Land und Meer voll Schnacken und
Heupferden,
Lemans Triten abgefressen sein.

V, 86.

Durch die beiden Hauptström' und drei Arm'
Wird die große Stadt mit Wass'r umstrickt,
Große unt'r ihn'n in's Exil geschickt,
Perserhaupt Byzanz macht tüchtig warm.

V, 87.

Jahr, wo nicht Saturn in Knechtschaft ist,
's off'ne Land mit Fluten übergossen,
Gattin aus Trojanerblut entsprossen,
Und die Schwest'r umringt von Spaniern ist.

V, 88.

Hergewälzt von andern Meeren liegt
Meeresungeheuer auf dem Sande;
Eine Freistatt, nah' dabei am Strande,
Von Turin Savona unterdrückt.

V, 89.

Ungarn kommt durch Böhmen zur
  Empörung,
Und Navarra pflanzt des Aufruhrs Fahn'
Gegen Orleans schafft man eine Gährung,
Lilienstandart' trägt man voran.

V, 90.

Die Kykladen, und Perinth, Larissen,
Sparta und den ganz'n Peloponnes
Wird krank Korn mit Hung'r und Pest
  begrüßen,
Auf neun Mond' im ganzen Chersonnes.

V, 91.

Auf dem Hauptmarkt von Athen zu Meer
Und zu Land, genannt der Gaunermarkt,
Werden überfallen von Chevauxlegers
Albaner, Mars, Leu, Saturn voll Arg.

V, 92.

Nachdem in der Zeit von siebzehn Jahren
Fünfe auf dem heil'gen Stuhle waren,
Werden Einen sie dazu erwählen,
Dem es an der Römer Gunst wird fehlen.

V, 93.

Im Gebiete, das der Luna eigen,
Wird zur Zeit, in der Merkur regiert,
In dem Schottenland ein Licht sich zeigen,
Welches England an den Abgrund führt.

V, 94.

Scheinbar Waffenstillstand auf Germanien,
Brabant, Flandern, Brügge, Gent,
  Bononia,
Ausgedehnt der Herzog von Armenien,
Überfall'n Vienne und Colonia.

V, 95.

Naut'scher Frosch wird den Verdacht
erwecken,
Von dem großen Reich dann regen auf
Das ägä'sche Meer, des Bundes Schrecken,
Hemmend der tyrrhen'schen Flotte Lauf.

V, 96.

Vor dem Volk das Blut der Rose wird
Um der neuen Taten will'n vergossen,
Für die Wahrheit bleibt der Mund
verschlossen;
Zu spät der Ersehnte kommen wird.

V, 97.

In des großen Königs Stadt Entsetzen,
Sohn den mißgestalteten erstickt;
Widerrufen 's G'fangenenedikt
'S strenge, Condon Hagel, nicht zu schätzen.

V, 98.

Unter achtundvierzig Breitegraden,
Gegen Krebses Ende solche Hitz'
Daß in Meer und Fluß die Fische braten;
Bearn, Bigore trifft des Himmels Blitz.

V, 99.

Keltisch Volk, der Löwe, des Adlers Scharen
Werden Mailand schrecken, Aquilej'n,
Capua, Turin, Brundis' Ferraren,
Weil in Rom des Alten Briten steh'n.

V, 100.

Der Mordbrenner auf der Tat genommen,
Carcasson, Cominge, Foix, Auch, Mazère
Trifft des Himmels Blitz, den Greis
entkommen
Lassen Hessens, Sachsens, Thüring's
Heere.

Sechste Zenturie

VI, 1.
Rings der Pyrenäen viel Kolonnen
Fremden Volks steh'n dem neu'n König bei;
Und des Großen Marsfeld bei'r Garonnen,
Römer hat im Wasser vor ihm Scheu'.

VI, 2.
Um fünfhundertachtzig mehr und minder,
Man erwartet wunderbare Zeiten
Siebenhundert, drei Planet'n es deuten,
Eins in mehrern Reich'n an Fünfe ändert.

VI, 3.
Kelt'schen Strom der Neugebor'ne fühlen
Wird und große Reichsuneinigkeit;
Nach der Kron der junge Prinz wird zielen,
Sie erlangen durch die Geistlichkeit.

VI, 4.
Kelt'scher Strom das Ufer wird verändern,
Nicht mehr halten Agrippinens Haupt;
All's, nur nicht die Sprache sich verändern,
Saturn, Löwe, Mars und Krebs auf Raub.

VI, 5.
Langer Reg'n am art'schen Pol mit schwerer
Hungersnot durch faules Wasser schlägt;
Samotobryn' von der Hemisphäre,
Hundert Stund' sie komm'n ohn' G'setz und
Recht.

VI, 6.
Es erscheint das Haargestirn dem Thron
Nah dem Krebse gegen Mitternacht,
Sus', Sien', Bodez und Etrion,
Stirbt von Rom der Groß, verschwunden d'
Nacht.

VI, 7.

Norweg, Dacien, das brit'sche Land
Leiden durch den Bund der Brüder Plagen;
Römer Häuptling gall'schem Blut
entstammt,
Und die Truppen im Gebirg geschlagen.

VI, 8.

'S Wissen wird man in dem Reich entwerten,
Die's besaßen, beim Thronwechsel arm,
Stütz- und geldlos flüchtig die Belehrten,
Der Gelehrsamkeit sich Gott erbarm'.

VI, 9.

Große Ärgernisse in den Tempeln
Rechnet man sich noch zu Ehr' und Ruhm;
Einer, dem sie gold'ne Münzen stempeln,
Kommt in unerhörten Qualen um.

VI, 10.

Von Farben den Tempeln wird gebühren
Bald nur ein Gemisch aus Weiß und Schwarz;
Rot und gelb erscheinen ihn'n die ihren,
Blut, Pest, Hunger, Feuer allerwarts.

VI, 11.

Sieben Zweig' auf dreie reduziert,
Es ereilt die Ältesten der Tod,
Zu dem Brudermord die Zwei verführt,
Die Verschworenen im Schlafe tot.

VI, 12.

Truppen stellen, sie in's Reich zu führ'n,
Königsblut am Vatikane hält,
Flandern, England, Spanien mit Aspir
Geg'n Italien, Frankenland ins Feld.

VI, 13.

Nah ein Zweifelhafter kommt dem Throne,
Von der Mehrzahl ist er unterstützt;
Ein Kapit'l ist gegen seine Krone,
Nicht behaupten kann er seinen Sitz.

VI, 14.

Fern vom Land verliert der König d' Schlacht,
Flucht, Verfolgung, Hintermann gefangen,
Falsch gefangen in der Rüstung Pracht,
Durch Verkleidung Feind ist hintergangen.

VI, 15.

Unt'rem Grabe wird den Fürst man finden,
Der den Preis hat über Nüremberg,
Span'schen Königs Macht im Steinbock
schwinden,
Ihn verrät der große Wittenberg.

VI, 16.

Was geraubt wird von dem jungen Weihen,
Tun Korman'n von France und Picardie,
Die Geschwärzten aus des Schwarzwalds
Gauen
Herberg, Feuer in der Lombardie.

VI, 17.

Auf d' Limonien verbrannt die Reben,
Müss'n sich in verschied'ne Kleider hüllen,
Die Saturnier verbrannt durch d' Müller,
Obdachlos die meisten draußen leben.

VI, 18.

Von den Ärzten König aufgegeben,
Zaub'r ihn des ebräers rett't nicht Kunst;
Er und sein Geschlecht sich hoch erheben,
Die den Christ verfolgen, groß in Gunst.

VI, 19.

Dame wird verzehr'n die wahre Flamme,
Weil Unschuld'ge sie verbrennen will,
Vor dem Sturm die Truppen sich entflammen,
Ein monströser Ochse in Sevill'.

VI, 20.

Nicht gar lange wird der Scheinbund währen,
Mehrzahl umgeändert ist der Einen,
Sturmerprobte Mannschaft in den Meeren,
Neuer Leopard in Rom erscheinen.

VI, 21.

Wenn sie eins in art'schen Poles Schoße,
Schrecken groß und Angst des Morgenlands,
Neugewählter unterstützt der Große
Bebt, Barbar'nblut Rhodus färbt, Byzanz.

VI, 22.

In des großen cöl'schen Tempels Marken
Fällt im Scheinfried London's Neff' durch
Mord,
Schismen stören dann die Ruh' der Barken,
Und Scheinfreiheit schreit auf Brand und
Mord.

VI, 23.

Der Regierungsgeist verschrien, man wiegelt
Völker gegen ihren König auf,
Neuer Scheinfried', Sitten ungezügelt,
Rapis waren noch nie so übel auf.

VI, 24.

Mars und Scepter werden sich versöhnen,
Unt'rem Krebs der wilde Kriegsgott würgt,
Bald d'rauf wird man neuen König krönen,
Der den Fried'n auf lange Zeit verbürgt.

VI, 25.

Mars wird stürmend bis zur Erde beugen
Des gewalt'gen Fischers Monarchie,
Junger Schwarzrot Petri Stuhl besteigen,
Die Verräter unt'rem Nebel flieh'n.

VI, 26.

Vier Jahr' wird der Stuhl so ziemlich halten,
Ihn besteigt ein Freund vom Sinnenreiz,
Ravenn', Pisa und Verona halten
Wetteifernd empor des Papstes Kreuz.

VI, 27.

Auf den Inseln von fünf Flüss'n auf Einen,
Durch Halbmond des großen Chir'n Selin,
Unt'rem Nebel sechs der Wut des Einen
In Flachsbüscheln eingehüllt entflieh'n.

VI, 28.

In der Roma rückt der große Kelte,
Mit ihm der Verbannten große Schar,
Jeden läßt's der Hirt' mit Tod entgelten,
Der für'n Hahn im Alpenbunde war.

VI, 29.

Auf die Trauerbotschaft von den Zweigen,
Wird die heil'ge Witwe schreckensblaß;
Der die Kämpfe bringen soll zum Schweigen,
Durch Verfolgung G'schor'ner fällt das Maß.

VI, 30.

Während der Verräter heilig scheint,
Liefert er den Stuhl in Feindes Hand,
In der Nacht, wo man sich sicher meint,
Rücken die von Lüttich gen Brabant.

VI, 31.

König findet, was er wünscht vor allem,
Ungerecht getadelt der Prälat,
Antwort wird dem Herzog nicht gefallen,
Dessen Mordbeil manch'm in Mailand naht.

VI, 32.

Ob Verrat mit Rutenstreich' zerrissen,
Uebermannt von seinem wirren Geist,
Schlechten Rat der g'fang'ne Groß' muß büßen,
Weil Berig vor Wut in d' Nase beißt.

VI, 33.

Beim blutdürst'gen Allus kann zu Meer
Seine letzte Mannschaft nicht gedeihen;
Zwischen zwei Flüß' schrecket ihn das Heer,
Schwarz läßt ihn den Zornigen bereuen.

VI, 34.

Fliegend Feuer wird den großen Führer
Der Belagerten in Schrecken setzen.
Es erheb'n im Innern sich Aufrührer,
Die die Armen in Verzweiflung setzen.

VI, 35.

Weißen Wellenschein um Rion hat
Widder, Stier, Krebs, Löwe, Jungfrau,
Mars,
Jupiter, Sol brennt Feld und Wald und Stadt,
Und verborg'ne Siegesbrief in Wachs*.

VI, 36.

Schlacht zu Lande weder gut noch faul,
Kommt er nicht bis an Perusia's Grenz',
Pisa aufgestanden, trüb Florenz,
Kön'g verwund't bei Schwarzhaus auf dem
Maul.

VI, 37.

Werk das alte wird vollendet werden,
Trümmer auf den Großen fall'n vom Dach;
Unschuld wird des Mords beschuldigt werden,
Flieh'n der Schuldige in Nebels Nacht.

VI, 38.

Den Geschlag'nen Feinden nicht gegeben,
Ist erleg'n Italien dem Feind,
Rot, blutdürst'gem Schwarzen
preisgegeben,
Feuer, Blutbad, Blut der Flut vereint.

VI, 39.

Kind des Reichs, weil Vater ist gefangen,
Wird beraubt, da es ihn will befrei'n;
Ueberall am Tracimen, gefangen,
Weil sie sich zu stark berauscht, die Reih'n.

VI, 40.

Seiner großen Würd' entsetzt wird werden,
Großen Durstes wegen Groß' von Mainz;
Köln erheben wird so viel Beschwerden,
Daß der Groß' geworf'n in Schoß des Rheins.

*) mit Wachs gesiegelte Urkunden.

VI, 41.

Das zweit' Haupt des Reiches Dänemark
Läßt das Volk von Friesland und Britannien
Mehr erleg'n als hunderttausend Mark,
Eiteln Zug zu nutzen nach Italien.

VI, 42.

Reich des großen Selin übergehen,
Wird an Ogmion, der mehr erfüllt,
Durch Italien seine Fahnen wehen,
Regi in der Klugheit Ebenbild.

VI, 43.

Unbewohnt bleibt's lang an den Gestaden,
Wo die Seine und die Marne strömt,
Ueberfallen von der Themse Scharen,
Garde, während sie sich sicher wähnt.

VI, 44.

Liris nachts in Nantes, Reg'n entstehen
Durch Seekünste; im arab'schen Meer
Wird 'ne große Flotte untergehen,
Sachsen Ungeheu'r halb Schwein, halb Bär.

VI, 45.

Zustimmung versagt der Reichsvertreter
Königlicher Tat, weil er Verstand,
Melille's Flotte liefert dem Verräter
Ihn durch Gegenwinde in die Hand.

VI, 46.

Der Gerechte wird aus Pestilenz
In's Exil verwies'n an Nichtkorns Grenz'.
Der Entscheid des Roten ihn beirrt,
Kön'g an Frosch und Aar es weisen wird.

VI, 47.

Zwischen zweien Berg'n einander sprechen,
Die zwei Groß'n und ihren Groll sie lassen,
Langres sich an Dole und Brüssel rächen,
Weil an Mecheln Pest sie ausgelassen.

VI, 48.

Täuschend stellt die Heuchelei sich heilig,
Unterstützt durch rednerisch Talent;
D' alte Stadt und Parma allzueilig
Wird verwüsten Sienza und Florent'.

VI, 49.

Der den Priesterdienst bei Mamers leitet,
Wird die Donaugegenden verschlingen,
Kreuze mäht er nieder und erbeutet
Hunderttausend Rub'l an Gold und Ringen.

VI, 50.

In dem Brunnen find't man die Gebein',
Blutschand hat die Stiefmutter begangen;
Staatsveränd'rung man wird gierig sein,
Nur nach Ruhm und Rang, nur Mars verlangen.

VI, 51.

Volk versammelt, Schauspiel neu fürwahr,
Fürsten sind und Kön'ge da in Menge;
Bau stürzt ein, gerettet wunderbar
Kön'g und dreißig and're im Gedränge.

VI, 52.

An die Stelle des verdammten Hohen
Tritt sein Freund aus seinem Eisenturm,
Totgebor'n Sechsmondhoffnung von Trojen,
Strom voll Eis und Sol gemalt an d' Urn'.

VI, 53.

Kelt'scher Großprälat dem Kön'g verdächtig,
Nachts geht aus dem Reiche, eh' es ruchbar;
Seinem Kön'g Bretagne durch Herzog fruchtbar,
Byzanz, Zypern, Tunis unverdächtig.

VI, 54.

Morgens, schreit zum zweiten Mal der Hahn,
Die von Tunis, Fez und Begia,
G'fang'n durch Araber Marokko's Khan
Sechzehnhundertsiebtes Kirchenjahr.

VI, 55.
Herzog raubt bezaubert die Gespons,
Ein arabisch Segel, ihn zu fassen;
Tripol's, Chios Volk und Trebisond's,
Herzog, g'fang'n, Marnegr' und d' Stadt
verlassen.

VI, 56.
Feind erschreckt mit seinen furchtbar'n
Schwärmen
Narbon, die hesper'schen Völker sehr,
Perpignan geleert durch blinden Lärmen,
Da zieht Barcellon' in Krieg zu Meer.

VI, 57.
Der gar weit voran im Reiche war,
Dessen rot Haupt' nah am heil'gen Stuhle,
Hart und grausam und gefürchtet gar,
Der wird folgen auf dem heil'gen Stuhle.

VI, 58.
Zwischen beiden fernen Herrscherhäusern,
Sol durch Selin wenn verlor'n den Schein,
Großer Groll wird zwischen zwei sich äußern,
Daß sich Inseln und Sien' befrei'n.

VI, 59.
Wütend ob des Ehebruchs Gerücht,
Will die Fürstin auch den Namen wissen,
Lang verborgen bleibt die Sache nicht,
Siebzehn werden mit dem Tode büßen.

VI, 60.
Außer'n Grenzen seines Celtischen
Sieht der Fürst durch Dolmetsch sich
betrogen,
Rouan, Rochelle durch d' Armorischen,
In Port Blave durch Priest'r und Mönch
betrogen.

VI, 61.

Der Geschichte Hauptteil wird verschweigen
Halb das groß Gemälde, das man zeigt,
Aus dem Reich g'jagt er so wild sich zeigen,
Daß zum Krieg ihn alles glaubt geneigt.

VI, 62.

Zu spät, beide Blumen sind verloren,
Gegen das Gesetz tut nichts Carpent,
Der Ligisten Macht durch Hahn verloren,
Von Monac gequält Savon', Albeng'.

VI, 63.

Fürstin ist allein im Reich geblieben,
Auf dem Ehrenbett' des Einz'gen Leich',
Hingebracht im Schmerz der Jahre sieben,
Langes Leben dann und Heil dem Reich.

VI, 64.

Kein Vertrag gehalten, den sie schließen,
Alle gehen mit Betrug sie um,
Land und Meer will nichts von Frieden wissen,
Flott' durch Barcellona weggenomm'n.

VI, 65.

Gau und Amt sind halb in off'nem Krieg,
Angegriffen Nachts, beraubt dabei,
Amt genommen, aus dem Kerker flieht,
Offen 's Feld, mit Gips vergittert zwei.

VI, 66.

Wenn den Grund zur neuen Sekt' sie graben,
Find't des großen Römers man Gebeine,
Grab bedeckt mit Marmor wird erscheinen,
Grund erbebt, April zu schlecht gegraben.

VI, 67.

Für's groß' Reich ganz And'rer kommen wird
Auf den Thron, Güt' weit entfernt von Glück,
Nicht weit her ist, der regieren wird;
Reiche stürzen ein, groß Mißgeschick.

VI, 68.

In der Wut die Meuterer Nachts zücken
Schwert auf ihren Feldhauptmann
blutdürstend,
Feind wird wutentbrannt von Alba rücken,
Gegen Rom und schleppen weg die Fürsten.

VI, 69.

Ohne lang zu zaudern Mitleid groß,
Nehmen müssen, die da Geber waren;
Blöße, Hunger, Frost und Durst ihr Los,
Lärmend über Berge zieh'n die Scharen.

VI, 70.

Chiren wird Gebieter sein der Welt,
Dann wird man ihn erst recht lieb'n und
scheu'n,
Steigen wird sein Ruhm zum Himmelszelt,
Sieger bloß wird noch sein Name sein.

VI, 71.

Halt die Grabred' man dem großen König,
Eh' er ganz die Seele ausgehaucht,
Wird dem Mann, der ihn beweint sehr wenig,
Adlerkreuz und Kron' durch Löwen
verkauft.

VI, 72.

Toll vom Wahne göttlicher Erregung,
Schwer verletzt des Großen Weib das Volk,
Richten woll'n, verdammen die Bewegung,
Und ein Opfer fällt dem blinden Volk.

VI, 73.

Mönch in großer Stadt und Handwerksmann
Rab' am Tore wohnend in den Mauern,
Gegen Modena geheimen Plan,
Unt'rer Hochzeitsmask', im Kell'r erlauert.

VI, 74.

Die Vertriebene wird wiederkehren,
Ihre Feind' erfinden als Verschwörer,

Triumphieren mehr als je, enthaupten
Dreiundsiebzig, die sich sicher glaubten.

VI, 75.

Von dem Kön'g bestellt der groß' Pilot,
Läßt die Flotte er, um höh'r zu steigen;
Sieben Jahr', und z'rück wird er sich neigen,
Ein Barbarenheer Venedig droht.

VI, 76.

Alt Antenorea wird zur Schmieden*,
Unerträglich ist ihr der Tyrann;
Kehl' im Templ' am Sonntag abgeschnitten,
Seine Treu'n vom Volk erschlagen dann.

VI, 77.

Trügerisch ist des Betrog'nen Sieg,
Zwei Partei'n, die ein' im Aufruhrkrieg,
Führ'r und Sohn erwürgt im Zelte liegt,
In Romanien Flor', Imol' besiegt.

VI, 78.

Großen Selins Halbmond Siegsgeschrei,
Adler von den Römern angerufen,
Ticin, Mailand, Genua stimmen bei,
Groß Basil danach dieselben rufen.

VI, 79.

An dem Tessin stehen die vom Liger,
Von der Garonne, Seine, Saone, vom Tarn,
Über'n Bergen lagern sich die Krieger,
Kampf, der Po schwillt und verschlingt die
Schar'n.

VI, 80.

Fez, das Reich gelangt an Europä'r,
Seine Stadt verbrannt und voll von Toten,
Asiens Haupt mit großer Macht zu Meer
Und zu Land schlägt blau, grün Kreuz zu
Boden.

*) Schmiedet einen Anschlag

VI, 81.

Tränen, Klaggeschrei, Geheul, Entsetzen,
Herz unmenschlich, grausam, schwarz,
erstarrt,
Leman, d' Insel Genuas Große letzen
Nur an Blut sich, frevelnd, felsenhart.

VI, 82.

In der off'nen, wilden Öde irrt
Papstes Neffe, mit der schweren Keulen,
Dort von Mördern er erschlagen wird,
Die nach ihrer Tat zum Becher eilen.

VI, 83.

Dem sie so viel Ehr' und Lieb' erweisen,
Wenn er belgisch Gallien betritt,
Der wird nachher sich sehr roh erweisen,
Feindlich er der Blum' entgegentritt.

VI, 84.

Der in Sparta Claudia nicht regieren
Kann, wird auf Verführung sich versteh'n,
Lassen ihn mit läng'rem Netz umschnüren,
Der es auf den König abgeseh'n.

VI, 85.

Gallier das große Tars' zerstör'n,
All' gefangen nehmen mit dem Turban,
Portugal schickt Hilfe dann zu Meer,
Sommers Anfang an dem Tag St. Urban.

VI, 86.

Einst nach seinem Traume Großprälat,
Ausg'legt, wie sein Sinn nicht deutet an,
Von Gascogne ein Mönch auf einmal naht,
Den läßt wählen Großprälat von Sens.

VI, 87.

Die Frankfurter Wahl wird annulliert,
Mailand stemmt derselben sich entgegen,
Sein Verwandter ist so viel vermögend,
Daß er Marschäll' üb'rem Rhein kassiert.

VI, 88.

Ein groß Reich wird sich verlassen sehen,
Dann Versammlungen am Ebrostrand,
Helfen werden ihm die Pyrenäen,
Wenn im Mai erzittern wird das Land.

VI, 89.

Zwischen zwei gebunden Fuß und Hände,
Das Gesicht gesalbt mit Hon'g und Rahm,
Wesp'n und Fliegen arger Liebe gram,
Bei dem Becher schimpfen sie ohn' Ende.

VI, 90.

Die Verhöhnung stinkend und abscheulich,
Nach gescheh'ner Tat das Glück sich zeigt,
Groß'r entschuldigt, daß er nicht beteiligt,
Wenn Neptun zum Frieden nicht geneigt.

VI, 91.

Für des Seekriegs Führer ist der harte,
Wilde Rote eine schwere Gripp',
G'fang'ner flieht des Ält'sten aus der Warte*,
Sohn gebor'n dem Großen von Agripp'.

VI, 92.

Wunderschön der Prinz ist, auf den Führer
G'heimer Anschlag, zweite Tat verraten,
Stadt mit Feu'r und Schwert verheert, der Führer
Kön'gs Haß wird durch Blutbad auf sich laden.

VI, 93.

Vom Ehrgeiz der gierige Prälat
Trogen, nichts was für zu viel gehalten,
Seinen Bot'n und ihm Entdeckung naht,
Überall gehemmt, wer's Holz möcht' spalten.

*) Festung

VI, 94.
Königs Zorn die Treubrüchigen trifft,
Scharfe Waffen werden untersagt,
Erdbeeren überzuckert man mit Gift,
Kerker, Kerker heißt's und hingeschlacht't.

VI, 95.
Als Verkleinerer bei'm Nachgebor'nen
Angeschwärzt, weil Heldentaten g'scheh'n,
Das Geringst Verdacht beim Erstgebor'nen,
Und im Reiche halb Partei'n entsteh'n.

VI, 96.
Große Stadt Soldaten preisgegeben,
Nie noch war der Todessturm so nah';
Welch' furchtbare Sterblichkeit ist nah'!
Nimmer wird Beleidigung vergeben.

VI, 97.
Fünfundvierzig Grad wird Himmel glühen,
Feuer nah'n der großen neuen Stadt,
Groß im Augenblick die Flamme sprühen,
Von Normannen man die Probe hat.

VI, 98.
Mit den furchtbar'n Völkern wird es enden,
Ihre Hauptstadt zittert, Pest und Tod,
Sol wird Lun' man rauben, Tempel schänden,
Beide Flüsse** sind vom Blute rot.

VI, 99.
Den gelehrten Feind Verwirrung schlägt,
Hauptmacht krank, durch Kriegslist
übermannt,
Pyrenä'n ihm, Pönus widerlegt,
Alte Krüg' entdeckt an Flusses Rand.

**) Der Fluß Aude und der Kanal Robine

Verwarnung an den unberufenen Kritiker.

VI, 100.

Ein reifes Urteil fälle, wer diese Verse liest,
Halt' fern die blöde Menge, die ohne Weihe ist;
Fern alle Astrologen, fern Blennus und Barbar!
Fluch dem, der anders handelt, und dies mit Recht fürwahr!

Siebente Zenturie

VII, 1.
Schatzgewölbe von Achill erbrochen,
Der Quadrangel weggeschoben, und
Von dem Königsraub das Wie wird kund,
Vor dem Volke durch den Strang gerochen.

VII, 2.
Arles führt Krieg im off'nen Feld, entsetzt
Die Soldaten in der Nacht, am Ind'
Schwarz' und Weiß' versteckt im Boden sind,
Lärm geblas'n und die Vermummten g'hetzt.

VII, 3.
Nach dem Seesieg Frankreichs die Barciner,
Die Phokäer auch und die Saliner
Fügen in die Mauern gold'ne Stein',
Toulon stimmt mit dem Betruge ein.

VII, 4.
Langres' Führer eingeschloss'n in Dole,
Von Autun begleitet und Lyon,
Genf und Augsburg Bund mit Mirandole,
Ziehn' über die Berge geg'n Ancon'.

VII, 5.
Über Tisch verschüttet wird der Wein,
Des Schwarzen von Parma dritter Sohn
Nicht erhält, die er begehrte schon
Zweimal, Pisen tut Perus' was 's meint.

VII, 6.
Napel und Sicilien, Palermo
Von Barbarenvölkern überschwemmt,
Sardeninsel, Korsika, Salerno
Hunger, Pest und Kriege ohne End'.

VII, 7.

Große Chevauxlegers' zum Aufgebot
In den Kampf, des großen Halbmonds
Horden
Nachts auf Berg'n in Hirtenkleidern morden,
Schlucht'n und Abgründe vom Blute rot.

VII, 8.

Flora flieh' vor Roma's nahem Sohne,
Eine Schlacht geschieht beim Fäsulan,
Blut verspritzt, die Größten müssen d'ran,
Nicht Geschlecht, nicht Tempel wird man
schonen.

VII, 9.

Nach der Dame, der'n Gebieter fern,
Trägt der Vizekönig ein Begehr'n;
Scheinversprechen, unglücksel'ge Fremde
In des großen Bayerfürsten Hände.

VII, 10.

Großer Fürst von Le Mans Grenzen her,
Tapfres Haupt des Heeres wird durchzieh'n
Gallisch und normannisch Land und
Meer;
Gegen Capr' es zu verheer'n Barcin.

VII, 11.

Königskind die Mutter gar veracht't,
Roh, unfolgsam, Auge, Fuß verwundet;
Trau'rbotschaft der Dame überbracht,
Tod der Ihren über fünfmalhundert.

VII, 12.

Der groß Jüng'r ein End' dem Kriege macht,
Mit den Amnestiert'n er Gott verehrt,
Cahors, Moissac aus des Kerkers Nacht,
Leitoure weigert, Agen wird zerstört.

VII, 13.

Von der zinsbar'n Stadt, am Meer gelegen,
Nimmt's geschor'ne Haupt die Satrapie,

Jagt die Schmutzigen, die ihm entgegen,
Vierzehn Jahr' hat er die Tyrannie.

VII, 14.

Falsch wird auslegen Topographie,
Aus der Erde gräbt er alte Krüge,
Schafft 'ne Heiligenphilosophie
Für die weißen, schwarzen, grün' Antiken.

VII, 15.

Die Belagerung liegt sieben Jahre
Vor des Insubrergebietes Stadt,
Einzug dann der große König hat,
Frei ist sie von ihrer Feinde Scharen.

VII, 16.

Kön'g in einen Eingang tief gegraben,
Der die Feste unzugänglich macht,
Der drei Löwen Heer auf's Haupt geschlagen,
Schreckensfall die Bürg'r in Angst gebracht.

VII, 17.

Fürst, dem Wenige an Milde gleich,
Geht hinüber zu der Sel'gen Lose,
Unter langer Ruhe leidet 's Reich,
Bald jedoch wird heimgesucht der Große.

VII, 18.

Frieden die Belagerten erbettelt,
Sieben Tag d'rauf Ausfall, z'rückgetrieben,
Feuer, Blutbad, an das Beil mit sieben,
Dam' gefangen, die es angezettelt.

VII, 19.

Nicht bekämpft wird Nizza's Starker werden,
Ihn besiegt das rötliche Metall,
Lang wird seine Tat besprochen werden,
Für die Bürg'r ein selt'ner Schreckensfall.

VII, 20.

Von Toscana geh'n über die Alpen
Und das Meer Gesandt' April und Mai,
Der von Kalb wird eine Rede halten,
Gallisch Leben keine Not dabei.

VII, 21.

Völker werden aus Pestilenz und Groll,
Die sie heimlich nähr'n, den Zwingherrn jagen,
Auf der Brück' von Sorgues es g'schehen soll,
Ihn und sein Gefolge zu erschlagen.

VII, 22.

Einigen Mesopotamiern
Geh'n entgegen Freund' von Tarracone,
Schmaus, Lust, Schlaf, Statthalter an der
  Rhone,
Stadt genommen von Ausoniern.

VII, 23.

Zwungen wird er sich zum Scepter sehen,
Von den Vorgängen ihm auferlegt,
Nachher wird den Ring man falsch verstehen,
Wenn man den Palast in Asche legt.

VII, 24.

Der Begrabene wird aufersteh'n,
Ketten den Gewaltigen von Pont;
Mit Barb'neiern Groß von Lothringen
Wird vergiftet vom Marquis Dupont.

VII, 25.

Aufgerieben 's Heer im Kriegeslauf,
Neu zu schaffen es, gebricht's an Gold,
Leder prägt statt Silber man und Gold,
Gallisch Erz mit Luna's Halbmond d'rauf.

VII, 26.

Sieben Fahrzeug' von Galer'n umfangen,
Es entbrennet eine blut'ge Schlacht,
Häuptling von Madrid 'nen Schuß
  empfangen,
Zwei entwischt und fünf an's Land gebracht.

VII, 27.

Rings um Hasta die Hauptreiterei,
Bei Ferrar kommt die Bagage nicht fort,
In Turin so frech die Dieberei,
Daß sie G'fang'ne stehlen in dem Fort.

VII, 28.

Der Feldhauptmann eine große Pris'
Hat erbeut't, am Feind führt sie vorbei er
In's Gebirg, umringt, sein Weg durch's Feuer,
All' entkommen, dreißig an den Spieß.

VII, 29.

Großer Herzog Alb' wird sich empören,
Seinen großen Ahnen er verrät,
Großer Guise die Waffen geg'n ihn kehren,
G'fang'ne nehm'n, ein Denkmal ihm ersteht.

VII, 30.

Plündrung naht, Feu'r, Blutvergießen groß,
Po schwillt, auf die Stierer geht es los
Von Nizz', Genua, nach langer Zeit,
Fossan und Turin, Seviller Beut'.

VII, 31.

Von Languedoc und Guyenne mehr als zehn
Tausend wollen übr d'Alpen rücken,
Auf Brundis los Allobroz groß gehn,
Doch Aquin und Bresse jagt ihn zurückgeh'n.

VII, 32.

Prinz gebor'n in einer Hütt'n auf Bergen,
Der an Leut'n und Land wird zum Tyrannen,
Truppen wird 'r in Mailand's Marken werben,
Flor', Favenz erschöpf'n an Gold und Mannen.

VII, 33.

'S Reich durch Trug erlangt, die Truppen plündern,
Flott' blockiert, Passage für den Spion,
Zwei Scheinfreunde werden sich verbünden,
Daß erwacht, der lang geschlafen schon.

VII, 34.

Gallisch Volk in großem Jammer schier,
Leichter Sinn gilt für Vermessenheit,
Brod, Salz, nicht Wein, Wasser, Gift, nicht Bier,
G'fangenschaft, Frost, Hunger, Herzeleid.

VII, 35.

Ob der großen Tasche wird man weinen,
In dem Älter mit der Wahl betrogen,
Guyenne will sich nicht mit ihnen einen,
Wird durch die von feiner Sprach' betrogen.

VII, 36.

Rote tragen Gott, sein Wort, den Himmel
Ueber's Meer hin, in Byzanz Getümmel,
Wut von Trapezunt dreihundert schnauben,
Zwei Gesetz gestellt, und Schreck, dann
Glauben.

VII, 37.

Schiffshauptmann töt't zehn Gesandte, und
Flott' d'rauf off'nen Krieg, Hauptmann
geschlagen,
Er ersticht sich bei Lerin, Stöchaden,
Sink'n am Kap die Schiffe in den Grund.

VII, 38.

Kronprinz voltigirt mit feinem Pferde,
Stachelt es, und schnaubend rennt's wie toll,
Seinen Fuß im Bügel an der Erde
Fortgeschleift, o Tod entsetzensvoll!

VII, 39.

Führer der französischen Armeen,
Der sein Volk dem Untergang glaubt nah',
Läßt auf's Plaster Haf'r und Schiefer säen,
Fremdes Volk schwemmt über Genua.

VII, 40.

In mit Öl und Fett bestrich'nen Tonnen
Einundzwanzig liegen vor dem Hafen,
Durch die zweite Wach' das Tor gewonnen,
Löwenkampf, zuletzt durch d' Wach,
erschlagen.

VII, 41.

Totenbeine liegen in der Erden,
Lang das Haus ob Lärmens unbewohnt,

Sie auf Träume ausgegraben werden,
Haus gesund und ohne Lärm bewohnt.

VII, 42.

Zwei Verräter, welche neu gekommen,
In des Fürsten Küche Gift gebracht,
Auf der Tat erwischt und festgenommen,
Die den Tod dem Ält'sten zugedacht.

VII, 43.

Wenn zwei Einhörner die Neugier wecken,
'S Eine knieend, 's And're niederkniend,
Mitten 's Volk, die Schandsäul' in der Ecken,
Wird der Neffe lachend ihr entfliehen.

VII, 44.

Handeln wird sehr weislich dann ein Flecken,
Welchem die Justiz in Händen ruht,
Wo man Namen trägt von seinem Blut,
Für die Flucht das Urt'l an ihm vollstrecken.

VII, 45.

Waffen werd'n als Schutz den Stuhl umgeben,
Nach der Predigt geht die Krönung vor,
Die Gefang'nen hält kein dreifach Tor,
Gold und Geld wird auf den Thron ihn heben.

VII, 46.

Durch der freien brit'schen Inseln West
Zieht er leise, laut dann anerkannt,
Nicht zufrieden der Rebell, er läßt
Sich mit Schotten ein, weckt Nachts den Brand.

VII, 47.

Haß wird seine selt'ne Kriegslist sein,
Tod mit ihm durch's Land auf allen Wegen,
Bei der Rückkehr jauchzt man ihm entgegen,
Und er zieht nun protestierend ein.

VII, 48.

Schwüle Luft, Rat, Tränen, Bangigkeit,
Wehrlos Nachts im Bette überfallen,
O der Unterdrückung schwere Zeit!
Die Grabred' bekehrt, und Tränen fallen.

Zweite Vorrede

Dem unüberwindlichsten großmächtigen und allerchristlichsten König von Frankreich, Heinrich dem Zweiten, sein allerunterwürftigster und gehorsamster Diener und Untertan, Michael Nostradamus, Sieg und Heil!

Seidem in Folge jener Allerhöchsten Aufmerksamkeit, die mir geworden ist, o allerchristlichster und siegreichster König, mein Angesicht, nachdem es lange Zeit umwölkt gewesen, vor Eurer maßlosen göttlichen Majestät erschienen, seit jenem Augenblicke bin ich fortwährend geblendet gewesen und habe nimmer aufgehört, jenen Tag, an welchem ich derselben als einer so einzig dastehenden und doch so menschenfreundlichen Majestät zum ersten Male mich nahte, nach Verdienst zu preisen und zu verehren. Indem ich nun irgendeine Gelegenheit suchte, frei und offen meine unbegrenzte Dankbarkeit gegen Eure durchlauchtigste Majestät an den Tag zu legen, wobei ich aber sah, daß es mir unmöglich war, sie durch Taten sprechen zu lassen, verbunden mit meinem heißen Verlangen, meine so lange Finsternis und Nacht plötzlich erleuchtet und vor das allerhöchste Auge des ersten Monarchen der Welt gestellt zu sehen, so daß ich lange Zeit im Zweifel war, wem ich diese drei Zenturien des Restes meiner Prophezeiungen, welche das Tausend vollenden, widmen sollte, und nachdem ich lange an eine verwegene Keckheit gedacht, wandte ich mich damit an Eure Majestät, ohne darum zu erschrecken, wie der gewichtige Autor Blutarch in dem Leben Lykurgs erzählt, daß beim Anblicke der Opfer und Geschenke, welche man in den Tempeln der unsterblichen Götter zu jener Zeit darbrachte, die Leute, um nicht zu sehr über die bejagten Kosten und Ausgaben zu erschrecken, oft nicht in den Tempeln zu erscheinen wagten. Dessen ungeachtet, weil ich Eueren königlichen

Glanz mit einer unvergleichlichen Menschenfreundlichkeit verbunden sah, wandte ich mich an dieselbe, nicht wie an die Könige von Persien, vor denen man nie erscheinen durfte; sondern einem hochverständigen und hochweisen Fürsten habe ich meine nächtlichen prophetischen Berechnungen gewidmet, die mehr nach natürlichem Instinkt, begleitet von poetischer Begeisterung, als nach den Regeln der Poesie entworfen sind, und zwar größtenteils entworfen nach dem astrologischen Kalcul, entsprechend den Jahren, Monaten und Wochen der Regionen, Länder und der meisten größeren Städte ganz Europas mit Inbegriff Afrikas und eines Teiles von Asien, nach dem Wechsel der Regionen, welche sich größtenteils allen diesen Klimaten nahen, und entworfen nach einem natürlichen Verfahren; wiewohl einer, dem es besser anstünde, zu schweigen, einwenden könnte, die Zahl sei so leicht, als die Einsicht des Verstandes schwer. Und darum o allermenschenfreundlichster König, sind die meisten meiner prophetischen Strophen dermaßen holperig, daß man weder einen Weg darin finden, noch sie interpretieren kann, wiewohl ich noch schriftlich zu hinterlassen hoffe die Jahre, Städte, Ortschaften und Regionen, in welchen der größere Teil sich ereignen wird, desgleichen vom Jahre 1585 und vom Jahre 1606, beginnend mit dem gegenwärtigen Datum, welches ist der 15. März 1547, und weiter gehend, tief in die Ferne, bis zu dem Ereignis, welches nachher eintreten wird im Anfange des siebenten Tausends, gründlich berechnet, so weit sich mein astronomischer Kalcul und anderes Wissen erstrecken konnte, wo die Gegner Jesu Christi und seiner Kirche sich stärker zu vermehren anfangen werden; und alles ist entworfen und berechnet worden in auserwählten und wohlgestimmten Tagen und Stunden, und so genau, als es immer möglich war. Und alles mit freiem und ungezwungenem Geiste, beinahe eben so viele Ereignisse der Zukunft berechnend, als der vergangenen Zeit mit Einschluß des Gegenwärtigen und dessen, was man im Laufe der Zeiten in allen Regionen erleben wird, alles so nämlich, wie es geschrieben steht, nichts

Überflüssiges mit einmischend. Wiewohl man sagt, daß von dem Zukünftigen keine Gewißheit gegeben, ist es wohl wahr, Sire, daß ich nicht aus meinem von meinen Voreltern mir gegebenen natürlichen Instinkte zu weissagen meinte, sondern diesen natürlichen Instinkt mit meiner langen fortlaufenden Berechnung in Verbindung und Einklang brachte, und Seele, Geist und Gemüt von aller Sorge, Bekümmernis und Aufregung frei machte, durch Ruhe und Stille des Innern, alles in Übereinstimmung und geweissagt zum Teil auf dem ehernen Dreifuß. Wiewohl mehrere sind, welche mir zuschreiben, was mir ist, als ob nichts daran wäre, so ist allein der ewige Gott, der die Menschen erforschet, ob sie frommen Gemütes sind und gerecht, der Barmherzige der wahre Richter, den ich bitte, daß er mich gegen die Verleumdung der Bösen schützen möge, welche eben so verleumderisch fragen könnten, warum Eure hocherhabenen Vorfahren, die Könige von Frankreich, Kröpfe geheilt, wie dann Fürsten anderer Nationen den Biß der Schlangen unschädlich gemacht, andere eine gewisse Weissagungsgabe gehabt haben, und andere Fälle, deren Aufzählung zu lange dauern würde. Obgleich aber diejenigen, welche die Bosheit des bösen Geistes haben, nicht begreifen wollen, so wird im Laufe der Zeit, nach dem Erlöschen meines irdischen Daseins, meine Schrift mehr begriffen werden, als zu meinen Lebzeiten. Wenn ich jedoch bei meiner Berechnung der Zeitalter irrte, oder sie, wie etliche wollen, nicht möglich war, gefalle es Eurer mehr als kaiserlichen Majestät, mir zu verzeihen, wenn ich vor Gott und seinen Heiligen erkläre, daß ich in der gegenwärtigen Epistel durchaus nichts zu schreiben mich unterfange, was gegen den wahren katholischen Glauben ist, wenn ich die astronomischen Berechnungen mit meinem Wissen zusammenstelle; denn die Zeiträume unserer Urväter sind, mit Vorbehalt der Berichtigung durch den heiligsten Stuhl, der Art, daß der erste Mensch Adam, lebte vor Noah ungefähr eintausendzweihundertzweiundvierzig Jahre, die Zeiten nicht nach der Rechnung der Alten berechnend, wie sie Varro geschrieben hat, sondern nur allein nach der Heiligen Schrift und meinem schwachen Geiste, in meinen astronomischen Kalculationen. Nach Noah, ihm und der allgemeinen Wasserflut kam Abraham ungefähr tausendachtzig Jahre, der da war der oberste Astrolog, und nach einigen zuerst die chaldäische Schrift erfand. Danach kam Moses ungefähr fünfhundertfünfzehn oder -sechzehn Jahre; und zwischen der Zeit Davids und Moses sind gewesen fünfhundertsiebenzig Jahre ungefähr. Sodann nachher zwischen der Zeit Davids und der Zeit unseres Heilandes und Erlösers Jesu Christi, geboren aus der Jungfrau, sind gewesen (nach etlichen Chronographen) tausenddreihundertfünfzig Jahre: könnte jemand einwenden, diese Rechnung sei nicht richtig, weil sie nicht mit Eusebius übereinstimme. Und von der Zeit der Erlösung des Menschengeschlechts bis zur verabscheuungswürdigen Verführung der Sarazenen sind gewesen sechshundert einundzwanzig Jahre ungefähr; von da an kann man leicht zusammenbringen, welche Zeiten vergangen sind, ob meine Berechnung nicht gut und gültig ist für alle Nationen, weil alles berechnet wurde nach dem Laufe des Himmels in Verbindung mit einer zu gewissen Stunden eintretenden Anregung, dem Nachlasse der Anregung meiner Urväter. Aber die Unbild der Zeit, durchlauchtigster König, erfordert, daß solche verborgenen Ereignisse nur in rätselhafter Sprache geoffenbart werden, nicht bloß einen Sinn zulassend und ein Verständnis, ohne Beimischung irgend einer mehrdeutigen, mehrdeutigen Berechnung, sondern vielmehr in Dunkelheit gehüllt, vermöge natürlicher Anregung sich nähernd der Sprache eines jener tausendundzwei Propheten, die es seit Erschaffung der Welt gegeben hat nach Joels Berechnung und Chronik – „Ich will meinen Geist ausgießen über alles Fleisch, und es werden weissagen eure Söhne und eure Töchter." Aber diese Prophezeiung kam aus dem Munde des Heiligen Geistes, der da war die höchste ewige Macht, mittelst der, wenn sie bei einigen aus dieser Zahl mit der himmlischen verbunden war, dieselben große und wunderbare Ereignisse vorausgesagt haben. Ich an meiner Stelle schreibe mir diesen Vorzug keineswegs zu. Gott bewahre mich, ich bekenne, daß alles aus Gott kommt, und sage ihm Dank und Preis und Lob in Ewigkeit, ohne etwas von der Weissagung beigemischt zu haben, welche aus dem Fatum kommt, sondern ich habe mich bloß gehalten an diejenige, welche kommt aus Gott, aus der Natur und größtenteils in Verbindung mit der Bewegung des himmlischen Laufes, so daß ich die großen, traurigen, wunderbaren Ereignisse und unglücklichen Begebenheiten, die den hervorragendsten Führern bevorstehen, wie in einem Brennspiegel, wie durch eine verschleierte Erscheinung sah. Vorerst wird den Tempeln Gottes, zum Zweiten denjenigen, welche irdisch hochgestellt sind, großer Verfall nahen mit tausend andern unglücklichen Begebenheiten, wie man im Laufe der Zeit erfahren wird. Denn Gott wird die lange Unfruchtbarkeit der großen Dame ansehen, die dann darnach zwei fürstliche Kinder empfangen wird; aber sie läuft Gefahr, durch die Verwegenheit des Alters den Tod zu erleiden im achtzehnten, und das sechsunddreißigste kann sie nicht überschreiten; sie wird drei Knäblein hinterlassen und ein Mägdlein und wird ihrer zwei haben, einen, den sie nie von einem und demselben Vater hatte; unter den drei Brüdern werden solche Zwistigkeiten sein, die dann ausgeglichen und geschlichtet werden, daß drei Vierteile von Europa zittern; durch den Jüngsten wird die Herrschaft Christi erhalten und gemehrt, Sekten errichtet und plötzlich gestürzt, Araber zurückgetrieben, Reiche vereinigt, neue Gesetze erlassen werden; von den anderen Kindern wird das erste die gekrönten wütenden Löwen in Besitz nehmen, welche die Tatzen unerschrocken auf die Helme setzen. Das zweite wird, von den Latinern begleitet, weiter und weiter dringen, zitternd und wütend den Berg Jupiters hinabsteigen, um die Pyrenäen zu erklimmen, in die alte Monarchie sich versetzen, sodann alles mit Menschenblut überschwemmen, und Mars wird nicht lange Fasten halten. Und die Tochter wird gegeben sein zur Erhaltung der christlichen Kirche, weil ihr Gebieter in die heidnische Sekte der neuen Ungläubigen eintritt; sie wird zwei

Kinder haben, das eine vom Glauben, das andere vom Unglauben, zur Befestigung der katholischen Kirche. Und das andere wird ihr zu seiner großen Beschämung und späten Reue nach dem Leben trachten wollen. Drei Regionen werden in ganz anderer Weise miteinander im Bunde stehen, nämlich Romanien, Germanien, Spanien, welche verschiedene Sekten bilden werden, hinter sich lassend den 50. und 52. Breitengrad und werden alle huldigen den entfernten Religionen in den europäischen und nördlichen Regionen unter 48 Breitengrad, welche werden zuerst zittern aus eitler Furcht, worauf alsdann werden erzittern die entferntesten Occidentalen, Meridionalen und Orientalen, denn so groß wird ihre Macht sein, daß unüberwindlich ist, was sie in Verbindung und Einigkeit an kriegerischen Eroberungen machen. Im Wesen werden sie eins sein, aber gewaltig verschieden im Glauben. Nach diesem wird die unfruchtbare Dame, mächtiger als die zweite, von zwei Völkern empfangen werden. Das erste hartnäckige ist dasjenige, das da Macht erhalten hat über alles, das zweite und dritte dasjenige, das seine Streitkräfte nach den Marken des östlichen Europas zu den Pannonen ausdehnen wird und schlägt und niederwirft, und seine Segel nach Trinakrien, dem adriatischen Meer schickt und die Myrmidonen und Germanen unterjocht; und die barbarische Sekte wird von den Latinern gewaltig geschlagen und verjagt werden. Dann wird das große Reich des Widerchrists beginnen; Attila und Xerxes werden herabkommen in großer unzähliger Zahl, so daß die Herabkunft des Heiligen Geistes, ausgehend vom 48. Grade, eine Völkerwanderung bringen wird, vertreibend den Greuel des Widerchristes, der da Krieg führt wider den Königlichen, welcher ist der Statthalter Christi, und gegen seine Kirche und sein „zeitliches und zeitbedingtes" Reich; und vorhergehen wird eine Sonnenfinsternis, die dunkelste und schwärzeste, die von Erschaffung der Welt bis zum Leiden und Sterben Jesu Christi, und von da bis auf unsere Tage gewesen ist; und es wird geschehen im Monat Oktober, daß eine große Verletzung wird eintreten, so gewaltig, daß man glauben wird, die Wucht der Erde habe ihre natürliche Bewegung verloren und sei in die ewigen Finsternisse hinabgestürzt; vorausgehen werden um die Zeit des Frühlings und nachfolgen außerordentliche Veränderungen, Umwandlungen von Reichen, große Erdbeben mit ungemeiner Vermehrung des neuen Babylons, vermehrt die feile Dirne durch den Greuel des ersten Brandopfers; und es wird nicht länger also bleiben denn dreiundsiebzig Jahre, sieben Monate; alsdann wird diejenige aus dem Stamme hervorgehen, welche so lange Zeit unfruchtbar gewesen, ausgehend aus dem fünfzigsten Breitengrad, welche die ganze christliche Kirche erneuern wird. Und es wird entstehen großer Friede und Einigkeit zwischen den Kindern, die durch verschiedene Reiche voneinander getrennt und geschieden sind; und es wird ein solcher Frieden entstehen, daß im tiefsten Abgrund angekettet bleiben wird der Aufwiegler, der die Parteien durch die Verschiedenheit der Religionen gegeneinander hetzt und den Krieg unterhält, und es wird einig werden das Reich des Narren, der den Weisen spielen wird. Und die Länder, Städte, Frieden, Reiche und Provinzen, welche verlassen haben werden die ersten Wege, sich zu befreien, werden, noch tiefer geknechtet, heimlich erzürnt sein über ihre Freiheit und den Verlust der vollkommenen Religion, und werden anfangen auf die linke Seite sich zu schlagen, um sich auf die rechte zu wenden; und sie werden die lange Zeit mit Füßen getretene Heiligkeit in ihrem alten Geiste wieder herstellen, und nach dem großen Hund wird hervorkommen der größere, der alles zerstören wird, selbst dasjenige, was zuvor vollendet sein wird; und es werden die Tempel wieder aufgerichtet werden, wie in der ersten Zeit, und wird die Geistlichkeit wieder in ihren früheren Stand eingesetzt werden, und wird anfangen zu schwelgen in Ueppigkeit und Hurerei und begehen tausend Greueltaten. Und, einem anderen trostlosen Zustande nahe, während sie im Höhepunkt ihres Glanzes steht, werden sich Potentaten und Kriegsvölker erheben, und es werden ihr genommen werden die beiden Schwerter, und wird ihr nichts bleiben als die Fahnen, mit denen sie, das Volk anführend mittelst der Krümmung, die es anzieht, während sie sich nicht zu ihm herablassen will, mit dem entgegengesetzten Ende der spitzigen Hand die Erde berührend, es stacheln möchte, bis von einem Zweige der Unfruchtbaren geboren werden wird in langer Zeit, der das ganze Volk befreit von dieser milden und freiwilligen Knechtschaft, sich begebend in den Schutz des Mars, und Jupitern beraubend all seiner Ehren und Würden für die freie Stadt, die sich aufgetan und eingerichtet in einem zweiten kleinen Mesopotamien. Und der Führer und Statthalter aus der Mitte genommen und hoch in die Luft gestellt werden; er weiß nichts von dem geheimen Bunde der Verschworenen mit dem zweiten Thrasybul, der lange Zeit das alles geleitet haben wird; alsdann werden die Unflätereien, die Greuel zur großen Schmach aufgedeckt und offenbar werden in den Finsternissen des verfinsterten Lichtes; dies wird geschehen gegen das Ende, beim Wechsel seiner Regierung. Und die Schlüssel der Kirche werden zurück sein mit der Liebe Gottes, und mehrere von ihnen werden abfallen vom wahren Glauben, und drei Sekten werden sein; die mittlere wird durch ihre Häupter etwas in Verfall geraten; die erste in Europa ganz, im größten Teile Afrikas zum dritten Teil ausgerottet mittelst der Armen im Geiste, die, durch den geistlichen Hochmut verrückt, in Schwelgerei und Wollust zu Ehebrechern werden. Das niedere Volk wird sich erheben und die Anhänger der Gesetzgeber verjagen, und es wird scheinen, als ob in den vom Orient geschwächten Reichen Gott der Schöpfer den Satan aus den Kerkern der Hölle losgelassen hätte, um den großen Dagon zu rufen, welcher eine so gräßliche Verheerung in den Kirchen richten wird, daß die Roten und die Weißen, der Augen und Hände beraubt, nicht mehr berichten werden, und ihnen ihre Gewalt genommen wird. Alsdann wird eine Verfolgung über die Kirchen hereinbrechen, wie sie noch nie gewesen. Und mittlerweile wird eine so große Pest entstehen, daß von drei Teilen der Welt mehr als zwei verschwinden werden; so daß man nicht mehr erkennen wird, wem die Felder und Häuser gehören, und daß man in den Straßen der Städte bis über die Knie im Grase waten wird. Und der Geistlichkeit wird alles genommen werden, und die Schildträger des Mars werden alles an sich reißen, was von der Sonnenstadt, von Melite und den Stöchaden gebracht wird, und die große Kette des Hafens wird erschlossen sein, deren Herrschaft am Seeochsen ihren Anfang nimmt. Und ein neuer Einfall wird geschehen auf den Meerstrichen, die Gebirge Caftulos zu befreien von der ersten Wiedereroberung durch die Mohammedaner. Und sie werden nicht frei sein von aller Befleckung, und gegen die Stätte, wo dereinst die Wohnung Abrahams stand, werden Leute anstürmen, welche den Jovialisten Verehrung zollen. Und dieselbige Stadt Sichem wird auf allen Seiten von ungeheurer Kriegsmacht umschlossen und angegriffen werden. Ihre Seemacht wird geschwächt werden durch die Okzidentalen. Und über dieses Reich wird große Verheerungen kommen, und die großen Städte werden entvölkert werden, und die da hineintreten, werden von der Rache des göttlichen Zornes mitgetroffen werden. Und es wird das so hoch verehrte Grab lange Zeit bloß liegen vor aller Welt, den Blicken offen des Himmels, der Sonne und des Mondes. Und es wird verkehrt werden die heilige Stätte in eine Herberge für kleines und großes Vieh und eingerichtet für unheilige Dinge. O welch schrecklicher Jammer wird alsdann kommen über die schwangeren Weiber! Und es wird das vornehmste Heer des Orients, größtenteils aufgeregt von den Septentrionalen und Okzidentalen, besiegt und erschlagen, und die Übrigen in die Flucht getrieben, und seine Kinder und Weiber gefangen weggeschleppt werden; und alsdann wird erfüllt werden die Weissagung des königlichen Propheten: „Daß er höre die Seufzer der Gefangenen, daß er löse die Söhne der Gefallenen." Wie werden alsdann geschlagen werden die Fürsten und Statthalter der Reiche, selbst diejenigen, die am Meere liegen und im Morgenlande, und ihre Sprachen werden sich einmengen in die große Gesellschaft, die latinische und die arabische mittelst der punischen Vermittlung; und es werden alle diese orientalischen Könige vertrieben werden, zu Boden geschlagen und ausgerottet, nicht ganz durch die Streitmacht der Könige des Nordens, auch in der Nähe unserer Welt durch die drei Verbündeten, die da heimlich einander nach dem Leben trachten und Schlingen legen; und es wird dauern die Erneuerung des Triumvirats sieben Jahre, daß der Ruf solcher Sekte sich ausbreiten wird durch die ganze Welt und wird aufgerichtet werden das reine und heilige Opfer; und es werden alsdann sein der Herren zwei an der Zahl im Norden, Sieger über die Orientalen, und wird sein bei ihnen so großer Kriegslärm und Tumult, daß selbiger ganzer Orient erzittert aus Schrecken ob selbigen Brüdern und Nichtbrüdern des Nordens. Und was das betrifft, Sire, daß ich in diesem Schreiben diese Weissagungen beinahe verworren hinstelle, und wann diese Ereignisse sich begeben werden in betreff der Berechnung der Zeitfolge, dies gar nicht angebe, oder nicht sehr in Übereinstimmung mit dem Früheren: so könnte dies sowohl auf astronomischem Wege, als auf einem anderen, selbst nach der Heiligen Schrift, welche durchaus unfehlbar ist, geschehen; ich könnte, wenn ich wollte, jeder Strophe die Angabe der Zeit beisetzen, aber nicht allen wäre diese Angabe genehm, noch weniger die Auslegung, es müßte mir denn Eure Majestät zuvor ausgedehnte Vollmacht dazu gegeben haben, um den Verleumdern keinen Anlaß zu geben, mich zu beißen. Wenn ich indessen die Jahre zähle von Erschaffung der Welt bis zur Geburt Noahs, so sind verflossen tausendfünfhundertundsechs Jahre, und von der Geburt Noahs bis zur Vollendung der Arche bei Herankunft der allgemeinen Wasserflut sind verflossen sechshundert Jahre (fragt sich, ob die Berechnung sich auf die Sonne oder den Mond, oder auf beide zugleich gründet); ich halte dafür, daß die Heilige Schrift Sonnenjahre meint. Und am Ende dieser sechshundert Jahre trat Noah in die Arche, um sich vor der Flut zu retten; und es erstreckte sich selbige Flut über die ganze Erde und dauerte ein Jahr und zwei Monate. Und vom Ende der Flut bis zur

Geburt Abrahams verflossen zweihundertundfünfundneunzig Jahre. Und von der Geburt Abrahams bis zu der Geburt Isaaks verflossen hundert Jahre. Und von Isaak bis Jakob sechzig Jahre; von seinem Eintritt in Ägyptenland bis zum Auszuge aus demselben verflossen hundertunddreißig Jahre. Und vom Auszuge aus Ägypten bis zur Erbauung des Tempels durch Salomo im vierten Jahre seiner Regierung verflossen vierhundertundachtzig Jahre. Und von der Erbauung des Tempels bis Christus verflossen nach der Berechnung der Hierographen vierhundertundneunzig Jahre. Und so sind es denn nach dieser Berechnung, die ich aus den heiligen Büchern zusammengestellt habe, ungefähr viertausendeinhundert unddreiundsiebzig Jahre und acht Monate mehr oder weniger. Von Christo aber bis jetzt lasse ich es nach der Verschiedenheit der Sekten (dahingestellt); bei den gegenwärtigen Prophezeiungen berechnete ich alles nach der Ordnung der Kette, welche ihren Kreis umschließt, alles nach der Lehre der Astronomie und nach meinem natürlichen Instinkt; und nach einiger Zeit und in derselben mit inbegriffen von der Zeit an, daß Saturn wird wiederkehren am siebenten des Monats April bis zum fünfundzwanzigsten August, Jupiter am 14. Juni bis 7. Oktober, Mars vom 17. April bis 22. Juni, Venus vom 9. April bis zum 22. Mai, Merkur vom 2. Februar bis zum 24. desselben Monats. Das Jahr darnach vom 1. Juni bis zum 24. desselben Monats, und vom 25. September bis zum 16. Oktober, Saturn im Steinbock, Jupiter im Wassermann, Mars im Skorpion, Venus in den Fischen, Merkur in einem Monat im Steinbock, Wassermann und Fischen, der Mond im Wassermann, der Kopf des Drachen in der Waage, während der Schweif, am entgegengesetzten Ende seines Sternbildes, einer Konjunktion Jupiters mit Merkur folgt, mit einem Quadrat-Aspekt von Mars und Merkur, und der Kopf des Drachen bei einer Konjunktion der Sonne mit Jupiter. Und das Jahr wird friedlich sein ohne Eklipsis; aber nicht ganz, es wird hereinbrechen mit dem Anfange selbigen Jahres eine Verfolgung über die christliche Kirche, größer, als in Afrika gewesen, und dauern wird dieselbe bis zum Jahre tausendsiebenhundertzweiundneunzig, daß man glauben wird, die Welt sei in der Erneuerung begriffen; darnach wird das römische Volk anfangen, sich wieder aufzurichten und etliche dunkle Finsternisse verjagen; es wird wieder etwas von seinem früheren Glanze erlangen, nicht ohne große Spaltung und fortwährende Veränderungen. Darnach wird Venedig mit großer Kraft und Macht seine Flügel so hoch heben, daß es der Stärke der alten Roma nahe kommt. Und zu selbiger Zeit wird es byzantinischen Segeln, die verbündet sind mit den ligurischen, unterstützt von der Macht des Nordens, durch die Quere fahren, daß von zwei Kretensern ihnen nicht Glaube gehalten wurde. Die von den alten Martialen erbauten Triumphbögen werden sie begleiten auf den Wogen Neptuns. In der Adria wird große Zwietracht entstehen; was vereint ist, wird getrennt werden; zum Haus wird herabsinken, was eine große Stadt war und noch ist, das europäische Mesopotamien wird der Allgewaltige nehmen bis zu fünfundvierzig (Grad) und andere von einundvierzig, zweiundvierzig und siebenunddreißig. Und in selbiger Zeit und in selbigen Ländern wird die höllische Macht gegen die Kirche Christi die Macht der Widersacher seines Gesetzes aufbieten, die da sein wird der zweite Widerchrist, welcher verfolgen wird selbige Kirche und den wahren Statthalter mittelst der Macht der weltlichen Könige, die vermöge ihrer Unwissenheit durch die Rede verführt werden, welche tiefer einschneiden wird als je ein Schwert in den Händen des Narren. Und nach dieser astrologischen Berechnung, verglichen mit der Heiligen Schrift, wird die Verfolgung der Geistlichkeit von der Macht der Könige des Nordens, im Bunde mit den Fürsten des Orients ausgehen. Danach wird in demselben Jahre und in den folgenden Jahren die fürchterlichste Pest hereinbrechen, die um so außerordentlicher erscheinen wird, weil ihr die Hungersnot vorausgeht, und Drangsale werden alle latinischen Regionen heimsuchen, wie man sie seit Gründung der christlichen Kirche nie erlebt hat, und Spuren werden in einigen Gegenden Spaniens davon zurückbleiben. Alsdann wird der dritte König des Nordens, wenn er die Klage seiner Hauptvölkerschaft vernimmt, ein großes Heer aufrichten und die Wege seiner letzten Väter und Vorväter wandeln, welcher wird das Meiste wieder in seinen Stand zurückstellen, und der Großstatthalter der Kappe wird in seinen alten Stand gesetzt werden, aber hilflos und von Allem verlassen, und das Allerheiligste wird zerstört werden vom Heidentum, und das alte und neue Testament wird geächtet und verbrannt werden; alsdann wird der Widerchrist der höllische Fürst sein, und zum letzten Male werden alle Reiche der Christenheit zittern, wie die der Ungläubigen fünfundzwanzig Jahre lang, und werden Streitigkeiten, Kriege und Schlachten vorfallen, und werden Städte, Flecken, Burgen und alle übrigen Gebäude verbrannt, zerstört, vernichtet werden mit großem Blutvergießen, und es werden Jungfrauen, Weiber und Witwen geschändet werden und Säuglinge gegen die Mauern der Städte geschleudert und zerschmettert werden, und so viel Unheil wird der höllische Fürst, der Satan, anrichten, daß schier die ganze Welt darüber zu Grunde geht; und vor diesen Ereignissen werden etliche ungewöhnliche Vögel in der Luft schreien: weh, weh, und nach einiger Zeit werden sie verschwunden sein. Und nachdem solche Zeit lange gedauert haben wird, schier ein anderes Reich Saturns sich erneuern und wieder ein goldenes Zeitalter beginnen; Gott der Schöpfer wird das Elend seines Volkes ansehen und sprechen: Satan soll geworfen werden in die Tiefe des Abgrundes und gebunden werden in der tiefen Grube; und nun wird beginnen zwischen Gott und den Menschen ein allgemeiner Frieden, und er wird gebunden bleiben ungefähr tausend Jahre, und zu ihrer höchsten Macht wird wieder gelangen die geistliche Gewalt, und darnach wird er wieder losgebunden.

Alle diese Bilder der göttlichen Bücher stimmen genau mit den sichtbaren himmlischen Dingen überein, nämlich mit Saturn, Jupiter und Mars und den übrigen im Bunde, wie man des Nähern aus etlichen Strophen ersehen kann. Ich würde tiefer in die Rechnung eingegangen sein und diese Übereinstimmungen einzeln verfolgt haben, aber dieweil etlichen die Zensur schwer fallen dürfte, durchlauchtigster König, will ich meine Feder von meiner nächtlichen Stille zurückziehen; nur um das eine bitte ich Euch, allerhuldreichster König, bei jener Eurer besondern Einsicht und Menschenfreundlichkeit, vielmehr das Verlangen meines Gemütes anzusehen und den unbegrenzten Eifer, den ich habe, Eurer durchlauchtigsten Majestät zu gehorchen, seitdem meine Augen Eurem Sonnenglanze so nahe waren, als die Größe meiner Arbeit weder erreicht noch verlangt.

Salon, am 27. Juni, Tausendfünfhundertachtundfünfzig.

Michael Nostradamus.

Achte Zenturie

VIII, 1.

Pau, Bay, Loron Feuer mehr als Blut,
Groß durchschwimmt den Aude nach sich'rer Hut,
Den Agassen wird den Eingang wehren
Pompon, Durance sie in Kerker sperren.

VIII, 2.

Condom seh' und Auch ich und Mirande
Von des Himmels Feuer rings umhellt,
Sol und Mars beim Löwen, dann Marmande
Blitz und Hagel, Mau'r in Garonne fällt.

VIII, 3.

Vigilanne und Reviers in der Vesten
Sitzt gefangen Nancy's jüng'rer Sohn,
Im Turin die Ersten sind die Letzten,
Tief in Trauer eingehüllt Lyon.

VIII, 4.

In Monako wird der Hahn empfangen,
Kardinal von Frankreich kommt heran,
Römer durch Legaten hintergangen,
Schwach der Adler wird und stark der Hahn.

VIII, 5.

Temp'l erscheint erleuchtet und geschmückt,
Born, Breteuil zünd't Lamp' und Kerze an;
Der Beleuchtung der Canton entrückt,
Sieht im Sarge man den großen Hahn.

VIII, 6.

Helle sieht man in Lyon vom Blitz,
Schnell der Brand gelöscht, Melit' genommen.
Sarde handelt trüg'risch an Moriz,
Genf an Lond'n an Hahn Verrat gesponnen.

VIII, 7.

Mailand mit Vercell' im Einverständnis,
In Tyrsin geschlagen wird die Wunden;
Seine Wasser, Blut, Feu'r in Florenz ist,
Einz'ger Sohn steigt bei 'nem Bau herunter.

VIII, 8.

In verschloss'nen Tonnen für den Aar,
Chivaz bei Lintern den Anschlag führt,
Der Gewählt' entsetzt, in Haft sein Schar,
In Turin Gemahlin wird entführt.

VIII, 9.

Während Hahn und Adler in Savona,
Ungarn und Levante zur See vereint,
'S Heer in Napel, Palerm', Mark Ancona,
Rom, Venedig ob Barbadira weint.

VIII, 10.

Großer G'stank wird kommen aus
  Lausannen,
Von der Tat, den Ursprung weiß man nicht,
Die vom Ausland müssen all' von dannen,
Feu'r am Himmel, fremdes Volk vernicht't.

VIII, 11.

Zahllos Volk erscheinet in Vicenza,
Ohne Macht, Basilika verbrannt,
Hingewürgt der Große von Valenza,
Ob dem Mord Venedig zornentbrannt.

VIII, 12.

Zeigen wird er sich bei Buffalor',
Groß' und Edl'r in Mailand eingezogen,
Abt von Foiz mit denen von St. Maur,
Geht auf Raub als Bauer angezogen.

VIII, 13.

Bruder, dem durchkreuzt die heiße Minne,
Läßt Bellerophon durch Broytus sterben;
Eingesperrt in Mailand Frau von Sinnen,
Trank genommen, worauf beide sterben.

VIII, 14.
Viel Kredit und Gold und Geld in Fülle,
Macht die Ehre durch die Wollust blind;
Und der Eh'bruch läßt sich nicht verhüllen,
Große Schande ihm die Sünde bringt.

VIII, 15.
Nordwärts ist ein Jemand gar geschäftig,
Schind't Europa, schindt't die ganze Welt,
Bei Eklipsen jagt er in das Feld,
Den Panonnen Leb'n und Tod er kräftigt.

VIII, 16.
Statt daß Hiero flickt an seinem Schiffe,
Bricht auf einmal eine Flut heran,
Daß an Bod'n es fehlt zu dem Angriffe,
Steigt bis zum olymp'schen Fäsulan.

VIII, 17.
Plötzlich fortgeschickt die Wohlgemuten,
Eine Welt erschüttert durch drei Brüder,
Seestadt nehmen Feinde, Bürger bluten,
Hunger, Feuer, Pest, mäht alles nieder.

VIII, 18.
Urgrund seines Tod's aus Flora ist,
Jung' und alte Wascherin es weiß,
Die drei Lilien geben ihm solche Frist,
Rot ihr' Frucht, wie rohes Pöckelfleisch.

VIII, 19.
Die erschrock'ne große Kapp' zu schirmen,
Gehen aufzuheitern sie die Roten,
Tod wird die Familie überstürmen,
Rot bis Rot'n erschlagen sie den Roten.

VIII, 20.
Falsch Gerücht von naher Wahl läuft schnelle
Durch die Stadt, der Aufruhr fordert Halt,
Stimm'n erkauft, Blut fließt in der Kapelle,
Aufzwung'n einem andern 's Reichsgewalt.

VIII, 21.

Drei Fahrzeug in Agde's Hafen streben,
Unglauben und Pest strebt mit herein,
Taufend auf der Brück die Pfeiler beben,
Und beim dritten stürzt die Brücke ein.

VIII, 22.

Gordan, Narbon warnt durch Salz die
Tycher,
Carcasson verrat'n und Perpignan,
Rotstadt nicht mit einstimmt, graue Tücher
Eine Hohe stiehlt, das Leben d'ran.

VIII, 23.

In der Kön'gin Koffern find't man Briefe,
Unter deren kein'm ein Name steht,
Von der Polizei die Sach' verschwiegen
Daß man den Geliebten nicht errät.

VIII, 24.

In der Türe schlägt der Leutnant
Perpignan's Gewaltigen zu Boden,
Und der Bastard wird von Lusignan,
Nach Montpertuis auf der Flucht betrogen.

VIII, 25.

Von geheimer Lieb' das Herz entzündet,
Er entführt das Weib auf einem Boot,
Lüstern sie die halbe Tat vollendet,
Beide schickt der Vater in den Tod.

VIII, 26.

Cato's Haus gefund'n in Barcellona
Halb enthüllt, Ruinen werd'n entdeckt,
Groß der hat, nicht haben will Pamplona,
Nebel die Abtei Montferrat deckt.

VIII, 27.

Um Usell Gewölb' an G'wölb' man trifft,
In der Öd' im Ginst'r und Schutt versteckt;
Der Phönizier kaiserliche Schrift,
Die nicht wohl ein anderer entdeckt.

VIII, 28.

Bildnisse, die Gold und Silber decken,
Nach der Plünderung in's Feu'r gelegt,
Bei'r Entdeckung g'löscht und all' in
Schrecken,
Marmorschrift abg'schrieb'n und ausgelegt.

VIII, 29.

Bei dem vierten Pfeiler dem Saturn
Opfert man, durch Flut und Erdebeben
G'spalten, unt'rem Tempel eine Urn,
Cäpio Gold geraubt und z'rückgegeben.

VIII, 30.

Bei Tolosa in der Näh' von Luz'
Tiefen Brunnen grabend Schauspielhaus,
Schatz entdeckt, die Hand streckt jeder aus,
Alles in zwei Stöcken bei Clus.

VIII, 31.

Groß des Perserfürsten erste Frucht,
Aber darnach kommt ein schwer Geschick,
In Venedig läßt er Ruhm und Glück,
Und bei heit'rem Himmel nimmt's die Flucht.

VIII, 32.

Hüt' dich gall'scher Kön'g vor deinem Neffen,
Deinen einz'gen Sohn durch seine Macht
Wird der Mord beim Venusopfer treffen,
Nur begleit't von drei und sechs bei Nacht.

VIII, 33.

Von Veron' und Vinzenz Groß'r geboren,
Der 'nen sehr unwürd'gen Beinam'n führt,
Der Venedig Rache zugeschworen,
Von der Wache festgenommen wird.

VIII, 34.

Nachher Sieg des Löwen über'n Löwen,
Hekatomb' an Jura's Fuß sie feiern,
Siebtelsmillion von Erve und Brodes,
Lyon, Vienne bei Mansal in den Tod.

VIII, 35.

Wo in die Garonne die Baise münd't,
Friert's nicht weit vom Wald von Damasan,
'S friert der Masau, Hag'l und Nordwind
dann,
Dordogne friert vom kalten Metzer Wind.

VIII, 36.

Zu der Herzogswürde werd'n erhoben
Graf von Saulne, Saint Aubin, Bellièvre.
Plüschausg'schlag'ne Wände, Marmorboden,
Für Bäterr' zu schön fast, ein Meisterwerk.

VIII, 37.

Feste bei der Themse wird's erdrücken,
Sie stürzt ein, der König, welcher dort,
Zeiget sich im Hemde bei der Brücken,
Einer tot hervor dann aus dem Fort.

VIII, 38.

König von Blois herrscht in Avignon,
's Volk ein andermal befreien,
Läßt herkömmlich baden in der Rhone,
Bis auf fünf der Letzte unweit Nolen.

VIII, 39.

Was durch Byzantiner Fürst gewesen,
Wird durch den Toloser Fürst aufgehoben,
Ihm die Treu' Foix durch Toled' entführt,
Welches ihn zum Schwiegersohn erlesen.

VIII, 40.

Schuldlos Blut durch Taur die Dorade,
Sich zu räch'n an den Saturniern,
Tauchen in den neu'n See die Mänade
Und dann rücken geg'n Albanier.

VIII, 41.

Fuchs gewählt, der nur den Heil'gen spielt,
Leise schleicht an Gerstenbrod sich letzet,
Dann sich plötzlich als Tyrannen fühlt,
Auf den Hals den Fuß den größten setzet.

VIII, 42.

Orleans' Oberhaupt wird durch Gewinn-
Sucht die Seinen und Gewalttat plagen,
Sturm auf Saint Memir und abgeschlagen,
Tot im Zelt, und 's heißt, er schlafe drin.

VIII, 43.

Um die Herrschaft streiten zwei Bastarde,
Sie ergreift der Neffe von Geblüt,
Wie ein Pfeil in seine Sänfte fliegt,
Senkt aus Furcht der Neffe die Standarte.

VIII, 44.

Ogmion's natürlicher Erzeugter
Lenkt vom Wege ab von sieb'n auf neun,
Von lang her des Königs guter Freund,
Muß Pau's Starker vor Navarr' sich beugen.

VIII, 45.

'S Bein verbunden, in der Schling' die Hand
Trägt der Nachgebor'ne Calais lang;
Tot verschoben auf der Wache Wort,
Ostern trifft im Tempel ihn der Mord.

VIII, 46.

Stirbt Marsalia's Pol drei Stund' von
der Rhone
Flieh'n die zwei nahe Pässe Tarsc,
Denn die drei Brüder Frankreichs um den
Thron
Hahns und Adlers opfern blut'gem Mars.

VIII, 47.

Trasimen wird von Verschwor'nen zeugen,
Welche in Perus gefangen liegen,
Den Beraubten wird der Kluge spielen,
Wenn Tedesk er töt't, 's ist unbedeutend.

VIII, 48.

Jupiter bei Mars, im Krebs Saturn,
Februar Calhonda, Saluterre,
Castulo's Gebirg drei Seiten Sturm,
Bei Urbiaca der Kriegsgott Herr.

VIII, 49.

Saturn spielt beim Stier im Wass'r, im Pfeil
Mars,
Ernt' der Tod am sechsten Hornung hält,
Breche macht der Sard' in Brix im Eilmarsch,
Bei Pontrol Fürst der Barbaren fällt.

VIII, 50.

Pest wird haus'n in Capadilla's Kreise,
Anderer Sagunt mit Hunger droht,
Ritter Bastard von dem guten Greise
Durch Enthauptung gibt Tun's Groß'm den
Tod.

VIII, 51.

Der Byzant'r erobert Cordua,
Lange Rast sein Opfer darzubringen,
Plünderung, wohin die Horden dringen,
Raub geraubt bei Apollonia.

VIII, 52.

König von Bois herrscht in Avignon,
Längs dem Ind' von Ambois' kommt und
Seine,
Huf' in Poitiers 's Heiligtum entweih'n,
Vorn die Guten...

VIII, 53.

In Banon' er seine Schuld will waschen,
In der Sonne Tempel kann er's nicht;

Sein erhab'ner Flug wird überraschen,
Seinesgleich'n im Heil'genreich noch nicht.

VIII, 54.
Unt'rer Mask' von einem Eh'vertrage –
Von groß Selin – Chiren edle Tat,
Unterwegs g'nomm'n Quentin, Atrebat,
Marktbud' wird mit Spaniern aufgeschlagen.

VIII, 55.
Eingeschlossen zwischen zweien Flüssen,
Faß und Tonnen einen Übergang,
Brücken acht zertrümmert, Führer schließen
Sie, und Kinder Messer würgt und Strang.

VIII, 56.
'S Land vom schwachen Trupp besetzt wird sein,
Die von oben werden furchtbar schrei'n;
D' Hauptschar steht in des Gebirges Ecken,
Fällt am Dinebro, Schriften sie entdecken.

VIII, 57.
Vom Soldaten zur Regierung g'langt,
Von dem kurzen Rocke zu dem langen,
Tapf'r in Waffen preßt er, wie der Schwamm
'S Wasser, d' Priester, 's darf der Kirche bangen.

VIII, 58.
Brüdern 's Reich verteilt, um das sie zanken,
Mit Britanniens Namen rück'n in's Feld,
Zu spät sich an Englands Recht sich rankend,
Nachts gefaßt, vor gallisch Recht gestellt.

VIII, 59.
Zweimal oben, zweimal wieder unten,
'S Morgenland geschwächt, auch's Abendland;
Sein Gegner, nachdem sie oft sich fanden,
Wird zu Meer geschlag'n und übermannt.

VIII, 60.

Erst'r in Gallien, Erst'r in röm'schen
  Marken,
Z' Meer und Land, bei'n Angeln, in Paris,
Wundertaten g'scheh'n durch seine Starken,
Ein Gewaltmann stürzt er Norlaris.

VIII, 61.

Nie wird zu Gesichte man bekommen
Eine Markscheid', an dem gleichen Tag
Die Belag'rungen all' unternommen,
G'schenk dem Hahn bringt der bewehrte Tag.

VIII, 62.

Plündern sieht den heil'gen Tempel man,
An der Rhone sie ihre Kirch'n entweihen,
Große Pestilenz dadurch alsdann,
König wird die Freveltat verzeihen.

VIII, 63.

Wenn der Eh'bruch ihm das Herz zerrissen,
Trifft im Ingrimm Weib und Sohn der Mord.
Sterbend Weib würgt 's Kind zu ihren Füßen,
Acht gefangen und erhängt sofort.

VIII, 64.

Kinder auf die Inseln sind verbannt,
In Verzweiflung fallen drei von sieben,
Ihre Schaufel tröstet die vom Land,
Wenn der Liga Hoffnung nicht geblieben.

VIII, 65.

Seine größte Hoffnung täuscht den Alten,
Doch gelangt er auf des Reiches Thron'.
Zwanzig Mond' wird ein Tyrann er walten,
Einem Schlimmern lassen dann die Kron'.

VIII, 66.

Trifft geschrieben man D. M., wird man
Alten Keller mit 'ner Lamp' entdecken,
Kön'g und Prinz erprobt's Recht Ulpian,
Zelt Herzog und Kön'gin unt'rer Decken.

VIII, 67.

Par., Car., Nersaf, Zwiespalt bringt
Verderben,
Einen nicht, noch Andern wird man wähl'n
Nersaf Lieb' des Volks und Fried'n erwerben,
Große Fürsprach ihm Ferrara, Cöln.

VIII, 68.

Alter Kardinal dich Täuschung trifft,
Von dem Jung'n auß'r Amt du wehrlos wirst,
Arelate zeigt die Doppelschrift,
Aquädukt einbalsamiert und Fürst.

VIII, 69.

Jungem Engel muß der alt' sich beugen,
Und am Ende überragt er ihn;
Zehn Jahr' Gleiche vor den Ältern weichen,
Von drei'n Ein'r ein achter Seraphin.

VIII, 70.

Schamlos wird betreten der Infame
Ein Tyrann Mesopotamien,
Freude all' der eh'brech'rischen Dame,
Schwarz das Land, entsetzlich anzuseh'n.

VIII, 71.

Groß wächst an die Zahl der Astronomen,
G'schimpft, verjagt, verstoßen und verbannt,
Sechzehnhundertsieben Fluch wird kommen
Über sie, daß keiner sich'r im Land.

VIII, 72.

In Perusia's Feld o ungeheuer
Niederlag', Kampf bei Ravenna ist,
Bei dem heil'gen Zug zur Festes Feier,
Siegers Pferd 's Besiegten Hafer frißt.

VIII, 73.

Großen König ein Soldat wird schlagen,
Ungerecht ihn führ'n an Grabes Rand,
Keine Habsucht wird den Frevel wagen,
Den Verschwörer schmerzt es und das Land.

VIII, 74.

Weit in's Neuland zieht der Kön'g hinein,
Untertanen ziehen ihm entgegen,
Seine Arglist wird empfangen sein,
Mit dem größten Jub'l auf allen Wegen.

VIII, 75.

Vat'r und Sohn zu gleicher Zeit wird morden
Ein verweg'ner Frevl'r in ihrem Zelt,
Mutt'r in Tours vom Sohne schwanger
worden,
Grünes Blätterwerk verhüllt das Zelt.

VIII, 76.

Schlächter mehr als Kön'g in Engelland
Raubt das Reich an dunklem Ort geboren,
Feig ohn' Glaub'n und Treu schröpft er das
Land,
Und im Augenblick ist er verloren.

VIII, 77.

Widerchrist drei alsobald vernichtet,
Sieb'nundzwanzig Jahr sein Krieg nicht ruht,
Ketzer tot, gefangen und geflüchtet,
Starr das Land, das Wasser rot von Blut.

VIII, 78.

Ein Brachmane kundig im Verführen,
'S Heiligtum der Götter plündern wird,
Öffnen wird den Ketzern er die Türen.
Weil die Kirch' zum Streit er rufen wird.

VIII, 79.

Der den neunzigjähr'gen Vat'r erschlägt –
Gorgo's Blut kann man nicht schlimmer
nennen –
Haust im frenden Land, daß man's nicht trägt,
Und sie ihn und seine Brut verbrennen.

VIII, 80.

Schuldlos, Witwen-, Jungfrau'n-Blut
vergossen,

Greu'l durch diesen großen Kön'g gescheh'n.
Heil'genbilder in das Feu'r gestoßen,
Nur noch Götzenpriester wird man seh'n.

VIII, 81.

'S neue Reich mit seinem Jammerstande,
Umgewandelt wird von Mitternacht,
Die Bewegung im sicil'schen Lande
Stört d' Erob'rung, welche Philipp macht.

VIII, 82.

Abschied nur den langen Roten trifft,
Der auf's Trock'ne setzt den guten Jungen,
Im Gewande Brief und Dolch und Gift,
Wird ergriff'n in der Gefahr entsprungen.

VIII, 83.

'S größte Segel fährt aus Zara's Hafen,
Führt sein Unternehm'n aus bei Byzanz,
Drittelstark der Freund kaum, und geschlagen
Wird der Feind und ausgeplündert ganz.

VIII, 84.

Von Sizil' Geschrei Patern' wird hören,
Rüstungen im Busen von Triest,
Die man bis Trinakria wird hören,
Fliehe, flieh' so vieler Segel Pest.

VIII, 85.

Zwischen Bayonne und Saint Jean de Luz
Wird der blut'ge Mars sein Lager betten,
Nordens Geiern raubt Navarr' das Licht,
Dann erwürgt im Bette ohne Ketten.

VIII, 86.

Von dem Tarn zahllose Scharen rücken
Nach Tolosa und der freien Stadt,
Beuteschwer über des Flusses Brücken
Jubend dann die Lapuederstadt.

VIII, 87.

Die Verschworenen den Mord vollenden,
Auf die Todesreise Einen senden,

Der Erwählt' empfang'n von Sein'n
erschlagen,
Schuldlos Blut vor'm Glaub'n am Herzen
nagen.

VIII, 88.

In Sardinien edler Kön'g erscheinen,
Der das Reich drei Jahre nur behält.
Mehr're Farben wird er sich vereinen,
Finst'rer Gram und Schlaf dann auf ihn fällt.

VIII, 89.

Um des Oheims Opfer nicht zu werden,
Der als Fürst die eig'nen Kinder tötet,
Steigt er ein, und wie zum Volk er redet,
Fällt und stirbt geschleift er von den Pferden.

VIII, 90.

Unter den Bekreuzten wenn zu sehen,
Ist ein Wilder, statt der Weih' ein Stier,
Schwein bei'r Jungfrau, dann ist's auf der
Höhen,
König findet kein'n Gehorsam schier.

VIII, 91.

In der Rhonemündungen Gelände,
Gestrichenvoll das Bette ist,
Treffen sich in Fischen die zwei Brände,
Überschwemmung weithin sich ergießt.

VIII, 92.

Fern vom Reich auf gut Glück eine Reise,
B'setzt das Land für sich mit großem Heer,
König hält die Seinen g'fang'n als Geisel,
Plündert 's ganze Land bei'r Wiederkehr.

VIII, 93.

Sieben Mond' die Prälatur nicht mehr,
Große Spaltungen, wenn er geschieden,
Sieben Mond' ein and'rer Prätor, Frieden,
Eintracht stellt er bei Venedig her.

VIII, 94.

An dem See, wo sieben Mond zuvor
Ein'r ertrank und 's ganze Heer verlor,
Spanier von Albanern werden g'schlagen,
Weil im Kampf die Zeit versäumt sie haben.

VIII, 95.

Den Verführer in die Grube stürzen
Sie und schlagen ihn für kurz in Band',
Geistlichkeit den Krummstab an den Spitzen,
Sie beruh'gt und lockt die mächt'ge Hand.

VIII, 96.

Synagog', die keine Frucht will bringen,
Unter den Ungläub'gen eine Statt
Find't in Babel, von Verfolgung matt,
Schneidet Jamm'r und Elend ihr die Schwingen.

VIII, 97.

An Bar's Grenz' wird's der Allg'walt'ge ändern,
Am Gestad' gebor'n drei schöne Kind',
Volks Rot Thronbewerb'r im Alter sind,
Wächst durch Herrscherwechsel in den Ländern.

VIII, 98.

Blut der Geistlichkeit verspritzt wie Wasser,
Zeiten für sie schrecklicher als je,
Lang, ach lang verfolgen sie die Hasser,
Weh, der Kirche Dienern Jamm'r und Weh.

VIII, 99.

Durch die Nacht drei weltlicher Gewalten
Anderwärts der heil'ge Stuhl verpflanzt,
Wo des Geistes leibliche Substanz
Für den wahren Stuhl die Leute halten.

VIII, 100.

Überfluß an Tränen in der Höh',
In der Tief' und aus der Tief' zur Höh',
Zu viel Glauben stürzt ihn in's Verderben,
Durst im Überfluß an Mangel sterben.

Weitere Strophen, die sonst der achten Zenturie beigedruckt wurden.

VIII, 101.

Meh're überrascht bei ihrem Angriff,
Den Bewohnern wird man nicht verzeihen,
Die beharren wollten auf dem Angriff,
Doch die Zeit wird ihnen man nicht leihen.

VIII, 102.

Viele komm'n und sprechen viel von Frieden
Zwischen Kön'gen und gewalt'gen Herrn,
Doch sobald ist er noch nicht beschieden,
Folgen sie nicht eh'r als And're gern.

VIII, 103.

Wie viel Wut, ach wie viel Not und Drang
Wird man bei so vielen Leut'n erkennen,
Nie noch sah man einen solchen Hang,
Als die Wölfe haben, flink zu rennen.

VIII, 104.

Viele tragen Unterhandlung vor,
Wenn die Großen sie bekriegen werden,
Doch in allem schließt man ihnen 's Ohr,
Weh, wenn Gott nicht Frieden schickt auf
Erden.

VIII, 105.

Allwärts schicken Hülfe aus der Fern'
Leute, die sich widersetzen gern,
Sie beeifern sich mit einem Schlage,
Doch zu komm'n für jetzt nicht in der Lage.

VIII, 106.

Fremde Fürsten seltsame Gelüste,
Mache, daß dein Land sie nicht umzieh'n!
Furchtbare Gefahr'n es bringen müßte,
In so manchen Ländern, selbst in Wien.

Neunte Centurie

IX, 1.

In dem Haus des Austrägers von Tours
Man die Briefe findet auf der Tafel,
Einäug', Roth, Weiß, Grau verbleibt im Kurs,
Der sich ändert dem neu'n Connetabel.

IX, 2.

Von dem Aventin ruft eine Stimm':
Flüchtet, ach auf beiden Seiten flüchtet,
In dem Blut der Roten schwelgt der Grimm,
Die Kolonn' bei Rimini vernichtet.

IX, 3.

Schreck Magnacqua in Ravenn' verbreitet,
Fünfzehn g'schlossen nach Fornas' begleitet,
Zwei zweiköpf'ge Monst'r in Rom geboren,
Weithin all's durch Schwert, Feu'r, Flut verloren.

IX, 4.

'S Jahr darauf die Flut Entdeckung bringt,
Zwei gewählt, der erste hält nicht Stand,
Fluchtverdacht, 's Asyl dem einen winkt,
Hütte, die den ersten birgt, verbrannt.

IX, 5.

Neu'r von unten aufgestieg'ner Herrscher
Hat die dritte Zeh' der ersten gleich,
Der von Pis' und Luccas nimmt das Reich,
Wird die Schuld des Vorgängers verbessern.

IX, 6.

Guyenne werden Angeln überschwemmen,
Unt'rem Nam'n Anglaquitanien,
Bourdaux Gau, den Strich von Languedoc nehmen,
Nennen es Narbozitanien.

IX, 7.

Der eröffnet 's g'fund'ne Monument
Und nicht alsobald es wieder schließt,
Dem geht's bös, man nicht beweisen könnt',
Ob der König Breton, ob Norman ist.

IX, 8.

Schimpflich seinen jüngern Sohn der König
Nach der Schlacht um's Leben bringen läßt,
Schrift gefunden, nagt am Herz nicht wenig
Dem verjagten Wolf im rauhen Nest.

IX, 9.

Ew'ge Lamp' in Vestatempels Hallen
Wird man find'n und wird ein Kind dort
sehen,
Das durch's Sieb läßt Feu'r und Wasser gehen,
Flut in Nismes, in Toulouse stürzen d'
Hallen.

IX, 10.

Ausgesetzt das Kind durch Mönch und
Nonne,
Stirbt durch Bärin, wird geraubt durch
Schwein,
Bei Foix, Pamis wird das Lager sein,
Gegen Toulouse rüstet Carcassone.

IX, 11.

Den Gerechten werden sie ermorden,
Vor dem Volke werden sie ihn hinrichten,
Eine Pest entstehen dann im Orte,
Daß die Richter selbst sich müssen flüchten.

IX, 12.

In dem See man findet, reich an Silber,
Der Dian' und des Mercurius Bilder,
Weil der Töpfer gräbt nach frischem Ton,
Gold ihm und den Seinen wird zum Lohn.

IX, 13.

Die Verbannt'n im Umkreis von Solon
Nachts hinausgeführt um Laus zu schrecken,
Zwei von Modena und von Bonon'
An dem Feu'r Druentier entdecken.

IX, 14.

Hexenkess'l im Freien am Gestad,
Wein, Öl, Honig kocht drin, eingetaucht
Missetäter ohne Missetat,
Das Geschütz vom Strand aus scheucht den
Rauch.

IX, 15.

Festgenomm'n die Roten bei Parpan,
Weit hinweggeführt die mittlern, und Drei
zerriss'n und fünf schlecht' Stütze an
Dem Prälat'n und Edeln von Burgund.

IX, 16.

Die Versammlung scheid't aus Castel Frank,
Schisma bildet der Gesandt' verdrossen;
Die von Rubiera sind im Zank,
Und es bleibt der große Golf verschlossen.

IX, 17.

Dritter Erster, schlimmer noch als Nero,
Flieht den Tapfern, der nur Blut vergießt,
Wieder aufbau'n läßt er Forum Nero,
Gold'ne Zeit mit ihm verflossen ist.

IX, 18.

Dauphin trägt die Lilie nach Nancy,
Des Reichs Kurfürst bis in Flanderns
Schoß,
Neuv' versperrt dem großen Montmorency,
Auß'r erprobten Orten Mühsal groß.

IX, 19.

Mitten in dem Walde von Mayenne
Schlägt der Blitz, die Sonn' im Löwen ruht,
Groß Bastard des Großen von le Maine
Fougeres jenen Tag den Dolch ins Blut.

IX, 20.

Nachts wird kommen durch den Wald von
Rennes,
Durch's gewund'ne Tal am weißen Stein,
Der schwarz' Mönch als Graurock nach
Varennes,
Zum Haupt g'wählt führt er Feu'r, Blut herein.

IX, 21.

Hoh'r Blois' weiht im Tempel von Salonne,
Loirebrück' Nachts verderben Kön'g Prälat,
Ziegl'r ihn rett't in Sümpfen der Yonne,
Wo die Prälatur der Weißen naht.

IX, 22.

Kön'g mit seinem Hof in Langenalb
Schloß gegenüber in dem Tempelraum,
In dem Garten Herzog Mant'r und Alb',
Alb' und Mantor Dolch an Zung' und Gaum.

IX, 23.

Königs zweiter Sohn spielt unt'rer Tonne,
Als vom Dach was auf den Kopf ihm fällt,
D'rauf sein Vat'r im Tempel von Salonne
Feierlich ein Weihrauchopfer hält.

IX, 24.

Im Palast am Fenstersims erscheinen
Warner den zwei königlichen Kleinen,
Lutez, Denis Klöst'r an's Ohr ihn'n dringen,
Monein, Meillant Wurm und Kern
verschlingen.

IX, 25.

Brücken überschreitend nah den Rusciern
Früher als er glaubt, und doch zu spät,
An den Nonen Spanier komm'n nach
Beziers',
Daß für dieses Mal die Jagd mißrät.

IX, 26.
Nizza ausgefall'n auf harte Briefe,
Kein Geschenk die große Kapp' ihm bringt;
Vulturn's Mauern grüne Kaperschiffe,
Anfangs bleischwer, günstig dann der Wind.

IX, 27.
Waldbrevier, Wind, rund Gehäg', die Brücken
Hoch, Dauphin's Verfolgter aufgenommen,
Der alt' Tek durch dichte Wälder dringen,
Bis in Herzogs Marken er gekommen.

IX, 28.
Massiliol'scher Port, cymacisch Segel
In Venedigs Port auf die Pannonen,
Fort aus dem illyr'schen Busen segeln,
Wüstung in Sicil', Ligur' Kanonen.

IX, 29.
Wenn, der Keinem Raum gibt, lassen will
Den genomm'nen Ort noch nicht genommen,
Feuerschiff' bei Charlieu pechgefüllt,
Quentin, Balez und dann wieder g'nommen.

IX, 30.
Pola's Hafen und St. Niklas Port,
Norman im flanat'schen Golf Gefahren,
Kapitän Byzanzens Straßen schreien Mord,
Gad' und Philippide Hilfescharen.

IX, 31.
Zu Mortara bei dem Erdebeben
St. Georgs Gestelle halb zerbrochen;
Dumpfer Frieden ruft den Krieg in's Leben;
Ostern unt'rem Tempel eingebrochen.

IX, 32.
Säul' von feinem Porphyr tief gefunden
Capitol'sche Schriften unt'rem Schaft,

Römers Stärk' zeigt Knoch'n und 's Haar
  gewunden,
Flott' in Mitylenens Hafen schafft.

IX, 33.
Hercul' Roma's Kön'g und Dänemarks,
Galliens, der Guienner zubenannt,
'S bebt Italien und die Löwin Mark's,
Als der erst Monarch der Welt bekannt.

IX, 34.
Eh' gelöst die Bischofsmütz' dem Mann,
Rückweg fallen sie bei Tuille ihn an,
Von fünfhundert einer ihn verraten,
Narbon, Saulce das Öl von Grafen haben.

IX, 35.
Ferdinand der Blonden das Geleite,
Läßt die Blume, folgt dem Macedon;
Es verfehlt den Hauptzweck seine Reise,
Und er ziehet gegen Myrmidon.

IX, 36.
Großer Kön'g von einem Mönch gefangen
Um die Ostern, Unruh', Messerstich,
Täter, wie's in die Ruin' schlägt, g'fangen,
Drei Brüder verwund'n und morden sich.

IX, 37.
Brück und Mühlen werden fortgerissen
Im Dezember von der hoh'n Garonne,
Mauern und Häuser in Tolosa stürzen,
Gleich sehr überflutet die Matronne.

IX, 38.
Angeln rück'n in Blaye und Rochelle ein,
Weiter groß Armathion gezogen,
Gallier harren bei Aginnum sein,
Narbo sieht um Hilfe sich betrogen.

IX, 39.

Arbizola nach Veron', Canceri
Nachts geführt, Savona anzufallen,
Flink Gascogner Tarbe und in Carry,
Alte Hintermau'r, neu Schloß will fallen.

IX, 40.

Bei St. Quentin, im Bourliser Wald,
Fläminger in der Abtei geschlacht't,
Beide Nachgebor'ne erschlagen beinahe
Das Geleite alles niederg'macht.

IX, 41.

Der gewalt'ge Chiren nimmt Avignon,
Briefe Rom voll Hon'g und Wermut send't,
Brief, Gesandschaft gehet aus Chanignon,
Herzog schwarzrot' Feder nimmt Carpent.

IX, 42.

Barcino's, Venedigs, Genuas Pest
Und Siziliens Monac verbunden
Gegen die Barbarenflotte fest,
Jagen sie bis Tunis weit hinunter.

IX, 43.

Ismael lau'rt auf dem Kreuzesheere,
Wie es anzulanden im Begriffe,
G'schlagen allseits von dem Räuberschiffe,
Rasch angegriffen von zehn Kerngaleeren.

IX, 44.

Wandert, wandert alle Genfer Bürger,
Gold Saturn verwandeln wird in Eisen,
Gegner Raypoz euer aller Würger,
Zeich'n am Himmel werden's vorher weisen.

IX, 45.

Nimmermehr wird satt er zu verlangen,
Groß Mendosus wird sein Reich erlangen,
Fern vom Hof ruft er zurück Pimond,
Picardie, Paris, der schlimmst' Tiron.

IX, 46.

Fliehet, flüchtet aus Toulouse, die Roten
Feiern eine Opfersühne bald,
Fürst des Bösen unter Kürb'sgestalt,
Würger über's Fleisch, wie Zeichen drohten.

IX, 47.

Unterzeichn'r unwürdiger Befreiung –
Und die Straf warnt – seh'n ohn' Verzeihung
Sich, wenn der Monarchenwechsel rettet
Den Gedank'n, im Eisenturm gebettet.

IX, 48.

Große Stadt, am Ozean gelegen,
Von Morästen aus Krystall umgeben,
Sieht in beider Sonnenwenden Tagen
Sich mit fürchterlichem Sturm geschlagen.

IX, 49.

Gent und Brüssel ziehen geg'n Antwerpen,
Londons Rat dem König gibt den Tod,
Salz und Wein gereicht ihm zum Verderben,
Und versetzt das Reich in große Not.

IX, 50.

Bald Mendosus kommt zum hohen Reiche.
Setzend etwas z'rück die Norlaris,
Rot erblaßt, das Üb'l im Zwischenreiche,
Jüngling Furcht und Schrecken Barbaris.

IX, 51.

Sekten wider d' Rote sich empören,
Wasser, Feu'r, Schwert, Strang im Frieden kreist,
Auf das Blutgerüst, die sich verschwören,
Außer Einem, den das Volk zerreißt.

IX, 52.

Friede naht von einer Seit' und Krieg,
Nie war die Verfolgung noch so heftig,
Mann und Weib erwürgt ohn' Unterschied,
Und ganz Frankreich ist dabei geschäftig.

IX, 53.

Junger Nero Edelknaben lebend
Wirft in drei Kaminen in das Feuer,
Glücklich, der da fern vom Ungeheuer,
Drei von seinem Blut den Tod ihm geben.

IX, 54.

In den Hafen kommt von Corsibonne
Bei Ravenna, der die Frau wird rauben,
Leichtes* in Meerestief' von Ulisbonne,
Unt'rem Fels versteckt sie siebzig rauben.

IX, 55.

Furchtbar rüstet Mars im Abendlande,
'S Jahr darauf die Pest mit grimmer Wut
Jung und Alt und Vieh befällt und Blut,
Feu'r, Mercur, Mars, Jupit'r im
Frankenlande.

IX, 56.

Heer bei Noudam wird durch Caussan
rücken
Und zu Maiotes seine Fahne lassen,
Tausend er bekehrt im Augenblicke,
Suchend beid' mit Ketten zu umfassen.

IX, 57.

Rex statt Trux wird er in Ruh' sich geben,
Nach dem Widerruf des Fluches streben;
Donner rollt mit fürchterlichen Schlägen,
Neuer Schlag, Kön'g an sich selbst Hand
legen.

IX, 58.

Links bei Vitry werden die drei Roten
Frankreichs überfallen und geschlacht't
Rot' all' werden, Schwarz' entgeht dem
Tode,
Von Breton'n in Sicherheit gebracht.

*) Fahrzeug

IX, 59.

In die Feste die Vidame gebracht,
Niclas b'hält des Roten Gab', das Leben
Große Luise gebiert, der Ansprüch' macht,
Den Breton'n aus Neid Burgund gegeben.

IX, 60.

Schwarz Corcyra plündern die Barbaren,
Blut vergieß'n, es bebt Dalmatien,
Lager schlagen Ismaels Heerscharen,
Frösch' in Angst, Hilf Lusitanien.

IX, 61.

Plünderungen auf dem Seegestad'.
In Neustadt Ältern weggefangen,
Viel' von Malta ob Messiner Tat
Eingesperrt' um schlechten Lohn empfangen.

IX, 62.

Großem des Gebietes von Monaco
Alle hoh'n Bekreuzt' ergeben sind,
Das hartnäckig Oppio und Mondragon,
Rausio werd'n am dritten Oktober lind.

IX, 63.

Klage, Jammer und Geschrei entsteht
In Bayonne, Foix und in Narbo's Nähen,
Schwere Plag'n und Änd'rungen geschehen,
Ehe Mars ein paar Mal sich gedreht.

IX, 64.

Der Amathion über d' Pyrenäen,
Mars nicht leist't in Narbo Widerstand,
Alles übersät zu Meer und Land,
Cap. in keinem Land sich sicher sehen.

IX, 65.

Im Feld Luna's wird er sich ergeben,
Od'r ist Knechtschaft in der Fern' sein Ziel;
Die unreifen Frücht' viel Lärmen geben,
Tadel groß, für Ein'n des Lobes viel.

IX, 66.

Frieden, Einigung und Änd'rung wieder,
Stände, Aemter, nieder hoch, hoch nieder,
Reis'entwurf, die erste Frucht ist sauer,
Krieg hört auf, Prozeß ist auf der Lauer.

IX, 67.

Von den Bergen um Lozère herum
Hundert in La Roche Valent versammelt,
Petrus steckt zu zwölf in Neuburg, und
Wider'n Christus Römer sind versammelt.

IX, 68.

Vom Berg Aimar ist die edl' im Schatten,
'S Übel kommt vereint von Saone und
Rhone,
Luciens Tag im Holz versteckt Soldaten,
Nie noch war ein solcher Schreckensthron.

IX, 69.

Im Gebirg von Bailly, Bresse werden
Sich die Wilden Grenoble's verstecken,
Hag'l um Lyon, Vienne d' Felder decken,
Nicht ein Drittel Flachs bleibt in der Erden.

IX, 70.

In den Fackeln stecken Wehr und Eisen
In Lyon an dem Fronleichnamstage,
Die von Vienne werden all' erschlagen,
Gascon lügt nicht, in Latiner Kreisen.

IX, 71.

Schrecklich Tier an heil'gem Ort sich zeigt,
Er dabei, der 's Licht des Tages scheut,
Carcassonnen statt Ungnad' geneigt
Wird verweilen er noch läng're Zeit.

IX, 72.

Tempel werden wiederum geschändet,
Raub wird Toulouser Rat sie treffen,
Zwei, drei Säculum Saturn vollendet,
Im April, Mai, Volk von neuer Hefen.

IX, 73.

Nach Foix kommt ein Kön'g mit blauem
Turban
Und regiert, eh' sich gedreht Saturn.
Kön'g Weißturban und Byzanz den
Kernbann*
Sol, Mars, Hermes, sammelt bei Lahurne.

IX, 74.

Mordtat in der Stadt Fertsod vollendet,
Zugvieh abzuschlachten wird verboten,
Wieder zum Dianendienst gewendet,
Dem Vulkan bestattet man die Toten.

IX, 75.

Aus Ambracien erscheint und Thrake
Volk zu Meer, den Galliern Hilf' und Plage,
Ewig bleiben in der Provence Fluren ihrer
Sitten und Gebräuche Spuren.

IX, 76.

Mit dem schwarzen Rapax Wüterich
Aus des blut'gen Nero Raub entsprossen,
Kriegsmannschaft von zweien Ström'n
umflossen,
Durch 'nen kahlen Mönch den Todesstich.

IX, 77.

'S Reich genomm'n, der König lädt die Gattin
Zu sich ein, ergriff'n und angeklagt,
'S Leben ihr wird und dem Sohn versagt,
Und das Kebsweib teilt das Los der Gattin.

IX, 78.

Griech'sche Dame, Lais nicht so schön,
Durch Prozeß zu ungeheuren Schätzen,
In das Reich Hispaniens übersetzen,
G'fang'n und elend dann zu Grunde geh'n.

*) Kerntruppen.

IX, 79.
Flottenführer Raub, Betrug und List,
Läßt die Scheuen aus den Schiffen steigen,
Dann erschlägt s' der abgefall'ne Christ,
Sie den Lohn ihm hinterrücks dann zeigen.

IX, 80.
Herzog will die Seinigen vernichten,
Schickt die Stärksten in die Fern' hinein,
Pis' und Lucca wird zu Grund er richten,
Den Barbar'n bleibt d' Weinles' ohne Wein.

IX, 81.
König Schlau wird seine List verstehen,
Von drei Seiten gegen Feinde gehen,
Schar Mönchskappen, seltsam, unt'rem
G'wehr,
Des Verräters Unternehm'n schlägt fehl.

IX, 82.
Von der Flut und schwerer Pest auf lange
Große Stadt belagert und besetzt,
Wache von der toten Hand* gefangen
Plötzlich, doch von Niemandem verletzt.

IX, 83.
Weicht die Sonn' vom Stier, erbebt die Erde,
Das gefüllte Schauspielhaus stürzt ein,
Finster Luft und Himmel wird und Erde,
Heid' zu Gott wird und den Heil'gen schrei'n.

IX, 84.
König Findling Hekatombe abschlachtet,
wenn ein Ursprung ist enthüllt,
Strom wühlt auf das Blei- und Marmorgrab
Großen Römers von Medusenschild.

*) Einzelner, entfernter Posten

IX, 85.

Guienne durchzieh'n, Languedoc und 's
Land der Rhone,
Von Agin' die von Marmande und Reole,
Maur'n die Treue öffnet, seinen Thron
Phokä hält, Kampf in Marsalin's Pol.

IX, 86.

Von dem Flecken Lareine g'rad nach
Chartres
Zieh'n sie, haltend bei'r Antonienbrücken,
Kriegsgerüst't im Frieden schlau wie Marder
In's verschlossene Paris zu rücken.

IX, 87.

Wo man offen Touphon's Wald gemacht,
Wird ersteh'n aus einer Klaus' der Tempel,
Duc d'Estampes hat es aus List erdacht,
Der Prälat Lefora's hat 's Exempel.

IX, 88.

Calais, Arras Hülfe für Theroanne,
Frieden, und er fügt sich ihm zum Schein,
Allobrox wirft sich herab auf Roanne,
Volk kehrt um und lichtet seine Reih'n.

IX, 89.

Sieben Jahr' wird Philipp glücklich sein,
Wird den Arabern die Stärke nehmen,
Dann Mittags bricht Mißgeschick herein,
Ihm jung Ogmyon die Kraft wird lähmen.

IX, 90.

Ein Feldhauptmann wird von Großgermanien
Aus Verstärkungsmangel sich ergeben,
Hülf' dem Kön'g der Kön'ge von
Pannonien
Sein' Empörung wird groß Blutbad geben.

IX, 91.

Schwere Pest Perinth, Nicopolis,
More', Macedonien besteuert,

In Thessalien haust Amphipolis,
Unbekannt' Weh und Antoniusfeuer.

IX, 92.

Rücken will der Kön'g in neue Stadt,
Will vertreiben d'raus des Feind's Gewalten,
Freigelassener falsch Red' und Tat,
Kön'g wird drauß'n und fern vom Feind sich halten.

IX, 93.

Weit entfernt die Feinde von dem Forte,
Die Bastei herangeführt auf Wägen,
Auf den Mau'rn von Bourges ist's anders worden,
Hercul wird Aemathion erlegen.

IX, 94.

Schwache Schiffe sich zusammenscharen,
Feinde unangreifbar auf dem Wall,
Schwach Wratislav bangt vor'm Überfall,
Lübeck, Meißen hält zu den Barbaren.

IX, 95.

Der Neug'wählte führt die Truppen an,
Bis zum Ufer hin geschlag'n auf's Haupt,
Hülf' in Mailand suchend, Augen raubt
Man dem Herz'g im Kerker zu Milan'.

IX, 96.

In die Stadt, die widerstund, rückt's Heer,
Überredung wird s' dem Herz'g erschließen,
Heimlich an die schwachen Tore Wehr,
Feuer angelegt, und Blutvergießen.

IX, 97.

Seemacht wird sich in drei Scharen teilen,
Mang'l an Vorrat wird bei'r zweiten sein,
Sie verzweifelnd nach Elysium eilen,
Erst' zieht siegreich durch die Bresche ein.

IX, 98.

Durch die Schuld von einem Heuchler büßen
Sie, der sie dem Gegn'r entgegenschickt,
Aufgefordert die Lyoner müssen
Malta's großen Führer geben z'rück.

IX, 99.

Nordwind wird das Heer zum Abzug zwingen,
Asche, Kalk und Staub von Mauern regnen;
Regenwetter und noch Fall'n und Schlingen,
Letzte Hilfsschar ihrer Grenz' begegnen.

IX, 100.

Niederlage nachts im Meereskrieg,
Feu'r den Schiff'n im Okzident Verderben;
Neue List, das große Schiff zu färben,
Grimmig der Besiegt' im Nebel siegt.

Zehnte Zenturie

X, 1.
Feindes Treu', dem Feind gelobt, verletzt,
Die Gefangenen zurückgehalten,
Tod ihr Lohn, der Rest in Kerker g'setzt,
Schaden Rest, weil er zu unterhalten.

X, 2.
Segelboot wird bergen Segelschiff,
Kleiner helfen 'raus die große Flotte,
Schlagen ihn zurück zehn nahe Schiff',
Nehm'n sein Hauptschiff für die eig'ne Flotte.

X, 3.
D'rauf umringt läßt keine Herd' er draußen,
Überläufer wird zur Straf' entlassen,
Falsches Murren, Hilfe kommt von außen,
Feindes Heer muß die Belag'rung lassen.

X, 4.
Mitten in der Nacht wird von dem Heer
Der Anführer schnell verschwunden sein,
Sieben Jahr' darauf, bei'r Wiederkehr,
Sagt die Gattin ohne Tadel nein.

X, 5.
Priest'r und Hirt wird neu ein Bündnis schließen,
Neu' Arianer bei den Portugiesen,
Carcas, Tolos ihren Raub verzehren,
Lauraker neue Wüterich gebären.

X, 6.
Vardo über Remaus ausgegossen,
Daß Deucalions Zeit verjüngt sie meinen,
Zuflucht sucht die Mehrzahl im Kolossen,
Vesta's Grab, das Feu'r gelöscht, erscheinen.

X, 7.

Großer Kampf wird sich in Nancy g'stalten,
Alles zwing' ich, spricht Aemathion,
Sorg'n ob Wein und Salz in Albion;
Lang wird Metz nicht zwischen zwei Phi
halten.

X, 8.

Auf der Gattin Anzeig' wird durchbohren
Senegallia's Graf den eig'nen Sohn,
Myrname von vorn genommen von
Mehrern, drei sieb' Tag verwund't, verloren.*

X, 9.

Castillon wird an 'nem Wintertage
Hohen Herrsch'r ein schlechtes Weib gebären,
Ihn der Beinam' wird Posthumius ehren,
Nie ein Kön'g so sehr des Landes Plage.

X, 10.

Mordversuch, das Ehbett schwer verletzen,
An der ganzen Menschheit Missetäter,
Schlimm'r als Ahnen, Oheime und Väter,
Schwert und Feu'r und Blut nur sein Ergötzen.

X, 11.

Durch Juncar's gefährliche Passage
Läßt Posthumius rücken seine Bande,
Über d' Pyrenäen sein' Bagage,
Herzog eilt von Perpignan nach Tende.

X, 12.

G'wählt zum Papste, dem Gewählten Hohn,
Plötzlich aufgeregt, rasch und erschrocken;
Weil zu gut, dem sanften Tod zum Lohn,
Führer in der Sterbnacht unerschrocken.

*) verwundet und in sieben Tagen tot

X, 13.

Unt'rem Futter Wiederkäuer schaffen
Fort Soldat'n im Bauch Herbipolis,
Ihr Versteck verrät der Lärm der Waffen,
Überfallen bei Antipolis.

X, 14.

Manninklemme völlig ratlos, keck,
Ängstlich und aus Furcht besiegt, gefangen,
Von verruf'nem Dirnenvolk umfangen,
Bei Karthäusern in Favenz entdeckt.

X, 15.

Herzog alt vom Durst gequält, der Sohn
Truchseßdienst am letzten Tag versagen,
Lebend in den Brunnen ihn begraben,
Langer, leichter Tod vom Rat zum Lohn.

X, 16.

Glück in Frankreichs Herrschaft, Glück im Leben,
Ohne Wissen Blut, Wut, Mord'n und Rauben,
Schmeichler ihm nicht lange Weile geben,
Kön'g entrückt, der Küche zu viel Glauben.

X, 17.

Königin Ergaste siehet Tränen
In der Tochter Aug' von stillem Weh,
Klage wird in Angouleme man hören,
Abgesagt dem Vetter wird die Eh'.

X, 18.

Lothringens Geschlecht weicht dem Vendome,
Hoher nieder, Nied'rer in die Höhen;
Der Sohn Hamons wird gewählt im Rom,
Die zwei Großen sich betrogen sehen.

X, 19.
Tag nach dem die Kön'gin man empfangen,
Tag nach dem Empfange, dem Gebet,
Wert's Berechnung der Vernunft Verlangen,
Demutsvoll zuvor, jetzt stolzgebläht.

X, 20.
Alle, die dem Roh'n zur Seite standen,
Wird Beraubung nur und Mord zum Lose,
Festgestellt vergißt das Gut' der Große,
Keinen je so schwer die Röm'r empfanden.

X, 21.
Jüngern stützend, wenn auch König grollend,
Ihm die Ringe bietend, er erschlagen,
Vat'r am Sohn den Adel stechen wollend
G'schieht, was d' Magier nicht in Persien
taten.

X, 22.
Weil zur Eh'scheidung das Ja versagt,
Die hernach als ungerecht erkannt wird,
Kön'g der Inseln mit Gewalt verjagt,
Der nichts Königliches hat, ernannt wird.

X, 23.
Warnung erst dem undankbaren Volke,
Dann rückt die Armee in Antibes ein,
Schloß Monac beweinen sie die Folge,
Und in Frejus spinnen sie den Lein.

X, 24.
Fürst, der in Italien ward besiegt,
Ueber Genua zu Meer geschafft
Bis Marseill', durch Fremdlinge besiegt,
Fern vom Schuß, ein Faß voll Bienensaft.

X, 25.
Ebro bahnt den Weg den Brit'n, ob fern
Macht der Tayo sie zu seinem Herrn,
Große Dam', die im Orchster sitzt,
Nicht vor Schimpf in Perigueux geschützt.

X, 26.

Der Thronfolger wird den Schwager rächen,
Rach' als Vorwand nimmt das Reich er, und
Räumt sein hindernd Blut durch Mord aus Wegen,
England lang mit Frankreich bleibt im Bund.

X, 27.

Durch den Fünft'n, 'nen großen Hercules,
Tritt den Tempel öffnend man heran,
Ausweicht Clemens, Julius Ascan,
Span., Schlüss'l, Adler nie sich noch so bös.

X, 28.

Zweit'r und Dritter, die Prime* singen,
Stehen bei dem König hoch in Ehren,
Fett, dann mager, Venus halber zehrend
Wird der Sichel er ein Opfer bringen.

X, 29.

Pol Mansalias in der Ziegenhöhle
Steckend und am Bart herausgezerrt,
Und getrieben wie 'ne Hundeseele,
Von Bigorden Tarbe zugeschleppt.

X, 30.

Neff' und Blut des Heil'gen unverzagt,
Durch den Namen schon der Burgen Wehr,
Fortgejagt, erwürgt, nackt fortgejagt,
Und in Rot und Schwarz ihr Grün verkehrt.

X, 31.

Heil'genreich wird kommen an Germanien,
Ismael trifft alle Orte offen,
Die Asianer wollen auch Carmanien,
Die im Land sie unterstützen offen.

*) Die erste Stimme, hier üblich.

X, 32.

'S Große Reich, ein Jed'r will es haben,
Keiner mag den Sieg dem Andern gönnen,
Kurz wird er sich an der Herrschaft laben,
Zwei Jahr' wird das Schiff er halten können.

X, 33.

Blutpartei der langen Rob auf Mord,
Spitze Dolche ihr im Busen stecken,
Herzog faßt Florenz und zweisprachigen
Ort,
Unreife und Narren es entdecken.

X, 34.

Gallier, der das Reich durch Krieg ergreift,
Von dem jungen Schwager wird verraten,
Reitend auf dem rohen* Pferd geschleift,
Brud'r auf lang dadurch Haß auf sich laden.

X, 35.

Zweiter Königssohn glüht vor Begierd',
Zu genießen seine Blutsverwandte,
Im Dianentemp'l in Frau'ngewande
Von 'nem Fremd'n aus Maine ermordet wird.

X, 36.

Kön'g nach Krieg von Pflugschar reden
hörend
Die armor'sche Insel ihn veracht't;
Jahre von der Guten Plünd'rung zehrend,
And're Preis' er auf der Insel macht.

X, 37.

Hauptversammlung am Borgeier See,
Sie verein'gen sich bei Montmeillan,
Kaufleut' weiter mit Entwürfen geh'n,
Chambry, Moirans Kampf, Saint Julian.

*) nicht zugeritten

X, 38.

Heiße Lieb' nicht lang belagern läßt,
Fremd' Heer setzt in's Heil'gen Land sich fest,
Adria Galliern die Orsin verpfänden,
Übergeb'n aus Furcht vor'm Heer in Bünden.

X, 39.

Erstgebor'ner Witwe, traur'ge Eh'
Ohne Kind, zwei Inseln zwiegespalten,
Vor den achtzehn unmünd'g Älter, weh
Nied'rer wird's beim Andern sich verhalten.

X, 40.

Jüngerer Sohn, für das brit'sche Reich
Den der Vater sterbend noch empfohlen,
Wenn gestorben, Raum gibt's für Lonole'n,
Und begehrt für seinen Sohn wird's Reich.

X, 41.

Auf der Grenz' von Charlus und Caussaden
Nicht weit von des Tales Hintergrund
Ville Franche, Laute wird zum Feste laden
Zahllos Volk, die Großmütz' selbst im Bund.

X, 42.

Menschlich Reich der Einzelwelt entsprossen
Frieden wahrt in sich und Einigkeit,
Krieg von seinen Marken ausgeschlossen
Und der Frieden herrschet lange Zeit.

X, 43.

Zeit zu gut, zu groß des Königs Güte,
Aufg'stellt, abg'stellt durch Saumseligkeit,
Gattin, selbst so arglos im Gemüte,
Glaubt er treu', 's gut Herz dem Tod ihn weiht.

X, 44.

Wider d' Seinen ist zur Zeit ein König
Aus Blaye, unterjocht Ligurien,
Mammert, Cordua, Dalmatien,
Der Erschlag'nen Schatten quäl'n den König.

X, 45.

Der Verdacht Navarra's ungegründet
Macht des Sprößlings Leb'n illegitim,
Camb'r unsicher Zeugnis angekündet,
Kön'g macht mündig Orleans legitim.

X, 46.

Schnöder Tod folgt bald unwürd'gem Leben
Neuer Kurfürst wird in Sachs'n ernannt,
Braunschweig muß ihm Liebeszeichen
geben,
Liefern den Aufwiegler aus an's Land.

X, 47.

Von Bursao Stadt die Dam' Guirlande
Wird ergreifen man, weil sie verraten,
Großprälat von Leon bei Formande
Durch falsch' Pilg'r und Räuber wird
erschlagen.

X, 48.

Tief aus Spaniens Hintergrunde rücken
Von Europa's Enden wird die Schar,
Kommend in die Näh' von Lancias Brücken
Schlägt 'ne Bande seine große Schar.

X, 49.

Bei der Neustadt in der Erde Garten,
In der Berge Hohlweg sie 'n erwarten,
Ihn ergreifen, in die Kuf' versenken
Und mit gift'gem Schwefelwasser tränken.

X, 50.

An der Maas in Luxemburg entdecken
Wird Saturn man z' dritt' im Ring am Tag,
Berg und Tal in Lothring' Stadt und Flecken
Flut, vom Großen von Lahurn Verrat.

X, 51.

Die in Lothring's Niederungen wohnen,
Werden eins mit Niederdeutschland sein,
Lüttich, Picardie, Normand', Le Maine,
Und vereinen sich mit den Cantonen.

X, 52.

Da wo Laye und Schelde sich berühren,
Wird die lang gesponn'ne Hochzeit sein,
In Antwerp', wohin den Raub sie führen,
Jung des siechen Alters Stärkung sein.

X, 53.

Die drei Nattern sich von fern bekriegen,
Gegenseitig auf der Lauer liegen,
Ihr Patron groß Selin länger nicht,
Feuer diese weiße Pelta bricht.

X, 54.

Von geheimer Lieb' zur Welt gebracht,
Hochgestellt, die Trauerboten kommen,
Unter Feinden, g'fangen sie genommen
Und nach Mecheln und nach Brüssel bracht.

X, 55.

Man vermählt sich. Alles voll Ergötzen,
Aber ach die unglücksel'ge Eh'!
Mutter und Gemahl zurück sie setzen,
Gatte stirbt, der Witwe doppelt weh!

X, 56.

Kön'gs Prälat den Tiefton z' lang gedehnt,
Und ein Blutstrom stürzt aus seinem Mund,
Heiß sich nach dem Himmelreich gesehnt,
Lebend tot in Tuns's lang, g'legt den Grund.

X, 57.

Auf dem Thron wird er sich nicht mehr
kennen,
Kinder der Vornehmsten er bedroht,
Die Geschicht' wird keinen Blut' gern nennen,
Schwarz' schlägt er ob ihren Weibern tot.

X, 58.

Zu der Zeit, wo Selin Krieg der Starke
Mit dem jung'n Aemathion beginnt,
Gallien wankt, gefährdet ist die Barke,
Plan auf Phokä er im Westen spinnt.

X, 59.

Nach Lyon fünf Bürger führen werden
Fünfundzwanzig in einem langen Zug
Aus Bress', Latium, Deutschland unt'rer Erden,
Hundebell'n entdeckt den Betrug.

X, 60.

Nizz', Monac', Pis', Genua zu beklagen
Savon', Siena, Capua, Mod'na, Malt',
Jamm'r und Elend haben sie zu tragen,
Feu'r, Erdbeben, Flut und Schwerts Gewalt.

X, 61.

Pettau, Wien, Aemona, Scarabanz
Woll'n Pannonien liefern den Barbaren,
Höchst gewaltsam und durch Feu'r und Lanz,
Die Verschwor'nen durch ein Weib verraten.

X, 62.

Wegen Angriff Ungarns bei Sopron
Läßt der Herold sich von Buda hören,
Byzantin'r im slawischen Salon,
Zum arab'schen Glauben zu bekehren.

X, 63.

Rhausium reicht Citronen Hiero'n,
Ein Heilmittel, das gesund ihn macht,
Tod zwei'r Helden, Tod für Königs Sohn,
Gleichen Lauf Arabien, Ungarn macht.

X, 64.

Weine Mailand, Lucc', Florentia, weine,
Daß dein Herzog auf den Wagen steigt,
Stuhlwechsel, Venedig wird erscheinen,
Weil in Rom Colonna niedersteigt.

X, 65.

Stolzes Rom, dich wird der Sturz bedrohen,
Deine Mauern nicht, dein Fleisch und Blut,
Greift der Grausamkeit in Briefen lohen,
Allen tief das Schwert im Busen ruht.

X, 66.

Cambrich Londons Fürst zum Sitz ersehen,
Schottlands Insel wird durch Frost verletzt,
Widerchrist in Eborac erstehen,
Welcher alles in Verwirrung setzt.

X, 67.

Erderschütterung, Monat Mai, Saturn,
Steinbock, Jupiter, Mercur im Stier,
Venus, Krebs auch, Nonen März ein Sturm,
Hagelsteine größ'r als Eier schier.

X, 68.

Eine Schiffsarmee die Stadt wird sehen,
Die nicht lange bleiben wird am Ort,
An den Bürgern sie viel Raub begehen
Und mit schwerer Beute ziehen fort.

X, 69.

Alt erhoben wird von Neuem blüh'n,
Hoch der Norden wird im Süden ragen,
Seine eig'ne Schwester gegen ihn,
Flieh'nd im Holz von Ambellon erschlagen.

X, 70.

Durch sein Ziel das Aug' hervorgetrieben
Und so glühend, daß der Schnee zerfließt,
Mager wird das Feld, das es begießt,
Primas wird dem König unterliegen.

X, 71.

Erd' und Luft gefriert, Gewäss'r entsteh'n,
Wenn man kommt den Donnerstag zu ehren;
Der es ist, noch Keiner war so schön,
Allher kommen sie, ihn zu verehren.

X, 72.

Im Jahr neunzehnhundertneunzig neun
Kommt vom Himm'l ein großer
Schreckenskönig;
Auferweckt Angoumois' großer König
Vor, nach Mars das Reich wird glücklich sein.

X, 73.

Mit der Vorzeit wird gerichtet werden
Die Jetztzeit vom großen Jovialisten,
D' Welt zu spät durch ihn gezüchtigt werden,
Deloyal durch Schreibereijuristen.

X, 74.

Wird sich nun die große Sieben zeigen,
Fängt der Hekatomben Festzeit an,
Und das Tausendalter kommt heran,
Wo die Toten aus dem Grabe steigen.

X, 75.

Der Ersehnte kehret nimmer wieder,
In Europ', in Asien erscheint
Eines von groß' Hermes Bundesgliedern,
Orients Kön'ge all' dagegen klein.

X, 76.

Der Großrat erkennt Triumphgepränge
Einem, der besiegt wird dann, verjagt
Seine Freunde mit Trompetenklängen,
Güter eingezogen, Feind verjagt.

X, 77.

Dreißig trifft die Acht vom Bettelorden,
All ihr Gut in Gegners Hand sie seh'n,
Ihr Verdienst gerechnet als Vergeh'n,
Flott' zerstreut, preis den Corsarenhorden.

X, 78.

Schnelle Freud' in schneller Traurigkeit,
Wenn in Rom die Gnaden sie empfangen;
Tränen, Jammer, edles Blut erfreut,
Die furchtbaren Banden sind gefangen.

X, 79.

Alle alten Wege wird man zieren,
Als an letzten Ort nach Memphis gehn,
Groß Mercur von Hercul's Lilien führen,
Land und Meer vor ihm erzittern seh'n.

X, 80.

Groß im Reich des Großen Reich regierend
Läßt die ehr'nen Toren Waffen führend
Oeffnen Kön'g und Herzog im Verein,
Port zerstört, versenkt Schiff, Himmel rein.

X, 81.

Bürger von Hesperien ihn zu schirmen
Bergen tief im Tempel ihren Schatz;
In den Tempel gier'ge Löwen stürmen,
Holen ihn und plündern aus den Platz.

X, 82.

Komm'n mit Messern; Tränen und Geschrei,
Heuchelnd Flucht 'nen letzten Sturm sie wagen,
Rings umher die Batterie'n herbei,
Wild zurückgetrieben und erschlagen.

X, 83.

Kein Signal zu einer Schlacht gegeben,
Aus dem Parke* müssen sie heraus,
Gent sieht rings man seine Fahn' erheben,
All' die Seinen fallen in dem Strauß.

X, 84.

Die Natürliche hoch, Hoch nicht nieder,
Späte Rückkehr macht zufried'ne Gatten,
Der Prozeß nicht abgeht ohn' Debatten,
Alle seine Zeit verlierend d'rüber.

X, 85.

Alt Tribun gedrängt mit Themis Waage,
Der Gefang'ne nicht herausgegeben,
Alt, nicht alt, das Unglück scheu in Sprache,
Als gerecht den Freunden übergeben.

*) Verschanzung

X, 86.

Wie ein Greif wird komm'n Europa's König,
Die von Norden dann begleiten ihn,
Rot' und Weiß führt er mit sich nicht wenig,
Gegen Babels König woll'n sie zieh'n.

X, 87.

Einen Hafen wird bei Nizza nehmen
Großer Kön'g zu einem Totenhaus,
Bei Antibes sein Kriegsvolk Posto nehmen,
Seine Schiffe alles plündern aus.

X, 88.

Fußvolk zieht und Roß mit Brenn'n und Sengen
Um die zweite Wach' der Nacht herein,
In den Hafen von Marseille sie dringen,
Nie so bitt're Zeit voll Blut und Schrei'n.

X, 89.

Aus Backstein zu Marmor das Gemäuer,
Sieb'nundfünfzig Jahre Fried' und Freud'
Allen Menschen, Aquädukt erneuert,
Wohlsein, gold'ne Früchte, Honigzeit.

X, 90.

Hundertmal wird sterben der Tyrann,
Sanfter Weiser tritt an seine Stelle,
Der Senat ganz unter seiner Hand,
Ihn erzürnt ein boshafter Geselle.

X, 91.

Wenn man sechzehnhundert neun wird zählen,
Anfang Jahrs wird Romas Geistlichkeit
Grau'n und schwarzen Jesuiten wählen,
Einen Bösern sah noch keine Zeit.

X, 92.

Kind erwürgt vor seines Vaters Blick,
Dann dem Vater gilt der Binsenstrick,
Alle Kraft die Genfer aufgeboten,
Sieh', es liegt ihr Haupt als Rumpf am Boden.

X, 93.

Die neu' Barke wird Besuch erhalten,
Dorthin 's Reich verlegt und in die Näh;
Beaucaire, Arles, die Geisel wird behalten,
Man zwei Porphyrsäul'n find't in der Näh'.

X, 94.

Dem hesperischen Edict nur Hohn
Statt Gehorsam Nismes und Arles und Vienne,
Für den Großen sie verdammt zur Fron',
In seraph'schem Kleide sechs entflieh'n.

X, 95.

Mächt'ger König wird in Spanien kommen,
Unter's Joch den ganzen Süden zwingen,
Schlecht wird auch dem Halbmond es bekommen,
Und dem Freitagsvolk die Flügel hängen.

X, 96.

Glaube, dem die Meere Namen geben,
Schlägt die Sekte von Abdalla's Sohn,
Starre, tiefbeklagte Sekt' wird beben,
Spricht ihm Aleph auch und Eliph Hohn.

X, 97.

Schiff' mit G'fang'nen jedes Alters g'füllt,
Gut die böse Zeit, aus Rauh wird Mild,
Die Barbar'n zu schnell zur Beute sind,
Seh'n die Feder klagen gern in Wind.

X, 98.

Nicht mehr rein im Glanz wird Jungfrau strahlen;
Sie entbehrt schon läng're Zeit das Salz,
Geilen Krämerwölfen es zu zahlen,
Schlechtes Pack und unt'r einander all's.

X, 99.

Wolf zuletzt, Leu, Esel, Stier, Gazelle
Wird zusammenfinden sich mit Hunden,

Nicht das süße Manna mehr zur Stelle,
Wachsamer die Bullenbeißerhunde.

X, 100.

England wird die große Herrschaft führen,
Mehr denn drei Jahrhundert Allgewalt,
Meer und Land durch Heeresmacht regieren,
Was den Lusitanern nicht gefallt.

Nach dem Druck von 1568 hinzugesetzt

X, 101.

Tragen den Gegabelten zwei Stützen
Mit sechs Halbhorn und sechs off'nen
 Scheren,
Läßt der Großherr aller Krötenpfützen
Von dem ganzen Weltall sich verehren.

Anhang

aus dem Nachlaß des Propheten.

I.

Weissagungen für das siebzehnte Jahrhundert.

„Gesammelt aus dem Nachlaß des seligen Meisters Michael Nostradamus, Leibarztes des Königs Karl IX., und eines der ausgezeichnetsten Astronomen, die jemals gelebt haben,

Überreicht dem unüberwindlichen und allergnädigsten großen Heinrich IV., König von Frankreich und Navarra, Durch Vincenz Seve von Beaucaire in Languedoc am 19. März 1605, im Schlosse Chantilly, der Wohnung Seiner Gnaden des Connetable.“

Zuneigung.

„Sire,

Da ich vor einigen Jahren gewisse Prophezeiungen oder Prognostikationen des seligen Michael Nostradamus, von einem gewissen Heinrich Nostradamus, Neffen des befragten Michael, erhalten habe, die mir derselbe vor seinem Tode gegeben, und die ich bis auf den gegenwärtigen Augenblick geheim gehalten, weil ich sah, daß sie von den Angelegenheiten Eures Staates und insbesondere Eurer Person und Eurer Nachfolger handeln, und daß mehrere dieser Strophen sich Punkt für Punkt bewahrheiteten, wie Eure Majestät sehen können, wenn Sie nur ein wenig die Augen öffnen, wobei sie bewunderungswürdige Dinge finden werden, nahm ich Unwürdiger mir die Kühnheit, sie Euch in diesem Schriftchen zusammengestellt zu überreichen, – einem Schriftchen, das nicht weniger Wert hat, und nicht weniger Bewunderung verdient, als die Beiden anderen Schriften desselben Verfassers, von denen die letzte mit dem Jahre tausendfünfhundertundsiebenundneunzig schließt, von den Ereignissen dieses Jahrhunderts nicht in der dunkeln Weise handeln, in der die ersten gehalten sind, und in Rätseln, sondern die Dinge so spezifiziert und klar, daß man mit Sicherheit über eine Sache urteilen kann, wenn sie sich ereignet hat; indem ich wünschte, daß Eure Majestät früher als jeder andere Kenntnis davon erhielten, wie ich mich denn auf diesem Wege meiner Pflicht entledigte, als einer Eurer gehorsamsten und treusten Untertanen, welchen Ihr anzunehmen die Gnade haben möget, Sire, in Anbetracht, daß dies das größte Glück für mich wäre, welches mir je begegnen könnte, indem ich mir der Hülfe des Allmächtigen Eurer menschenfreundlichen Huld mich zu erfreuen hoffe, wie Eure Güte gewohnt sind, auf diese Weise nicht nur den Leib eines Eurer getreuen Untertanen, der bereits Eurem Dienste gehört, sondern auch die Seele des Leben verpflichtend, welche nimmer aufhören wird, für die Gesundheit und Wohlfahrt Eurer würdigen Majestät und deren Angehöriger zu beten als derjenige, welcher ist und ewig sein wird,

Sire,

Euer allerunterwürfigster, allergehorsamster Diener und Untertan, von Eurer Stadt Beaucaire in Languedoc.

Seve."

Elfte Zenturie

XI, 1.

Neu Jahrhundert neues Bündnis hegt,
Eine Markgrafschaft in 'n Kahn gelegt,
Die der Stärkere von zwei'n ergreift,
Herzog, Kön'g; im Hafen von Marsalien,
Fahrzeug aus Florenz, Jungfrau in Gallien,
Katharinens erste Fest' geshleift.

XI, 2.

Ach, was Gold und Silber muß man wägen,
Bis die Stadt dem Grafen unterlegen!
Tausende und Tausende sogar
Sind erschlag'n, ertränkt, und nichts
geschehen,
Auf dem festen Boden die Pygmäen
Treten unterstützt vom Kasuar.

XI, 3.

Rings von der Belag'rung eingeschlossen,
Durch Kanonen in den Grund geschossen,
Unterwühlt die Stadt fünf Jahre hält;
Wenn sie endlich alles überstanden,
Und der Feind genommen sie zu Handen,
Rückt noch 's Wasser gegen sie zu Feld.

XI, 4.

Einer Lil' entsprießt ein großer Prinz,
Früh und spät gekomm'n seiner Provinz;
Der Saturn im Höhpunkt in der Waagen;
Venus' Haus fängt abzunehmen an,
Dame, nachher unt'rer Rinde Mann,
Stützend der Bourbonen Glück zu tragen.

XI, 5.

Der durch ein blutdürstig grausam Walten
In der Herrschaft weiß sich zu erhalten,

Sieht am Ende große Heereskraft;
Durch Gebrauch des Feuers sehr gefährlich,
Durch Vergleich verfehlt den Zweck
erschwerlich,
Sonst wird trinken er Orangensaft. –

XI, 6.

Der Verrat, auf welchen Robin denkt,
Welcher Ed'l und großen Fürsten kränkt,
Durch das End' entdeckt raubt ihm den
Kopf;
Fed'r im Wind mit Spanien befreundt,
Post erwischt, wie sie im Feld erscheint,
Schreib'r in's Wasser stürzt, der arme Tropf.

XI, 7.

Der Blutegel wird dem Wolf sich einen,
Wann im Meere Mißwachs sie beweinen,
Doch der groß Fürst fern von Schadenfreud',
Wird von seinem eig'nen Korn ihm schicken,
Wird die Ausgehungerten erquicken,
Sie ernähren in des Mangels Zeit.

XI, 8.

Kurz bevor geöffnet der Verkehr,
Kommt aus Persien ein Gesandter her;
Bringt 'ne Botschaft für die Frankenwelt;
Aber abgewiesen, Hoffnung leer,
Er beleidigt Gott, den Herrn, zu schwer,
Weil er abzufall'n von ihm sich stellt.

XI, 9.

In d'r Auvergne zwei Fahn'n, die link'
genommen;
Kerker ein'ge Zeit die Macht bekommen;
Eine Dam' dem Kasuare will
Kind'r ausliefern, doch es wird bekannt,
Und der Tod schleicht murmelnd durch das
Land,
Vetter, Brud'r und Schwest'r in die Bastill'.

XI, 10.

In Bewegung setzt sein Ruderschiff
Einer Dam' Gesandter, im Begriff,
Ungesäumt den großen Arzt zu bitten,
Sie von ihren Schmerzen zu befrei'n,
Doch die Kön'gin willigt nicht darein,
Große Schmerzen, bis sie ausgelitten.

XI, 11.

Dies Jahrhundert wird man von zwei Flüssen
Weithin ein Gebiet mit Wassergüssen
Überschwemmt sehn, die zu Grund es
richten,
Coups und Moufrin, Beccoyran und Alez
Oft sechshundert vier des gleichen Falles
Durch den Gard, dreiß'g Mönch am Seile
flüchten.

XI, 12.

Jahr sechshundertfünf groß' Neuigkeit,
Zwei Gewaltige durch ihren Streit
Das Gebiet Gevaudan schwer erschüttern,
Nach der Messe wird durch schnöden Mord
Frech geschänd't der gottgeweihte Ort,
Priester fleht und rettet sich mit Zittern.

XI, 13.

Jahr sechshundertsechse oder -neun
Wird der Glücksritter erwischt beim Ei,
Das mit Gall' getränkt, beraubt der Macht
D'rauf vom mächt'gen Kaisergeneral,
Dem gehorcht die ganze Welt zumal,
Wo es Keiner je so weit gebracht.

XI, 14.

Wieder große Frev'l am großen Stuhle,
Bitt'rer ihm als jemals eine Schule,
Jahr sechshundertfünf im Frühlingsglanz,
Schlag um Schlag, und bis zur Winterkälte
Liegen die Soldaten in dem Felde,
D'rauf beginnt auf's Neu' der Waffentanz.

XI, 15.

Neu erwähltes Haupt der großen Barken
Wird die Fackel, welche dieser Marken
Leuchte bildet, lange strahlen seh'n,
Und sein Nam' und Wapp'n in diesen Stunden
Der Bourbonen großem Haus verbunden
Wird in Ost und West in Ehren steh'n.

XI, 16.

Jahr sechshundertfünf Oktoberfeier,
Dem Ernährer vom Seeungeheuer
Gießt der Souverain das Chrisma auf;
Junimond sechshundertfünf viel Freude
Für die Hohen und für alle Leute,
Große Taten nach der großen Tauf'.*

XI, 17.

Um dieselb' Zeit in der Freuden Schoße
Krank, sieht nicht des Jahres Schluß der
Große,
And're, die beim Fest, im gleichen Fall:
Fest für Einen bloß an diesem Tage,
Bald darnach enteilen sich zu schlagen
Ihrer zwei ohn' langen Aufenthalt.

XI, 18.

Horch, in Klag'n erneuert Philomele,
Die umdüsterte, den Schmerz der Seele,
Sich verkürzend ihrer Tage Reih',
Jahr sechshundertfünf wird sie enthoben
Ihrer Qual, schon ist das Tuch gewoben,
Durch ihr Trauerlied macht sie sich frei.

XI, 19.

Jahr sechshundertfünf und -sechs und -sieben,
Bis sechshundertsiebzehn so getrieben,
Zeigt des Zündstocks Zorn sich, Haß und
Neid,

*) Übertritt zur katholischen Religion.

Unt'rem Ölbaum lange Zeit verborgen –
Krokodil hat es am Land verborgen, –
Wird, was tot war, leb'n in jener Zeit.

XI, 20.

Der im Käfige schon mehrmal wohnte,
In der Folge in den Wäldern thronte,
Kehrt zu seiner ersten Stätte z'rück,
Bald darauf mit heiler Haut entkommen,
Ist er noch nicht zu sich selbst gekommen,
Und baut nun zum Tode sich die Brück'.

XI, 21.

Urheber des Bös'n beginnt zu thronen
Jahr sechshundertsieben, ohne Schonen
Saugt der Blutegel am Untertan;
Nach und nach wird er von dannen kommen,
Und zurück sich ziehend, woher er 'kommen,
Zünd't im Frankland neu sein Feu'r er an.

XI, 22.

Wimper sagt er aus, entdeckt die Sachen
Als am Toten, Tod hat leicht zu machen,
Dolchstiche von einem dung'nen Mörder;
Schlimmer wird sein End', als er's gedacht,
Überall die Leute, Tag und Nacht
Streng gehütet, an das Land befördert.

XI, 23.

Frankenlands Hauptschiff und sein
Lebensgeist,
Vorderteil und Steu'r im Meere kreist.
Zwischen Klipp'n im wilden Wogendrang,
Jahr sechshundertsieb'n und zehn auf's Herz
Stürmt des Körpers Rückfluß los mit Schmerz,
Und dies Übel hemmt des Lebens Gang.

XI, 24.

Der Mercurial wird nicht lang leben,
Sich sechshundertachtundzwanz'g erheben
Krankheit drohn'd, d'rauf droh'n ihm Feu'r
und Flut;

Dann ist auch sein Hauptfreund ihm entgegen,
Der Gefahr ist er noch überlegen,
Aber bald stirbt er durch Schwertes Wut.

XI, 25.

Jahr sechshundertsechs, sechshundertneun
Wird ein Kanzler, fett als wie ein Schwein,
Alt als wie der Phönix selbst der Welt,
Nicht mehr leucht'n im Lande weit und breit,
In dem Nachen der Vergessenheit
Überfahren in Elysiums Feld.

XI, 26.

Zwei sind's Brüder von dem Kler'kerstand,
Ein'r entbrannt von Haß auf's Frankenland,
Noch einmal, wenn ihm sechshundertsechs
Nicht 'ne schwere Krankheit wird entsteh'n,
Schwingt das Schwert bis Jahr sechshundert-
zehn,
Höher an sein Leben nicht mehr wächst.

XI, 27.

Himmlisch Feuer zieht vom Niedergang
Sich den Mittag nach dem Ost'n entlang,
Das Gewürm statt Wurzeln find't den Tod,
Drittes Zeitalter sieht Ares stürmen
Und Karfunkeln Feuersäulen türmen,
Erst Karfunkelzeit, z'letzt Hungersnot.

XI, 28.

Neune oder vierzehn wird der alte
Charon Ostern in den Fasten halten,
Jahr sechshundertsechs gibt's schwarz auf
weiß,
Arzt erstaunt, wie sich das All's ereignet,
In Person zu gleicher Zeit bezeichnet,
Macht der Ein' von ihnen g'wiß die Reif'.

XI, 29.

Rüsten mag der Greif, um sich zu wehren,
Mag gewaltig seine Streitmacht mehren,
Mit Erfolg dem Feind zu widersteh'n;

Sonsten kommt der Elefant mit Macht
Plötzlich über ihn sechshundertacht,
Und das Meer wird ganz in Flammen steh'n.

XI, 30.

Bald der Arzt wird durch der Krankheit Hand,
Und der Bluteg'l ihm an Rang und Stand
Ungleich, Feuer an den Oelzweig legen;
Boten werden hin und wieder eilen,
Und ihr Reich durchwandern Feuersäulen,
Die auf's Neu sich, weg der Speichel, regen.

XI, 31.

Er, der die Gefahren überwunden,
Der nie Furcht vor Schwert, Feu'r, Wass'r
  empfunden,
Nah aus dem baskacischen Gebiet
Schwertstoß zum Erstaunen aller Welt
Wundersam vom Krokodil erhält,
Außer sich das Volk, das solches sieht.

XI, 32.

Wein zu Foix, gar köstlich für Gendarmes,
Tränen, Seufzer, Klagen, Schrei'n, Alarm,
Seine Donner läßt der Himmel regnen,
Feu'r, Wass'r und Blut, ein wild Getümmel,
Drob erbebt und schaudert Solis Himmel,
Nie sah man, was hier man sieht, begegnen.

XI, 33.

Bald darnach wird großes Elend werden,
Weil es an Getreide fehlt auf Erden,
Dauphiné, Provence, Vivargebiet,
Im Vivargebiet, wer mag's ertragen?
Vat'r am Sohn wird zum Antropophagen,*
Wurzeln man und Eicheln essen sieht.

*) Menschenfresser

XI, 34.

Fürst'n und Herrn werd'n alle sich bekriegen,
Bruder gegen Brud'r im Felde liegen,
Schluß der Stamm der glücklichen
  Bourbonen,
Jerusalems Prinzen, die so lieben,
Werden rächend grause Tat verüben
An der bodenlosen Tasch' ohn' Schonen.

XI, 35.

Dam' ob Tod vor Gram sich kaum zu fassen,
Muttr' am Blut, von welchem sie verlassen,
Dam' und Herrn zu Waisenkindern worden,
Von den Nattern und den Krokodilen
Festen, Burgen, Schlöss'r und Städt' sich
  füllen,
Schütze Gott sie vor den wilden Horden.

XI, 36.

Groß Geschrei durch Frankenland wird
  dröhnen,
Die Unmächt'gen nach der Macht sich sehnen,
Honig auf der Zung' Chamäleone
Von Zündstöcken und Laternenfegern,
Kräh'n und Elstern, Neuigkeitenträgern,
Deren Biß mahnt an die Skorpione.

XI, 37.

Schwach und Stark in schwerem Streite
  liegen,
Viele sterben, ehe sie sich fügen,
Schwach läßt sich von Stark der Sieger
  nennen,
Stärker weicht dem Jüngling, und von beiden
Wird der Aeltere von hinnen scheiden,
Sein das Reich der Ein' von ihnen nennen.

XI, 38.

Wasser, Schwert und schwere Krankheit droht
Dem Ernährer mit dem nahen Tod,
Er erfährt vom Zentner Holz den Preis,

Und wer fünfzehn oder neunzehn lebt,
Sieht, wie man den großen Namen gräbt
Eines fünften Fürsten unter's Kreuz.

XI, 39.

Ungeheu'rs Ernährer ohne Gleichen
Wird sich also wie die Sonne zeigen,
Steigend die Mittagslinie hinan,
Und den Elefant'n und Wolf verfolgend,
Führt nie ein Kaiser einen solchen
Streich, nichts Schlimm'res diesem Fürst kann nah'n.

XI, 40.

Was der Vater nicht mehr sah im Leben,
Krieg wird oder Feu'r ihm übergeben
Den Blutegel, der voll Ingrimm ist,
Seines Vatersguts wird er sich freuen,
Gott wird seinem Lieblinge verleihen
Seine Erbprovinz in kurzer Frist.

XI, 41.

Schiff' mit ihrer Flagge und Galeeren
Sich bekämpfen in Gibraltars Meeren,
Schweres dann geschieht in Pampelon,
Tausend Übel hat es zu ertragen,
Wiederholte Stürme abzuschlagen,
Endlich wird's vereinigt mit der Kron'.

XI, 42.

Große Stadt, worin der erste Mann,
Weltläufer deut' ich die Stadt euch an,
All's im Aufruhr, der Soldat im Feld,
Fürchterlich durch Schwert und Wasser leid't,
Bis zuletzt von Franken sie befreit,
Was in's Jahr sechshundertzehn schon fällt.

XI, 43.

Ostprovinzen sieht durch Burg'n entrechtet
Sich ein kleiner Winkel und geknechtet,
Wied'r umflutet drauf von Meereswogen,

Hart belagert dann nach kurzer Zeit,
Doch von einem Mächtigen befreit,
Welcher erst in Beaucaire eingezogen.

XI, 44.

Schöne Ros' im Frankenland bewundert
Und begehrt ein mächt'ger Fürst, sechshundert-
Zehn wird seine heiße Lieb' erregen;
Fünf Jahr' drauf von Amor's Glutgeschossen
Selbst verwundet schenkt sie sich 'nem
Großen,
Nimmt mit fünfzehn dann des Himmels
Segen.

XI, 45.

Ob dem Schwertstoß staunet alle Welt,
Welchen wundersam vom Krokodil erhält
Ein Gewalt'ger, dem Egel verwandt,
Bald drauf geht mit einem andern Stoß
Auf den Wolf ein Meuchelmörder los,
Solcher Taten Frucht wird bald erkannt.

XI, 46.

Alles der Ernährer schlägt auf's Haupt,
Blutegel und Wolf, mein'm Worte glaubt,
Wenn Mars in des Widder's Zeichen steht,
Bunden mit Saturn, Saturn mit Luna,
Wird am meisten grollen euch Fortuna,
Sol ist auf den Höhpunkt dann erhöht.

XI, 47.

Ungarns Großer steigen wird in'n Kahn,
Krieg fängt neu der Neugebor'ne an
Mit dem Nachbar, schließt mit Trupp'n ihn
ein,
Und der Schwärzling, mit der Hoheit
bunden,
Duldet nicht, daß er zu sehr geschunden,
Drei Jahr' hält sein Kriegsvolk er in Reih'n.

XI, 48.

Von den Söhnen wird des alte Königs
Charon erst'r und letzter sein der Phönix,
Leucht'n in Frankreich wird er, Jedermanns
Liebling, herrschen lang mit allen Ehren
Seiner Vorfahr'n, und wird noch verklären
Bei der Nachwelt seines Namens Glanz.

XI, 49.

Sol und Venus, Jup'ter und Merkur
Mehren das Gebilde der Natur,
Frankreich eine große Allianz,
Und des Mittags Egel, wenn dem Feuer
Durch dies letzte Mittel ist gesteuert,
Den Ölbaum auf festem Boden pflanzt.

XI, 50.

Um dieselbe Zeit, gedrückt zu Boden
England durch des Wolfes Gang zu 'n Toten,
Mit dem Wasser sieht das Feuer ringen,
Das es neu nun mit 'ner Mass' entzündet
Menschenbluts von Menschenhaut umrindet,
Zu der Schwerter wildem Tanz, der Klingen.

XI, 51.

Jene Stadt, die einst in ihren Tagen
Siegreich mit dem Grimm der Zeit geschlagen,
Die ihr Leben ihrem Sieger dankt,
Ihm, der sie zuerst hat weggenommen,
Dem sie der Franzos' dann abgenommen,
Sieht durch neue Kämpfe sich erkrankt.

XI, 52.

Die Hauptstadt, die Brot nur halb genung,
Wird die Tiefe der Erinnerung
Mit Bartholomäus wieder füllen,
Kismes, Rochelle, Genf und Montpellier mit
Castres, Lyon, wenn Mars in'n Widder tritt,
Schlagen sich um einer Dame willen.

XI, 53.

Viel wird Tod, eh' Phönix stirbt, ereilen,
Bis sechshundertsiebzig ist sein Weilen;
Nach fünfzehn Jahr'n, zwanz'g und eins, dreiß'gneun,
Eine Krankheit, sieh', dem Ersten droht,
Und das Schwert dem Zweiten mit dem Tod,
Ihm das Feu'r, das Wasser droht dreiß'gneun.

XI, 54.

Jahr sechshundertfünfzehn zwanzig große
Dame stirbt, und aus der Wolken Schoße
Strömt's in mehrern Land'n in langen Güssen,
Flandern, Engelland mit Feu'r und Schwert
Von Nachbarn belagert und verheert,
Daß sie überzieh'n mit Krieg sie müssen.

XI, 55.

Selb' Zeit, ein sehr hochgestelltes Weib,
D' Seel' dem Himmel und dem Schwert den Leib,
Heiße Tränen trüben manchen Blick,
Und ihr ganzes Haus in tiefem Grame,
Klag'n und Seufzer einer jungen Dame,
Und mit zwei Großen läßt 's Duell sie z'rück.

XI, 56.

Allseits wird der Elefant bald finden,
Wenn Ernährer sich und Greif verbünden,
Seinen Tod nah; Mars der immer grollt,
Große Taten dort bei'm heil'gen Land,
Große Fahnen zu Land und Meer entrollt,
Während von zwei Brüdern 's Schiff umspannt.

XI, 57.

Kurze Zeit darnach der Bund gegründet;
Eh' die heil'ge Feier statt noch findet,
Wird der Kaiser wieder all's verderben,
Siehe, und es wird die Neuvermählte,
Die für Frankland das Geschick erwählte,
Binnen kurzer Zeit auf dieses sterben.

XI, 58.

Bald auch läßt der Blutegel das Leben,
Gutes Zeichen wird sein Tod uns geben
Für des Frankenlandes Wohlgedeih'n,
Neu dann werden Bündnisse sich finden,
Zwei gewalt'ge Reiche sich verbünden,
Und ihr Oberhaupt wird Frankreich sein.

Andere Weissagungen, die zur elften Zenturie gerechnet werden.

91.

Müller, Manthy und der Dritte bringt
Pest und neuen Angriff, in der Klammer
Aix, im Innern Wut die Ort' verschlingt,
Dann komm'n Phok'r und doppeln ihren
Jammer.

92.

Mascon durch Villefranche in Not nicht
wenig,
Reiserholz im Schoß Soldaten birgt;
Ander Wett'r im Frühling für den König,
Durch Chalons, Moulins all' hingewürgt.

Weissagungen aus einer zwölften Zenturie.

4.

Feuer, Flamme, Hunger, Raub, Rauch, Wut
Wird den Glaub'n ersticken, nicht nur
schwächen;
Sohn Dentat's ganz Provence überflut't,
Reichsvertrieb'n aus Ingrimm Bluterbrechen.

24.

Eine Hauptverstärkung von Guienne
In der Näh' von Poitiers halten läßt;

Lyon fällt durch Mont Luel und Vienne,
Dem Gewerbstand alles abgepreßt.

36.

Wilder Sturm in Zypern sich bereitet,
Tränen fließen deiner nah'n Zerstörung.
Flotte von Byzanz, der Maure leidet
Zweimal schwer, durch 'n Felsen
Hauptverheerung.

52.

Zwei Körp'r, ein Haupt, Lag'r in zwei geteilt,
Vier dann Unerhörten gegenüber,
Kleine Groß'n, in Pertuis wehereilt,
Turm von Aigues der Blitz, für Euse noch
trüber.

55.

Schwarze Plän', Aufruhr mit List vereint,
Böse Anschläg', das Gesetz verraten,
Volk im Aufstand, Lärm und böse Taten,
Dorf wie Stadt, dem Frieden alles feind.

56.

Kön'g und Kön'g, Herzog und Prinz,
Haßentbrannt bekämpfen alle sich,
Wut- und racherfüllt die ganz' Provinz,
Frankreich Krieg und Umschwung
fürchterlich.

59.

Gegen Ruh' und Frieden all' verschworen,
Freundschaft ist durch wilden Haß befleckt,
Stadt voll Grimm, und alle Treu' verloren,
Marseille's Hoffnung in den Staub gestreckt.

62.

Krieg und Kampf in Blois, Tumult, Agenten
Mancherlei, Geständnis unerwartet,
Stürmend zieh'n in's Schloß sie wutentartet,
Nach Schloß Ha wird man die Schuld'gen
senden.

65.

Stand zu halten, durch die Wut gewitzigt,
Alles bebt, ein Fall in Langon furchtbar,
Fußvolks Angriff, tausend Mann, ergibt sich,
Girond. Garond. waren nie so furchtbar.

69.

Löwe naht, es macht sich fort See Leman,
Schwere Rüstungen, Rückkehr, Verwirrung,
Neffen fern des sel'gen Groß-Supelman,
Ihr's Gefolges all …

71.

Ström' dem Übel werden zu Obstakeln,*
Während noch die alte Zornflamm' leckt,
Dies in Frank'n in Umlauf gleich Orakeln,
Schloß, Palast, wie Haus, geschor'ne Sekt'.

*) Hindernisse.

Deutungen und Erläuterungen

Die Vorrede an den Sohn Césare

Sein Sohn Césare (1553–1631) war Maler, Schriftsteller und Historiker, der von Ludwig XIII. geadelt und zum königlichen Kammerherrn ernannt wurde. Nostradamus betont in dieser Vorrede, daß seine Weissagungen letztlich auf einer göttlichen Inspiration beruhen. Seine göttlichen Eingebungen wurden aber durch die „judizielle Astrologie" kontrolliert. Sie basiert auf der Kenntnis der Wirkungskräfte der Planeten. Wenn man den Lauf und den Stand der Gestirne kennt, kann man gleichsam verstandesgemäß die Weissagungen nachprüfen.

Seine Weissagungen umfassen einen Zeitraum von 2242 Jahren, also von 1555 bis zum Jahre 3797.

I. Zenturie

I, 1. und I, 2.

In diesen beiden Vierzeilern beschreibt Nostradamus die Technik seiner Weissagungen. Der „eherne Stuhl" weist auf das Delphische Orakel hin, wo die Seherin Pythia über einem Dreifuß saß und die aus einer Grotte aufsteigenden Dämpfe einatmete. Sie versank in Krämpfen und stammelte unzusammenhängende Worte hervor, die von den Priestern gedeutet wurden. Nach der damaligen Anschauung bildete die Grotte den Mittelpunkt der Welt.

I, 3.

Bezieht sich auf die Französische Revolution von 1789. Das „neue Volk“ ist das Bürgertum, das den Adel von der Macht verdrängte. Die „Weißen“ sind die Königlichen, „die Roten“ die Republikaner.

I, 4.

Die „Fischerbarke“ ist die katholische Kirche. Die Weissagung hat sich am 6. Juli 1809 mit der Gefangennahme des Papstes Pius VII. erfüllt. U.a. wegen dieses Vierzeilers wurden die Prophezeiungen auf den Index der verbotenen Bücher gesetzt.

I, 5.

Noch zu Lebzeiten Nostradamus bekämpften sich die Katholiken und Hugenotten. Die Auseinandersetzungen dauerten bis 1598.

I, 6.

Das „Auge von Ravenna“ ist der italienische König, Anspielung auf die Machtübernahme von Mussolini, der den italienischen König de facto entmachtete. Das Ende des Vierzeilers weist auf die Nichtbeachtung des Versailler Vertrages durch das Deutsche Reich hin, den es am Ende des 1. Weltkrieges unterzeichnen mußte.

I, 7.

Noch nicht sicher gedeutet. Vielleicht ein Hinweis auf die Dreyfußaffäre. (1894–1906) Der französische Hauptmann Dreyfuß wurde fälschlich der Spionage für Deutschland beschuldigt. Diese Affäre spaltete Frankreich in zwei Lager.

I, 8.

Vielleicht dachte Nostradamus an die Eroberung von Paris durch Hitler im Jahre 1940 (Sonnenstadt = Paris).

I, 9.

Die Türken sind die Punier, die sich mit nordafrikanischen Seeräubern verbanden (1565) und Malta angriffen. Man kann auch diesen Vierzeiler mit dem 2. Weltkrieg in Verbindung bringen, als die Sowjetunion den deutschen Angriff zurückschlug und die Alliierten von Nordafrika aus Italien angriffen.

I, 10.

Beschreibung der Bestattung des letzten französischen Königs, Heinrich II. Bei seiner Beisetzung werden die Ahnen aus ihren Särgen kommen und Klagerufe über das Erlöschen des Geschlechtes ausstoßen.

I, 12.

Beschreibt das Ende des italienischen Faschismus. Verona war auch zeitweise Sitz der Gegenregierung Mussolinis.

I, 14.

Gemeint ist die russische Oktoberrevolution (1917). Sklaven = Slawen.

I, 15.

Bezieht sich auf den 1. Weltkrieg, in dem 70 Schlachten zwischen Deutschen und Franzosen stattfanden.

I, 18.

Phokä's Port = Marseille; ein arabischer Angriff auf Frankreich oder Hinweis auf Unruhen unter den Nordafrikanern, die in Marseille einen sehr hohen Bevölkerungsanteil stellen. Der Vierzeiler wurde oft auf den libyschen Revolutionsführer Gaddafi bezogen.

I, 19.

Papst Paul IV. sprach 1556 Philipp II. von Spanien den Thron von Neapel ab. Daraufhin fiel der spanische Feldherr Alba in den Kirchenstaat ein; Rom konnte nicht erobert werden.

I, 22.

Vielleicht ein Hinweis auf die bevorstehende Klimakatastrophe, die besonders in den ersten Jahrzehnten des 3. Jahrtausend Mitteleuropa treffen wird.

I, 23.

Gemeint ist die Schlacht von Waterloo (1815), wo Napoleon (= Adler) von den Hauptarmeen unter Führung der deutschen Feldherren Blücher und Gneisenau und dem Engländer Wellington (= Leopard) geschlagen wurde.

I, 25.

Das Papsttum wird nach einer harten Auseinandersetzung mit dem Atheismus eine große Macht erlangen. Wird auf die unmittelbare Gegenwart bezogen, wo der Marxismus-Leninismus in ganz Osteuropa überwunden wurde.

I, 27.

Sicherlich der Schatz des Tempelherrenordens, der sich in einer Gruft unter einem Berg befinden soll.

I, 29

Beschreibt die amphibische Landeoperation der Alliierten 1944 in der Normandie.

I, 31.

Kann sich auf den Wechsel der Herrscherhäuser in Frankreich beziehen oder auf den 2. Weltkrieg. Castulos = kastilisch; gemeint ist der Untergang des spanischen Königtums (1931). „Mars in Gallien“ weist auf den Westfeldzug Hitlers im Jahre 1940 hin. Adler = Deutschland, Hahn = Frankreich, Löwe = England, Mond = Islam und Sonne = Japan.

I, 32.

Nach dem Zusammenbruch des deutschen Reiches wird Bonn Regierungssitz.

I, 34.

Wird auf die Konferenz von München 1938 gedeutet, wo sich Hitler, Mussolini, Chamberlain und Daladier scheinbar einigten. Doch Hitler hatte schon längst weitere Annexionen vorbereitet. 1940 begann der Krieg mit Frankreich.

I, 35.

Ausführlich in der Einführung besprochen.

I, 36.

Nach dem unglücklichen Tod Heinrich II. folgten seine drei Söhne auf den Thron Frankreichs. Alle drei fanden ein unrühmliches Ende, und mit ihnen starb das Herrscherhaus der Valois aus.

I, 37.

Hinweis auf den Ausbruch des 2. Weltkrieges. Er begann am 1.9.1939. Am 12.10. war eine Sonnenfinsternis. Mit dem „Meereshafen" könnte Pearl Harbor gemeint sein, das 1941 von den Japanern angegriffen wurde.

I, 38.

Graf Montgomery (siehe Einführung) floh nach dem unglücklichen Turnier, da man ihn als Königsmörder verfolgte. 15 Jahre später wurde er in den Religionskriegen gefangengenommen. Obwohl man ihm körperliche Unversehrtheit zugesichert hatte, wurde er auf Befehl der Regentin und Königinmutter Katharina von Medici gefoltert und hingerichtet.

I, 39.

Behandelt den Tod des letzten Bourbonen, des Prinzen Louis, Henry-Joseph de Conde, der sich erhängte. Sein Testament hatte er zugunsten seiner Geliebten, der Engländerin Sophie Dawes, geändert.

I, 42.

Es handelt sich um eine Geisterbeschwörung, die von

Psellos, einem byzantinischen Philosophen neuplatonischer Richtung, in seinem Werk „De operatione daemonum“ beschrieben wurde. Sie mußte am Karfreitag vorgenommen werden. Die 10. Kalenden des April sind der 23. März nach dem gregorianischen Kalender.

I, 43.

Zur Verherrlichung seiner Taten ließ Napoleon eine Säule mit Tafeln seiner Taten aufrichten (Vêndomesäule). Kurz danach wurde er auf St. Helena verbannt.

I, 44.

Bezieht sich auf die Einführung des Kultus der Vernunft in der Kirche von Notre-Dame am 10. November 1793. Priester, die den Eid verweigerten, mußten mit der Todesstrafe rechnen. Da in den Kirchen keine Lichter mehr brannten, war das Wachs billiger als der Honig.

I, 47.

Könnte ein Hinweis auf den Völkerbund in Genf sein, der 1919 gleichsam als Vorläufer der Vereinten Nationen gegründet wurde. 1960/61 fanden in Genf große Abrüstungskonferenzen statt, die alle gescheitert sind.

I, 49.

Unter „Orient“ ist der Osten zu verstehen. Im Nordischen Krieg (1700) hat Rußland den Schweden seine Ostseeprovinzen abgenommen.

I, 50.

„Aquatik“ = der dem Wasser Angehörige = Delphin = Dauphin (französischer Thronerbe), gemeint ist hier der Vater des späteren Königs Phillipp V. von Spanien. Die Triplizität der von ihm erzeugten Kinder sind die Herzöge von Burgund, von Anjou und von Beri. Unter diesen erkennt der Herzog von Anjou den Donnerstag, den Tag der Einsetzung des Allerheiligsten, als Fest an. Er wurde 1701 als Philipp V. auf den vorzugsweise sogenannten katholischen Thron von Spanien erhoben und hielt auch am Donnerstag (14. April 1701) einen feierlichen Einzug in Madrid. Seine Erhebung auf den spanischen Königsthron hatte einen gewaltigen Sturm in Österreich heraufbeschworen, weil diese Dynastie selbst nach der spanischen Krone trachtete.

I, 53.

Betrifft die Folgen der Französischen Revolution, die besonders die katholische Kirche treffen.

I, 54.

Der böse Sichelträger ist Saturn. Seine beiden Umläufe deuten auf das Ende des 16. Jahrhunderts. Die französische Krone fiel endgültig in die Hände der Bourbonen. 1598 wurden die Religionskämpfe zwischen Katholiken und Kalvinisten durch das Edikt von Nantes in Frankreich beendet.

I, 55.

Bezieht sich auf die Schreckensherrschaft Saddam Husseins; nach dem verlorenen Golfkrieg litt die irakische Bevölkerung, besonders aber die Minderheiten (Kurden), unter den Kriegsfolgen.

I, 57.

Wird heute einstimmig auf die Hinrichtung des französischen Königs Ludwig XV. gedeutet, der bei seiner Krönung mit „Milch und Honig“ aus der goldenen Ampulle gesalbt wurde.

I, 58.

Weissagt das Wiederaufblühen des Bourbonengeschlechtes in Ludwig XVIII. und Karl X., die nach Napoleon die Herrschaft in Frankreich ausübten.

I, 60.

Gemeint ist die Geburt Napoleons (1769–1821), der in

Korsika zur Welt kam. Die „Schlächter“ sind seine Generale, die den unteren Schichten entstammten. Ein Grundsatz der sehr erfolgreichen Kriegskunst Napoleons lautete: Jeder Soldat hat den Marschallstab im Tonister!

I, 61.

Ein Vierzeiler, der sich auf Deutschland bezieht und noch nicht sicher gedeutet wurde.

I, 62.

Latona = Mutter von Apollo u. Diana. Sie war die Geliebte des Zeus. Die Wissenschaften haben im 19. Jahrhundert einen gewaltigen Aufschwung genommen und sind selbst zu einer Macht geworden, wie z.B. die Atomphysik. Wer eine Atombombe bauen kann, wird zur Regional- bzw. Weltmacht.

I, 63.

Trotz der zahlreichen regionalen Kriege spricht man heute von einer Periode des Friedens, die seit dem Ende des schrecklichen 2. Weltkrieges herrschen würde. Wird allgemein als Hinweis auf einen 3. Weltkrieg gedeutet, der aus dem Nord-Südkonflikt entstehen könnte.

I, 64.–I, 69.

Keine sichere Deutung möglich. Beziehen sich auf Ereignisse der fernen Zukunft.

I, 70.

1979 wurde der Schah Reza Pahlewi gestürzt, und der Ayatollah Khomeini traf in Teheran ein. Die von ihm eingeleitete Säuberungswelle, die Reislamisierung der westlich orientierten persischen Gesellschaft und der Krieg mit dem Irak (1980) brachten dem Iran viel Elend.

I, 71.–I, 72.

Die Mehrheitsmeinung der Nostradamusforscher ordnet diese Verse der Periode Heinrich II. (1547–1560) zu. Während dieser Zeit kam es zu furchtbaren Pestepidemien. Siehe auch Einführung. Möglich ist auch, daß es sich um zukünftige Ereignisse handelt, wenn „Heinrich der Glückliche" in Frankreich die Macht übernommen hat.

I, 73.

Beschreibt treffend die Situation Frankreichs zur Zeit des Höhepunktes des Algerienkrieges (um 1960). Die nordafrikanischen Staaten bzw. Gebiete Frankreichs wurden von den arabischen Staaten gegen Frankreich aufgewiegelt. Die Aufstandsbewegung, besonders in Algerien, wurde von den Ostblockländern nachhaltig mit Geld und Waffen unterstützt. Um seine Interessen in Nordafrika nicht zu gefährden, nahm Spanien unter Franco gegenüber den Aufständischen eine wohlwollende Haltung ein. Amerika drängte Frankreich auf den Verzicht seiner Gebiete in Nordafrika. Mit „Flotte" ist die amerikanische Mittelmeerflotte gemeint, die nicht zur Blockade der nordafrikanischen Küste eingesetzt wurde. In den 50er bzw. beginnenden 60er Jahre war dieser Vierzeiler einer der am meisten in Frankreich zitierten Verse des Nostradamus.

I, 74.

Der schwarze „Krauskopf" soll der König von Italien sein. Der Vierzeiler beschreibt zukünftige Ereignisse, wenn der französische Weltmonarch Heinrich der Zweite oder Glückliche die Macht übernimmt.

I, 76.

Enthält eine Anspielung auf den Namen „Napoleon", der von seinen Feinden mit dem Tier aus dem Abgrund in der Apokalypse verglichen wird, das da heißt „Apollyon" = der Verderber, ein Wort, dem zur Beteuerung nur noch das (griech.) ne vorgesetzt zu werden braucht = wahrlich der Verderber. Diesen Namen haben die Parzen für ihn vom Schicksal erhalten, oder er hat ihn mit ihnen gemeinsam, wobei wir hauptsächlich an die dritte der Schwestern, an die den Lebensfaden abschneidende Atropos zu denken haben. In der Tat steht auf dem Sockel der Vendôme-Säule zu Paris sein Namen so: „Neapolio Imp. Aug. 1805."

I, 77.

Calpre ist der alte Namen für Gibraltar. Neptun ist der Deckname für England. Gibraltar wurde 1704 von den englischen Admirälen Rooke und Georg von Hessen-Darmstadt erobert.

I, 78.

Hinweis auf Friedrich den Großen, der keinen Sohn hatte.

I, 79.–I, 82.

Keine gesicherte Deutung möglich; vielleicht werden zukünftige Ereignisse angesprochen.

I, 82.

1683 drang der türkische Großwesir Kara Mustapha bis nach Wien vor. Die Stadt wurde wochenlang von den Wiener Bürgern verteidigt.

I,84

Es handelt sich um eine Verfinsterung, die auf einem gewaltigen Vulkanausbruch beruht. Eine solche Verfinsterung hat sich im Jahre 1783 ereignet. Diese Staubwolke zog über ganz Europa: Am 24. Mai beobachtete man sie über Kopenhagen, 6. u. 7. Juni in Rochelle (Frankreich), 16. u. 18. Juni über Deutschland, Frankreich und Italien, 25. Juni über Moskau und Ende Juni über Syrien. Ein Teil des Mittelmeeres und des Atlantischen Ozeans bedeckte sie. Weder Regen noch Stürme konnten nach Berichten von Augenzeugen diese dunkle Wolke vertreiben. Die Sonne hatte eine matte und rostigrote Färbung. Kurz danach ereigneten sich die Französische Revolution und die Napoleonischen Kriege.

I, 85.

Katharina von Medici war mit der Ermordung des Herzogs von Guise nicht einverstanden; desgleichen machten die Deputierten von Paris und Blois dem König lebhafte Vorstellungen, wobei sie ihr Leben aufs Spiel setzten. Der Herzog von Mayenne („der Große“) war durch den Tod seiner beiden älteren Brüder Chef des Hauses Guise geworden; zum Führer der Liga ernannt, nahm er den Titel eines Generalstatthalters des Reiches an, weil er seinen Brüdern an Macht gleichkommen wollte.

I, 87.

In der griechischen Mythologie einer der Hesperiden, die im Garten der Götter die goldnen Äpfel bewachten. Deutung unsicher; die „Neustadt ist vielleicht New York und der gesamte Vierzeiler weissagt einen kommenden Krieg. Dafür spräche auch, daß der Sage nach die Herperiden im „äußersten Westen“ wohnen.

I, 88.

Hinweis auf die Abdankung des Kaisers Karls V. am 1. Januar 1556. Kurz zuvor war seine unglückliche Mutter, Johanna von Castilien, gestorben, die sich damit gleichsam mit ihrem himmlischen Heiland vermählt hatte. Erschüttert durch diesen Todesfall beschloß der ohnehin schon schwermütige Kaiser, die Krone niederzulegen und „geschorenen Hauptes“ bei den Mönchen von St. Just den Rest seiner Tage zu verbringen, wo er bald von der Welt, sogar von seinem eigenen Sohn vergessen wurde. – Man bringt diesen Vierzeiler auch mit Napoleon in Verbindung, der kurz geschorene Haare trug. Mit der Heirat von Marie-Luise von Österreich begann der Niedergang seiner Herrschaft.

I, 91.

Weissagung eines künftigen Krieges: Zur Zeit des Kalten Krieges sah man hierin einen Hinweis auf den 3. Weltkrieg. Die größeren Verwüstungen sollen sich im Westen ereignen, was durch „links" angedeutet wird. Denn auf einer Karte liegt der Westen immer links.

I, 93.

Mit „Castulo" und „Keltenland" bezeichnet Nostradamus Spanien und Frankreich. Noch nicht gedeutet.

I, 95.

Der Zwilling ist der „Mann mit der eisernen Maske", welcher der Zwillingsbruder Ludwig IV. sein soll. Andere vermuten, daß er identisch mit Eustache d'Auger ist, der von Jugend an ein intimer Freund Ludwig IV. war. D'Auger verstand sich besonders auf magische Künste und arbeitete mit der berüchtigten Marquise de Montespan zusammen. Er wurde verhaftet und starb 1703 in der Bastille. Napoleon soll ein Nachkomme von d'Auger sein.

I, 98.

Soll sich auf das Ende Napoleons auf der Insel St. Helena beziehen.

I, 100.

Der letzte Bourbone, Henry Charles de Bourbon, lebte seit 1830 im Exil im Ausland, auch in der Toskana. Nach dem Tod Karls X. konnten sich die Royalisten nicht auf ihn einigen. Als auch er starb, mußte die Idee einer Monarchie endgültig begraben werden.

II. Zenturie

II, 2.

„Blauhaupt“ bezeichnet die Jakobiner, die während der Französischen Revolution von 1789 am radikalsten gegen die Königstreuen (Weißhaupt) vorgingen. Nachdem Ludwig XVI. enthauptet wurde, steckte der Henker seinen Kopf auf eine Stange und zeigte ihm dem Volk.

II, 3.

Beschreibt die Auswirkungen der kommenden Klimakatastrophe.

II, 6.

Vielleicht bezieht sich die Weissagung auf die Atombombenexplosion in Hiroshima und Nagasaki.

II, 9.

Gemeint ist Adolf Hitler, wenngleich seine Herrschaft erst mit dem Jahre 1933 beginnt. Seine Eroberungskriege begann Hitler 1939/40. Andere Interpreten beziehen den Vers auf Ludwig XVI.

II, 12.

Bezieht sich auf die Kirchenverfolgung während der Französischen Revolution. In Anlehnung an die Antike schuf man einen Kultus der Vernunft.

II, 15.

Im Juli 1861 war ein Komet („Haargestirn“) sichtbar geworden, der genau die hier angegebene Bahn einschlug. Damals war der italienische Staatsschatz durch die vielen Kriegsrüstungen erschöpft. Der Papst belegte die hier angegebenen Länder mit dem Interdikt, weil sie infolge ihrer Wiedervereinigung mit Piemont in offene Feindschaft zum päpstlichen Stuhl getreten waren.

II, 16.

Die Vertreibung Königs Franz II. aus Neapel, 1860. – Die in der ersten Zeile genannten Städte lagen im Königreich beider Sizilien. Die revolutionäre Bewegung war durch Garibaldi angefacht und wurde von England (London), Belgien (Brüssel und Gent) und von Piemont (Susa) unterstützt.

II, 18. und II, 19.

Beziehen sich mit großer Wahrscheinlichkeit auf einen künftigen Krieg, bei dem es zum Einsatz von Atomwaffen und Raketen kommt.

II, 21.

Negroponte ist wie in Vers II,3 das Schwarze Meer. Deutung des Vierzeilers ist bisher nicht gelungen.

II, 24.

Hister = Donau; Aufgrund der Ähnlichkeit der Laute oft mit Hitler in Verbindung gebracht, der zwar in Braunau am Inn geboren wurde, aber lange in Linz an der Donau lebte. Der ganze Vierzeiler soll die Schrecken des 3. Reiches beschreiben.

II, 25.

Wird heute allgemein mit der französischen Niederlage im 2. Weltkrieg in Verbindung gebracht. Nach dem Vorstoß der deutschen Truppen zur Kanalküste werden circa 350000 englische Soldaten eingeschifft. Damit war das Schicksal Frankreichs besiegelt. Paris wird am 14.6.1940 kampflos besetzt.

II, 26.

Mit der Stadt ist Paris gemeint, der dort eine beispiellose Karriere machte. Als die französische Revolutionsarmee in Oberitalien in große Schwierigkeiten geraten war, übernahm er das Kommando und eroberte in einem Blitzkrieg die Lambordei.

II, 29.

Weissagung eines arabischen Angriffes auf Westeuropa. Dieser Vierzeiler wurde oft in Italien zitiert, als bekannt wurde, daß der libysche Oberst Gaddafi über Raketen verfügt, mit denen er die italienischen Stützpunkte in Sizilien angreifen kann.

II, 30.

Wurde in der Vergangenheit immer auf Napoleon bezogen, der wie der karthagische Feldherr Hannibal die Alpen überquerte.

II, 32.

Dalmatien weist auf Jugoslawien, das vor allem durch den Nationalitätenkonflikt zwischen Serben, Kroaten und Slowenen erschüttert wird. 1991 mußte die Armee eingreifen, um zu verhindern, daß es zu bewaffneten Auseinandersetzungen kommt.

II, 38.

Bezieht sich auf die Kriegsverbrecherprozesse, die nach dem 2. Weltkrieg in Deutschland stattfanden. Der Kalte Krieg beendete die Anti-Hitlerkoalition.

II, 39.

1936, ein Jahr vor dem „italienischen Krieg“, den Mussolini in Abessinien führte, begann der spanische Bürgerkrieg.

II, 40.

Dieser Vierzeiler gehört inhaltlich zu 39. Er beschreibt den Beginn des 2. Weltkrieges, besonders die Seekämpfe bei der Eroberung Dänemarks und Norwegens.

II, 42.

Beschreibt den Tod Robespierres, der 1794 bei seiner Verhaftung schwer verletzt wurde und am darauffolgenden Tag zur Guillotine getragen wurde.

II, 44.

Die feindlichen Einfälle der Verbündeten in Frankreich 1814–15. Der napoleonische Adler, zurückgestoßen auf französisches Gebiet, wird verfolgt durch den russischen, preußischen und österreichischen Adler. Die Kriegstrompete wird die „Verrückte“ (das anarchische und antichristliche Frankenreich von 1793) wieder zur Besinnung bringen.

II, 45.

Andogyn = Zwitter; wurde während des Kalten Krieges oft auf die beiden deutschen Teilstaaten bezogen. Das Blutvergießen fand an dem sogenannten Eisernen Vorhang statt. Der letzte Vers könnte sich auf den Einigungsvertrag 1990 beziehen.

II, 46.

Die Weissagung bezieht sich auf das Wassermannzeitalter, das in diesem Jahrhundert beginnt und das der Fische ablöst. Dahinter steht die Vorstellung, daß das große oder platonische Weltenjahr 25 200 Sonnenjahre umfaßt. Somit hat ein Weltzeitalter oder -monat, das einem der 12 Tierkreiszeichen zugeordnet ist, 2100 Jahre. Das Zeitalter des Wassermanns, das von den heutigen Esoterikern als das „New-Age-Zeitalter“ bezeichnet wird, soll gekennzeichnet sein durch Harmonie, Frieden und Verständnis. Die Vorstellungen der heutigen New-Age-Denker scheinen nicht zu dem Vierzeiler des Nostradamus zu passen. Während des Kalten Krieges sah man in diesem Vierzeiler einen Hinweis auf einen bevorstehenden weltweiten Atomkrieg.

II, 51.

Der Vierzeiler wird unterschiedlich interpretiert. Zunächst soll er den Tod einer englischen Königin weissagen. Bis ins 19. Jahrhundert dachte man an die Hinrichtung der Königin Maria Stuart von Schottland.

Heute wird er auf Elisabeth II. bezogen, mit deren Tod die Monarchie in England zu Ende gehen würde.

II, 53.

Soll sich auf die Pestepidemie in London (1665) beziehen, der 80000 Menschen zum Opfer fielen.

II, 57.

Der 1. Weltkrieg begann nach der Ermordung des österreichischen Thronfolgers Franz Ferdinand und seiner Gemahlin in Sarajewo. Neuere Deutungen beziehen den Vierzeiler auf den Golfkrieg, den die UNO gegen den Irak führte. Die „große Mauer“ dürfte die Berliner Mauer sein, die 1990 endgültig fiel.

II, 59.

Bezieht sich auf einen kommenden Krieg. Die französische Atommacht beruht auf seinen mit Raketen bestückten Atomunterseebooten. Während des Kalten Krieges bezog man diesen Vierzeiler auf den erwarteten Vorstoß der russischen Landtruppen in Richtung Kanalküste.

II, 60.

Die Punier galten im Altertum als treulos. In der Neuzeit bezog man diese Weissagung immer auf den libyschen Obersten Ghaddafi, der von einem arabischen Großreich träumt. Mit Ägypten und Marokko vereinbarte er einen Staatenbund, den er aber bald wieder löste. Sehr viele Tote kostete sein Eingreifen in den Tschadkonflikt.

II, 63.

Bezieht sich auf den Krieg zwischen Frankreich und Sardinien (Italien) einerseits und Österrreich andererseits 1859. Po = Italien; Marne und Seine = Frankreich; Parma, ein Nebenfluß des Po, bezeichnet das damals unter österreichischer Herrschaft stehende, nach diesem Flüßchen benannte Gebiet. Mit der „großen Mauer" ist das zahlenmäßig überlegene österreichische Heer gemeint.

II, 66.

Allgemein auf die 100 Tage der napoleonischen Herrschaft bezogen (20. März bis 22. Juni 1815). „Der Gefangene" ist eine beliebte Selbstbezeichnung Napoleons, der unter großen Gefahren von der Insel Elba entwich, Truppen sammelte und in Paris einzog. Um sich der Gunst des Volkes zu versichern, erließ er ein Manifest mit vielen Versprechungen. Er wurde jedoch erneut besiegt, und Paris wurde von den Truppen der Heiligen Allianz eingeschlossen.

II, 67.

Behandelt den zweiten Einzug Ludwig XVIII. in Paris am 8. Juli 1815. Er hatte blondes Haupt- und Barthaar. „Die Verbannten" sind Napoleon und seine Generale, die endgültig besiegt wurden.

II, 68.

Bis ins 19. Jahrhundert bezog man diesen Vierzeiler auf die Wiederherstellung des Königtums in England 1660 durch die Krönung Karls II. Vielleicht weissagte Nostradamus auch die Schlacht im Atlantik während des 2. Weltkrieges voraus, als England durch den deutschen U-Bootkrieg große Verluste erlitt.

II, 69.

Behandelt die Regierung Napoleons I. von 1799–1814, dextra celtica = die keltische Rechte, zu ergänzen: welche das Schwert hält, also = französische Armee. Bonaparte, durch die französische Armee zum König von Frankreich erhoben, sah die Zwietracht in der großen Monarchie. Für „drei Seiten" ist besser „die drei Stände" (Geistlichkeit, Adel und Bürgertum) zu übersetzen, die unter seinem Zepter wieder erblühten, gegen „die Kappe der großen Hierarchie", d.h. ungeachtet des Einspruchs Ludwigs XVIII., des hierarchischen Hauptes der großen Kapetinger-Dynastie (Kappe = Capet).

II, 70.

Gemeint ist die Schlacht am Mont Saint-Jean am 18. Juni 1815. Napoleons Garde erleidet eine furchtbare Niederlage. Die Axt ist an den Baum der napoleonischen Dynastie gelegt; er selbst büßte von nun an auf der Insel St. Helena.

II, 72.

Wahrscheinlich handelt es sich um eine Weissagung über den 2. Weltkrieg. 1940 erklärt Italien ebenfalls Frankreich den Krieg. Unter schwersten Verlusten kann Frankreich die Alpenfront halten. Doch die Franzosen werden von den deutschen Truppen besiegt (22.6.1940). Der letzte Vers bezieht sich auf die deutsche Kapitulation in Italien am 28.4.1945.

II, 73.

Endymion, eine Sagengestalt der griechischen Mythologie, wird von der Mondgöttin Diana so sehr betört, als sie ihn schlafend betrachtet, daß er sich von seinem Vater Zeus den ewigen Schlaf wünscht. Offensichtlich kämpfen drei Königreiche gegen einen Herrscher, der sich von einer Frau (Diana = Göttin der Frauen) betören ließ oder eine andere Religion annahm. Diana war auch die Göttin der Hexen.

II, 74.

Gehört noch zu 73; die kriegerischen Auseinandersetzungen greifen von den Südalpen (Gardasee) bis zu den Pyrenäen über.

II, 75.

Weissagung des modernen Luftkrieges.

II, 76.

Beschreibt den Abwurf einer Atombombe bzw. Einschlag einer Atomrakete in Burgund. Zur Zeit des Kalten Krieges als Teil des Atomkriegsszenario des 3. Weltkrieges gedeutet. Gelegentlich auch als Supergau in einem der französischen Atomkraftwerke interpretiert.

II, 77.

Soll sich auf den Aufstand der Pariser Kommune im Jahre 1871 beziehen.

II, 78.

„Punisch' Volk mit gallschem Blut" bezieht sich auf Marseille, das ja eine punische Gründung ist und am Meer liegt. Der Vierzeiler beschreibt Ereignisse im Zusammenhang mit den Autonomiebestrebungen der Korsen, die ähnlich wie in Nordirland ihre politischen Ziele mit Waffengewalt verwirklichen wollen. Lieferant ist die Stadt Marseille.

II, 81.

Beschreibung eines zukünftigen atomaren Weltkrieges. Mit der „Stadt" ist sicherlich Paris gemeint. Phaeton, eine griechische Sagengestalt, der Himmel und Erde in Brand steckte, weil er die Pferde des Sonnengottes nicht lenken konnte. Unter Punier sind die Araber zu verstehen, die zu einem Großreich vereinigt sind und Westeuropa bedrohen bzw. angreifen. Bei diesem Weltkrieg steht das Schicksal aller Menschen auf dem Spiel. Bekanntlich überlebte Deukalion, eine griechische Sagengestalt, als einziger Mensch eine gewaltige Flutkatastrophe, nachdem er auf Anraten der Götter einen Kasten gebaut hatte.

II, 83.

Weissagt die Plünderung Lyons im Jahre 1795 durch die Französischen Revolutionsarmeen. 1776 kommt es sogar zu französischen Vorstößen nach Süddeutschland („Schwaben").

II, 84.

Die Auswirkungen der Klimakatastrophe machen sich im Mittelmeerraum bemerkbar. Der Vielvölkerstaat Jugoslawien wird von Kriegen erschüttert. Sicherlich ist die nahe Zukunft gemeint.

II, 86.

Weissagt einen Nahost-Konflikt; eine Flotte, sicherlich die amerikanische Mittelmeerflotte, erleidet eine Niederlage. Eine islamische Großmacht greift Ägypten an. Eine Weissagung, deren Erfüllung durchaus nicht allzu fern ist, wenn man die Ereignisse des Golfkrieges 1991 berücksichtigt.

II, 87.

Georg I. aus dem Hause Hannover, bestieg 1714 den englischen Thron. 1707 hatten sich England und Schottland zu dem Königreich Großbritannien vereinigt. „Dana Magd" = Frankreich mußte seine führende Rolle in Europa an England abtreten.

II, 88.

Der Vierzeiler läßt sich mit dem „Krieg der 3 Heinriche um Paris" in Verbindung bringen. Als Heinrich III., der homophil veranlagt war und keine Kinder hatte, Heinrich von Navarra zu seinem legitimen Erben bestimmte, verbündete sich Heinrich von Guise, der Vertreter der katholischen Liga, mit Spanien. Der „fremde Held" ist Heinrich von Navarra, der in das Königshaus hineingeheiratet hatte. Er ist um den Dritten bei dieser Auseinandersetzung (Heinrich III.) seinem Gegner überlegen.

II, 89.

Beschreibt genau das Verhältnis zwischen den USA und Rußland; sie werden Freunde, und damit vergrößert sich ihre Macht! Der „Blutdürstige“ ist Saddam Hussein. Die Freundschaft zwischen den USA und Rußland erfährt während des Golfkrieges 1991 ihre erste Bewährungsprobe, da der Diktator einst ein enger Verbündeter Moskaus war.

II, 90.

Castor und Pollux sind in der römischen Mythologie Zwillingsbrüder; könnte als Hinweis auf den ungarischen Volksaufstand von 1956 verstanden werden.

II, 91.

Wird gewöhnlich als Weissagung des Brandes von Moskau im Jahre 1812 gedeutet.

II, 92.

Der „Neffe“ ist Deckwort für Napoleon III., durch seine Gefangennahme und Überführung nach Kassel entgeht er der Gefahr, im eigenen Lande bedroht zu werden.

II, 93.

Die Erstürmung des päpstlichen Rom durch die italienischen Truppen am 20. Sept. 1870.
– Libitina = römische Todesgöttin; „Timber“ = Tiber. Der Schiffshauptmann ist der römische Papst, der sich von da an als der Gefangene im Vatikan bezeichnet. Er ist doch der Steuermann des Schiffleins St. Petri.

II, 94.

„Grand Pau“ bezieht sich auf einen französischen König, der aus dem Geschlecht der Pau bzw. Navarra stammt. Es wäre an Heinrich von Navarra zu denken, der den Bürgerkrieg siegreich beendete. Mit dem

Edikt von Nantes 1598 wird den Hugenotten Religionsfreiheit gewährt. Besonders diese Bevölkerungsgruppe war von 1562–98 einer gnadenlosen Verfolgung ausgesetzt gewesen. Mit dem „Seelöwen“ ist sicherlich England gemeint, das die Partei der Hugenotten unterstützte. Oder man bezieht den Vierzeiler auf den Weltmonarch Heinrich II. oder den Glücklichen, an den das zweite Widmungsschreiben gerichtet ist. In diesem Fall bezöge sich die Weissagung auf zukünftige kriegerische Ereignisse, die zu einer Massenflucht der Bevölkerung (über See?) führen würde.

II, 95. und II, 96.

Diese Vierzeiler passen gut zu 94, wo ebenfalls die schrecklichen Folgen eines zukünftigen Krieges beschrieben werden.

II, 97.

Wird auf den Tod von Papst Pius VI. bezogen, der von den Franzosen gefangengenommen und 1799 nach Valence in der Nähe Lyons gebracht wurde, wo er im August – also zur Rosenblütenzeit – starb.

II, 99.

Gemeint ist der Rußlandfeldzug Napoleons, der 1812 vor Moskau scheiterte, weil der Zar die Stadt anzünden ließ.

III. Zenturie

III, 1.

Neptun = griechischer Meeresgott; in der Vergangenheit immer ein Deckname für England. Die „Roten“ sind die Kommunisten, also die Sowjetunion. Zur

Zeit des Kalten Krieges wurde dieser Vierzeiler auf eine atomare Auseinandersetzung zwischen den beiden Supermächten USA und Sowjetunion bezogen, die von der Seemacht Amerika gewonnen werden würde.

III, 2.

Wird heute als ein Hinweis auf ein zukünftiges spirituelles Zeitalter (New Age) aufgefaßt. Die Erkenntnisse der modernen Naturwissenschaften und die Weisheitslehren und Religionen, besonders Asiens, gehen eine Synthese ein, die das menschliche Bewußtsein auf eine neue Stufe hebt. Siehe aber auch

III, 8.

Cimbern = Deutsche; allgemein auf den 2. Weltkrieg und die „Achse“ Deutschland und Italien bezogen. Durch den spanischen Bürgerkrieg (1936 bis 39) wurde Spanien sehr verwüstet und mußte viele Menschenleben beklagen.

III, 9.

Weissagt die alliierte Invasion 1944; Rouen kann der Name dieser französischen Stadt sein, die zu den ersten Angriffszielen bei der alliierten Invasion gehörte. Wahrscheinlich ist damit aber der Rhein gemeint.

III, 14.

Mit Philipp d’Egalité, Herzog von Orleans, endete die kurze politische Rolle, die er in den revolutionären Klubs von Paris spielte, auf dem Blutgerüst. Sein Sohn Philipp mußte landesflüchtig werden, um dem gleichen Schicksal zu entgehen. Er lebte unter einem falschen Namen in der Schweiz als Lehrer der Mathematik an einer Privatschule in Reichenau. Da er dort sich nicht mehr sicher fühlte, wegen der Nähe der französischen Grenze, durchirrte er ganz Europa und kam schließlich nach Amerika. Als die Verhältnisse in

Frankreich sich besserten, kehrte er in sein Vaterland zurück, wo er nach einem zurückgezogenen Leben plötzlich durch den Umschwung der Dinge auf den französischen Thron gelangte, den er 18 Jahre ehrenvoll innehatte. Aber durch schlechte Ratgeber geleitet, verlor er im Alter wieder die Gunst des Volkes, so daß er abermals seinem Vaterland den Rücken kehren mußte.

III, 15.

Geht auf das Schicksal Ludwig XVII., der von Revolutionären dem Schuhmacher Simon zur Pflege übergeben wurde, weil er noch ein Kind war. Sein Vater, Ludwig XVI., wurde auf der Guillotine hingerichtet. Sein „Pflegevater" marterte ihn auf gräßliche Weise zu Tode.

III, 18.

Dieser Vierzeiler soll die schrecklichen Marneschlachten des 1. Weltkrieges weissagen.

III, 19.

Lucca ist eine Stadt in der Nähe von Pisa. Wenn der Südwind Staub aus der Sahara bringt, geht dort ein roter Regen nieder.

III, 23. und III, 24.

Enthalten die Prophezeiung, daß die nordafrikanischen Kolonien Frankreich viel Leid bringen werden. Besonders der Krieg in Algerien (1954–1962) war für Frankreich sehr verlustreich.

III, 27.

„Der libysche Fürst" soll der Oberst Gaddafi sein; vielleicht ein zukünftiger arabischer Führer, der die ehemaligen nordafrikanischen Besitzungen zu einem panarabischen Reich vereinigt, was das erklärte Ziel Gaddafis ist.

III, 28.

Man glaubt heute, daß das „Weibsbild“ die Frau Napoleons III., Kaiserin Eugenie, ist. Im deutsch-französischen Krieg von 1871 hat Napoleon III. nicht nur Elsaß-Lothringen verloren, sondern Frankreichs Vormachtstellung auf dem Festland verspielt. Seine Kritiker haben immer behauptet, daß die Kaiserin Eugenie die eigentliche Herrscherin sei.

III, 30.

Der Tod des Grafen Mongomery. 1559 hatte er im Einzelzweikampf dem König Heinrich II. („Den Größeren“) eine tödliche Verletzung beigebracht (cfr. I,35) und war dann trotz zugesagter Straflosigkeit nach England geflohen. Später nach Frankreich zurückgekehrt, stellte er sich an die Spitze der in der Normandie kämpfenden Hugenotten. Dort wurde er im Schloß Domfront vom Marschall von Matignon mit überlegenen Kräften angegriffen und belagert. Bei der Kapitulation wurde ihm das Leben zugesichert. Gleichwohl wurde er auf ausdrücklichen Befehl der Katharina von Medici in der Nacht des 27. Mai 1574 auf seinem Schloß Domfront von sechs Edelleuten der französischen Armee verhaftet und schließlich in das Pariser Justizgefängnis übergeführt, wo man ihn in einen festen Turm, der heute noch seinen Namen trägt, auf Lebenszeit einschloß.

III, 31.

Der türkische Sultan Suleiman II. hatte die Türkei zu einer Weltmacht gemacht, die über große Teile des heutigen Nahen Ostens und Balkans herrschte (Med' = Persien). In den Türkenkriegen 1735–39 gelingt es der russischen Kaiserin Katharina I., die Türken zurückzuschlagen. Arras dürfte Asow zu lesen sein, mit dessen Eroberung Rußland sich am Schwarzen Meer festsetzte.

III, 35.

Wurde immer auf Napoleon bezogen, der 1769 in wenig begüterten Verhältnissen in Korsika zur Welt kam. „Morgenland“ weist auf seine Expedition nach Ägypten im Jahre 1798 hin. Doch könnte man auch eine Weissagung auf Adolf Hitler erblicken. Im Original steht „Orient“, das auch als Osten übersetzt werden könnte.

III, 41.

Beschreibt den Tod des Prinzen Louis de Condé. Er war ein sehr häßlicher Mensch, wie zeitgenössische Beschreibungen und Bilder belegen. Von den kalvinistischen Adeligen wurde er zu ihrem Führer gewählt. In der Schlacht von Iarnak 1569 steckte ihn Montesquieu durch einen Pistolenschluß nieder. Obwohl er durch seine Verschwörungen 1560 und 1562 sein Leben verwirkt hatte, wurde er von dem König Karl IX. begnadigt.

III, 43.

Das Gefecht bei Castelsidardo am 18. September 1860, wo der in päpstlichen Diensten stehende französische General Lamorcière mit seinen Zuaven, welche von dem südlichen Frankreich (Tarn, Lot, Garonne) her kommend, den Appenin überschritten hatten, um den Papst zu schützen, von den Truppen Viktor Emanuels II. („Krauskopf“, eigentlich „der König mit dem gewellten Bart“ geschlagen werden.

III, 44.

Nostradamus sah offenbar voraus, daß es dem Menschen gelingen wird, durch Genmanipulationen ein entsprechendes Tier hervorzubringen. Aber diese Experimente bringen der Menschheit nur Unheil.

III, 45.

1813 stieß der englische Feldherr Wellington nach der

Befreiung Spaniens bis Toulouse vor; damit wurde der Krieg zum ersten Mal auf französischen Boden getragen. Die fünf anderen waren: Österreich, Preußen, England, Spanien und Rußland.

III, 46.

Erfüllt mit der Französischen Revolution. Ludwig XVI. wird hier mit Frankreich identifiziert. Philipp Egalité, der Herzog von Chartres und Orleans, stimmte für den Tod des Königs. Rouan = Kardinal von Rohan war in die ominöse Halsbandgeschichte verwickelt, durch welche die Königin Maria Antoinette beim Volke sehr verhaßt wurde.

III, 47.

Der „Alte" ist der französische Marschall Pétain, der nach der Kapitulation Frankreichs vor den deutschen Truppen 1940 in Vichy eine Regierung für das von den deutschen Truppen nicht besetzte Frankreich errichtete. Seine nachgiebige Haltung gegenüber Deutschland half ihm sehr wenig. Er wurde in Deutschland interniert und nach dem Krieg auf die Insel Yeu verbannt.

III, 49.

Gallisch Reich = Frankreich; Marschall Pétain – siehe III, 47. – verlegte 1940 seinen Regierungssitz in das völlig unbekannte Vichy in der Nähe von Clermont-Ferrand.

III, 51.

Im sogenannten 8. französischen Bürgerkrieg (1585–89) bildete sich in Paris eine Verschwörung gegen König Heinrich III., die „Ligue der Sechzehn". Vor den Verschworenen floh der König nach Blois. Hier berief er die Reichsstände zusammen, die ihm aber die Unterstützung gegen die Ligue versagten. Infolgedessen läßt

Heinrich III. die Führer der Ligue ermorden, was einen Aufstand der Katholiken zur Folge hatte. Der König flüchtete sich in das Lager der Hugenotten, wo er vor Paris in St. Cloud von dem Mönch Jacob Clément 1589 ermordet wurde. Der nächste Thronerbe war nun Heinrich IV. von Navarra, ein Protestant. N. hatte ihm noch als Kind die französische Krone prophezeit. Er befand sich damals im Gefolge Karls IX. Im Begriff, die Schwelle des Doms in Marseille zu überschreiten, nahm Karl IX. dem jungen Prinzen die Mütze vom Kopf und warf sie in das Gotteshaus. Der Knabe eilte ihr nach, und N. sagte bei dieser Gelegenheit auch dessen Rückkehr zur katholischen Kirche voraus (vgl. auch zu XI, 16.). Die Katholiken wollten sich keinen Protestanten als König gefallen lassen. Eine Armee unter dem Herzog von Mayenne zog gegen Heinrich IV. zu Felde, und u.a. standen auch die Städte Orleans, Angers, Troyes, Langres auf seiten der Katholiken. Auf die Kunde vom Rücktritt Heinrichs IV. zur katholischen Kirche fielen die eben genannten Städte von dem Herzog von Mayenne ab und huldigten dem König von Navarra.

III, 54.

Weissagung des Militäraufstandes von General Franco im Jahre 1936; seine Hilfstruppen standen in Marokko, von wo sie erst nach Spanien gebracht werden mußten. Nachdem Franco den Bürgerkrieg zu seinen Gunsten entschieden hatte, unterdrückte er die Opposition. Aber er trat nicht auf seiten der „Achsenmächte" Deutschland und Italien in den Krieg ein, was wiederholt Hitler und Mussolini forderten.

III, 55.

Der Beginn der Religionskriege in Frankreich und die Ermordung des Herzogs Heinrich von Guise. – Nur einmal ist ein Einäugiger in Frankreich König gewesen, und als solcher nur wenige Tage: Es war Heinrich II. nach seiner Verwundung durch den Grafen Montgomery (1559). Große Unruhe herrschte danach in Frankreich; durch die Hugenottenkriege, die schon 1559 unter Franz II. begannen, war das Land in zwei Lager geteilt, Katholiken und Protestanten. Zeile 3 muß lauten: Der Große von Blois (= Heinrich III., der in Blois sein Hoflager hielt) wird seinen Freund töten. Damit ist der Herzog Heinrich von Guise gemeint, der allerdings nicht in Wirklichkeit der Freund Heinrichs III. war, der aber doch kurz vor seiner Ermordung in Blois ein scheinbares Zeichen der Freundschaft von jenem empfangen hatte, indem er die heilige Hostie mit ihm teilte.

III, 57.

Die englischen Revolutionen. – Von 1501–1791 waren in England sieben große politische und religiöse Revolutionen: 1532; 1553; 1558; 1641; 1660; 1689; 1714. In Frankreich und Deutschland war in der Zeit nichts dergleichen. Gleichzeitig tritt im Norden eine so große Umwälzung ein, daß das Sternbild des Widder, unter dessen Zeichen jene Gegenden stehen, sie nicht mehr erkennen wird. Gemeint ist die Teilung Polens (= „Bastarner") im Jahre 1772.

III, 60.

Mysien, Lysien und Pamphylien sind Gebiete der Türkei. Es handelt sich offenbar um eine politische Bewegung, die von Asien bis zur Türkei vordringt. Diese Bewegung greift auch auf Afrika über. Vielleicht ist das Vordringen des Kommunismus bis Ende der 70er Jahre in Asien und Afrika, besonders in den Befreiungsbewegungen, gemeint.

III, 61.

Eine Weissagung, die sich auf die Auseinandersetzungen in der Golfregion bezieht. Die Kreuzesbrüder sind die westlichen Mächte. Zu Lebzeiten Khomeinis als Hinweis auf den Konflikt des Irans mit den USA verstanden.

III, 64.

Persien = Islam; eine islamische Großmacht wird im östlichen Mittelmeer (Kykladen = griechische Inselgruppe) einen Krieg führen.

III, 65.

Prophezeit den gewaltsamen Tod eines Papstes; man dachte oft an den Papst Johannes Paul I., der angeblich ermordet wurde.

III, 66.

Die Verhaftung von Jérome Groslot. – Jérome Groslot, Großrichter (baillif) von Orleans, wurde am 9. November 1561 gefangengesetzt und durch das Inquisitionstribunal zur Hinrichtung verurteilt, weil er die Stadt an die Kalvinisten hatte ausliefern wollen. Er starb aber diesen Tod nicht, sondern es gelang ihm, da er schlecht bewacht war an Händen und Füßen (also wohl nicht gefesselt), durch Bestechung der Wächter aus dem Gefängnis zu entfliehen.

III, 67.

Fälschlich bezog man diesen Vierzeiler auf den Faschismus bzw. Nationalsozialismus; diese beiden Ideologien sind sicherlich keine „Philosophensekten". Eher ist an den Marxismus und die kommunistische Bewegung zu denken.

III, 70.

Ausonia = Italien oder Papsttum; Großbritannien gibt es erst seit 1604 (Jakob I.). 1510 kam es zur Gründung der „Heiligen Liga" zwischen Papsttum, Spanien,

England und Venedig gegen Frankreich. Eine „neue Liga" wurde 1609 gegründet, als der Papst, Spanien und deutsche Fürsten sich zur Katholischen Liga gegen die Protestantische Union zusammenschlossen.

III, 73.

Die Verbannung des Herzogs von Bordeaux am 16. Aug. 1830. Der „Lahme" wird er genannt, weil er bei einem Sturz vom Pferde sich eine Lähmung des linken Fußes zugezogen hatte. Der „verwandte Bastard" ist der illegitime Prinz Louis-Philipp, der sein Mitbewerber um die Krone war. Der erstere ließ es an der nötigen Energie fehlen, so daß sein Ansehen immer mehr abnahm.

III, 76.

Diese Sekten sind der Marxismus/Kommunismus und der Nationalsozialismus, auf dessen Untergang der letzte Vers weist. Der russische Zar Peter der Große einigte sich mit der Türkei 1724 über die Aufteilung Persiens. Der Türkei gehörte damals auch Ägypten. Im Frieden zu Hamadan erhielt die Türkei die westlichen Provinzen Persiens, während einige Zeit später die kaspischen Provinzen Rußland zugesprochen wurden. Persien bemühte sich um die Hilfe der europäischen Staaten gegen die Türkei.

III, 80.

Die Absetzung und Hinrichtung Karls I. von England. – Mit dem „Würdigen" ist Karl I. gemeint. Er hoffte, sich und seinen Thron zu retten dadurch, daß er seinen „Ratgeber" (Graf Stafford) der Wut des Volkes (bildlich „dem Feuer", nicht wie N., der das Wort buchstäblich nimmt) preisgab. Aber umsonst. Der „Bastard" (= Cromwell, so genannt als illegitimer Thronprätendent) wird „beinah" anerkannt, d.h., er nahm nicht den Königstitel an, sondern bescheiden nur den eines „Protektor".

III, 87.

Handelt von einem Piratenzug, den der Galeeren-Kapitän de la Serrière von Toulon aus unternahm, um eine in Messina stattfindende Messe zu überfallen. Fünf Galeeren waren daran beteiligt. Da man sich über die Route nicht einig war, fragte man den Lotsen Jean de Riau, den man den „Gefangenen" nannte, weil er Sklave gewesen war, um seine Meinung; er warnte – vergebens – Sardinien und Korsika zu berühren; alle Galeeren gingen hier unter. Sie hätten auf das „Schweinekap" (Cap de Pourceau) lossteuern müssen, das sie aber nicht erreichen konnten. So, von „Grunzens" (d.h. des Schweines) Hilfe betrogen, fanden sie ihren Untergang.

III, 88.

Die südfranzösischen Städte bewahrten noch ziemlich lange eine große Selbständigkeit. So hatte sich der Bürgermeister von Marseille, namens Casan, vom französischen König losgejagt und wollte die Stadt den Spaniern in die Hände spielen, die mit einer von Barcelona ausgelaufenen Flotte vor der Küste lagen und bereits die Insel Chateau d'If und Ratorneau in Besitz genommen hatten. Einer der Anhänger des Königs aber in Marseille, namens Pierre de Libertas, stieß dem Verräter Casan das Schwert durch den Leib, gerade in dem Augenblick, als der letztere unter dem Königstor den Anzug der Spanier erwartete, um ihnen die Stadt zu übergeben. Er schwamm nun „zu Land" in seinem Blut.

III, 91.

Bezieht sich auf die Geburt des Herzogs von Bordeaux in der Nacht des 29. September 1820. Mit dem „Baum" ist der Stammbaum Hugo Capets, der seit langem unfruchtbar war, gemeint. Die Lähmung seines Fußes infolge eines Sturzes vom Pferd wird von Nostradamus öfters erwähnt.

III, 95.

Wird auf das Schicksal der Türkei nach dem 1. Weltkrieg bezogen. Von Mustafa Kemal wird der Islam aus dem öffentlichen Leben verbannt.

III, 96.

Die Ermordnung des Herzogs von Berry am 13. Februar 1820. Fossan = Stadt im Staat Sardinien. Der Herzog war durch seine Mutter, die Tochter eines Viktor Amadeurs III., Königs von Sardinien, war, gleichsam ein Sproß des Königshauses. „Spürhunds Führer“ = roher Mensch; sein Mörder war ein Stallknecht namens Louvel, der den Herzog beim Verlassen der Oper ermordete. Anstifter waren die Demagogen, die hier metaphorisch mit dem „tarpejischen Felsen“ bezeichnet werden. Am 13. Februar befand sich damals der Saturn in Opposition zum Löwen.

III, 97.

Phöbes Säkulum = Mondzyklus, dem 19 Sonnenjahre entsprechen. Ein solcher Mondzyklus ging 1918 zu Ende. Zu diesem Zeitpunkt löste sich das Osmanische Reich auf, was unter anderem auch zu einer Neuordnung der Verhältnisse in Palästina führten. Am Ende der Entwicklung stand die Gründung des Staates Israel im Jahre 1948.

III, 99.

Wird allgemein auf ein Ereignis während der Hugenottenkriege in Frankreich bezogen. An der genannten Örtlichkeit wollten sich zwei Hugenottenabteilungen miteinander vereinigen. Noch bevor diese Vereinigung aber zustande kam, wurden beide Haufen von der fanatischen Landbevölkerung fast gänzlich aufgerieben, der eine diesseits, der andere jenseits der Durance. Die Geschlagenen waren in einem Gelände ansässig, das von 2 Flüssen umspült wurde (Mesopotamien).

IV. Zenturie

IV, 2.

Der spanische Erbfolgekrieg. – 1699 war Karl II. von Spanien kinderlos gestorben („ob Tod"). Mit den „größten Frauen", die nach Frankreich gekommen waren, sind die beiden spanischen Infantinnen gemeint, die Töchter Philipps III. und IV., die Ludwig den XIII. und XIV. geheiratet hatten, woraus Frankreich seine Ansprüche auf den spanischen Thron herleitete.

IV, 11.

Kappe = Krone. Bezieht sich auf Napoleon I. Die 12 Roten sind die im Gegensatz zur weißen Bourbonenfahne „rot" genannten Marschälle Napoleons, die das Tuch der Marschallstafel, des höchsten französischen Ehrengerichts, mit Blut befleckten. Es handelt sich um die widerrechtliche Verurteilung des Herzogs von Enghien durch ein formloses französisches Kriegsgericht. cfr. auch zu VIII, 58. Auf Napoleon I. bezieht sich auch der folgende IV, 12.

IV, 12.

Schildert die Flucht der „großen Armee" aus Rußland. Selbst das französische Volk war der vielen Kriege Napoleons müde geworden.

IV, 14.

Der französische König Heinrich III. wurde 1589 ermordet; sein designierter Nachfolger war Heinrich von Navarra, der spätere Heinrich IV.

IV, 16.

„Freistadt" = Genf.

IV, 18.

Aufhebung des Ediktes von Nantes durch Ludwig IV., das den Hugenotten freie Religionsausübung und Sicherheitsplätze gewährte (1685).

IV, 23.

Selin Port = Hafen des Mondes; ein Hafen, in dessen Flagge ein Mond ist, muß zum islamischen Machtbereich gehören.

IV, 26.

Der Vierzeiler ist im Original in Provenzalisch verfaßt, das von den Bewohnern Korsikas mühelos verstanden werden kann. Er bezieht sich auf den Korsen Napoleon und ist in seiner Art ein Meisterstück der Verschleierung. Der „Bienenschwarm" ist das Symbol und Wappentier der Partei Napoleons. Als Napoleon von dem ägyptischen Abenteuer zurückkehrte, wurde er mit großem Jubel empfangen, und seine alten Soldaten hingen ihm sofort an. Am 18. Brumaire (9. September 1799) drang der Bienenschwarm (die Soldaten Napoleons) in den Versammlungssaal des Rats der Fünfhundert und ließ auf Empörungsrufe der Versammlung die Abgeordneten festnehmen.

Unter dem Vorwand der Notwendigkeit einer Verfassungsänderung, bei der Napoleon durch fünf Mitglieder des Direktoriums (Regierungsmitglieder Sieyès, Roger-Ducos, Gohier, Moulin und Barras) unterstützt wurde, ließ er sich zum Konsul wählen, welchem Titel er 1804 zur Macht auch den Glanz eines Kaisers beifügte.

IV, 32.

Der „Alte“ soll Marschall Pétain sein, der 1940 mit Deutschland nach der Niederlage Frankreichs einen Waffenstillstand unterzeichnete und in Vichy eine Regierung leitete, welcher der von den deutschen Truppen nicht besetzte Teil Frankreichs unterstand.

IV, 36.

Die „neuen Spiele“sind die Olympischen Spiele, die der Franzose P. de Coubertin 1894 in Paris wiederbelebte.

IV, 37.

1796/97 drang Napoleon über die Alpen nach Oberitalien vor und eroberte u.a. Mailand; zur selben Zeit wird Genua und Monaco von den Österreichern und Engländern angegriffen.

IV, 39.

Offensichtlich ist eine zukünftige Expansion eines arabischen Reiches gemeint, das sich die griechische Insel Rhodos einverleibt. „Hesperiden“ sind die Westmächte. Griechenland, das ein Teil der europäischen Gemeinschaft ist, wird von seinen westlichen Bundesgenossen unterstützt.

IV, 40.

Ein allgemeiner Hinweis auf die Hugenottenkriege (1562–98) und den Dreißigjährigen Krieg (1618–48).

IV, 43.

Die Weissagung paßt gut auf den spanischen Bürgerkrieg (1936–39). Zahlreiche Priester haben auf der Seite der Volksfront gekämpft, die eine kirchenfeindliche Politik verfolgte.

IV, 45.

Die Mehrheit der Nostradamusinterpreten sehen in

dem „König“ Ludwig XVI., der 1791 nach Varenne flüchtete.

IV, 47.

Die Bartholomäusnacht am 24. August 1572. – Der Leichnam Colignys wurde durch die Straßen geschleift und hernach an einem Fuße aufgehangen.

Andere Interpreten sehen hierin eine Weissagung auf das Ende des italienischen Diktators Benito Mussolini, der erschossen und an den Füßen aufgehängt wurde.

IV, 49.

Weissagung der Hinrichtung Ludwigs XVI. im Jahre 1793.

IV, 50.

Libra = Waage, eines der zwölf Tierkreiszeichen. Hesperiendenwestliche Welt. Wenn man unter „Westen“ auch die Industrieländer versteht, so ist dieser Vierzeiler mit Sicherheit in Erfüllung gegangen.

IV, 54.

Geht auf die Mätressenwirtschaft am Hofe Ludwigs XIV. und Ludwigs XV. zurück, die vielfach die französische Politik bestimmte. Wurde auch mit Napoleon und seiner Herrschaft in Verbindung gebracht.

IV, 58.

Tuskerland = Italien. Die Weissagung bezieht sich auf zukünftige Ereignisse in Italien. Die islamische Revolution und die Anhänger eines arabischen Großreiches finden auch in Italien Anhänger, so daß es zu schweren Unruhen kommt. Denkbar ist folgende Situation: Durch die immer größer werdende Dürrekatastrophe in Nordafrika und den angrenzenden Gebieten entsteht eine Völkerwanderung in die Industrieländer, die den Anteil der islamischen Bevölkerung erheblich erhöht. Dies ist jetzt schon der Fall in Marseille. Es ist davon auszugehen, daß in der nächsten Zukunft Italien, vor allem die Südregionen, Südfrankreich und Spanien zu Unruhegebieten werden. Die arabischen Fundamentalisten werden einen großen Zulauf unter den islamischen Gastarbeitern erhalten.

IV, 59.

Nira ist eine Wortumstellung (Anagramm) und steht für Iran. Monstra = er zeigt sich; der Vierzeiler ist sehr dunkel. Aber „Zwei" weist vielleicht auf den iranisch-irakischen Konflikt hin. Genf bzw. die Schweiz ist der Ort, wo kriegführende Staaten die ersten Friedensfühler ausstrecken.

IV, 60.

Heinrich III. als der letzte Überlebende von den 7 Kindern Heinrichs II. wird ermordet werden, nachdem zwei Männer (Herzog Heinrich und Kardinal Ludwig von Guise) durch Degenstiche durchbohrt sein werden durch denselben Sohn. Dann wird Karl Emanuel von Savoyen (in dessen Gebiet „Genua" liegt) und Alexander Farnese von Parma (eine etruskische Gründung wie „Florenz", die Hauptstadt der Toskana) an Heinrich IV. den Krieg erklären.

IV, 61.

Wird heute allgemein auf den französischen Marschall Pétain bezogen, der als Chef der „Vichy-Regierung" den von den Deutschen nicht besetzten Teil Frankreichs leitete. Er gilt heute in Frankreich als das Symbol des Landesverräters und als Negativfigur zu De Gaulle, der von England aus die Befreiung Frankreichs vorbereitete.

IV, 62.

1563 wollte der Hugenotte Ludwig Condé den Einfluß der Königin Katharina von Medici brechen und den minderjährigen König Franz II. stürzen. Die Verschwörung wurde aufgedeckt.

IV, 63.

Bezieht sich auf die bürgerkriegsähnlichen Unruhen während der Französischen Revolution. Kommissare des „Wohlfahrtsausschusses", der provisorischen Regierung während der Revolution, erstickten auf besonders grausame Weise die Unruhen in den Provinzen, besonders in der Vendée, wo die Königstreuen unter Charette heftig Widerstand leisteten.

IV, 64.

Der französische König Ludwig Philipp, genannt der „Bürgerkönig", regiert als letzter König bis 1848. Nach schweren Unruhen mußte er abdanken und nach England ins Exil gehen.

IV, 65.

1870 im deutsch-französischen Krieg übergab der französische Marschall Bezaine nach Meinung seiner Zeitgenossen zu schnell die kriegswichtige Festung Metz an die Deutschen. Der Krieg war danach für Frankreich verloren.

IV, 67.

Vielleicht eine Atomkatastrophe in der Zukunft. 1964 ereignete sich bei einer solchen Konstellation ein gewaltiger Vulkanausbruch bei San José in Costa Rica. Das Leben von fast 250000 Menschen war gefährdet.

IV, 75.

Gemeint ist die Schlacht von Waterloo 1805, wo Napoleon endgültig geschlagen wurde.

IV, 79.

Während der Französischen Revolution kam es wiederholt zu schweren Versorgungskrisen, die zum Anlaß genommen wurden, um das Terrorregime noch zu verschärfen.

IV, 80.

1930–37 bauten die Franzosen an ihren Grenzen zu Deutschland eine befestigte Verteidigungslinie, die nach dem Kriegsminister „Maginot-Linie" hieß. Trotz dieses gewaltigen Befestigungswerkes gelingt es den deutschen Truppen, die französische Armee zu besiegen und Paris zu besetzen. Doch einige Interpreten glauben, daß Nostradamus die Eroberung und Zerstörung Roms geweissagt habe.

IV, 81.

Dieser Vierzeiler schildert den deutschen Vormarsch durch Belgien und Holland beim Westfeldzug 1940. Mit „Brücken" könnte die übereilte und überstürzte Einschiffung des englischen Expeditionskorps gemeint sein, das bei Dünkirchen völlig aufgerieben wurde und sich nur durch die zögerliche Haltung der Deutschen retten konnte.

IV, 82.

Slavonien = Rußland. Laletanerstadt = Rom; Weissagung eines russischen Angriffes auf Italien, was zur Zeit des Kalten Krieges durchaus noch im Bereich des Möglichen lag.

IV, 85.

Im Original steht für „Kohl" Charbon, was als eine Wortumstellung (Anagramm) für Bourbone aufgefaßt werden kann. Der Vierzeiler beschriebe dann die Hinrichtung des französischen Königs Ludwig XVI. Der „Nachgeborne" ist sein Sohn Ludwig XVII., der 1792 inhaftiert wurde und 1795 infolge von Mißhandlungen oder Tbc verstarb. Aber schon kurz danach kam das Gerücht auf, ein falscher Ludwig XVII. sei in Gewahrsam der Revolutionäre gestorben, der richtige habe sich retten können. Zu Beginn des 19. Jahrhunderts tauchten immer wieder Personen auf, die behaupteten, sie seien der echte Ludwig XVII.

IV, 86.

Der französische König Karl X. wurde in Reims gekrönt (1824). 1830 wird Algerien erobert, das Frankreich in einem blutigen Krieg (1954 bis 1962) verliert. Nach dem Abzug der Franzosen wurden circa eine halbe Million Algerier, die im Dienste Frankreichs standen, von ihren eigenen Landsleuten ermordet.

IV, 89.

Anfangs wollte man dem König Jakob von England dasselbe Schicksal bereiten wie Karl I. Zu diesem Zwecke hatte sich in London eine Verschwörung gebildet, die den König auf einer bestimmten Brücke gefangennehmen und töten wollte. Seine Anhänger wehrten jedoch den Angriff von ihm ab und gaben ihm die Möglichkeit, nach Frankreich zu entfliehen. An seiner Stelle wurde Wilhelm III. von Oranien, genannt der blonde Friese, gewählt, der im Februar 1689 den englischen Thron bestieg.

IV, 93.

Mit der Schlange ist der ränkesüchtige Louis Philipp von Orleans treffend charakterisiert. Sein Rang verschaffte ihm ungehinderten Zutritt („Die Hunde bellen nicht“) zu den Tuilerien, wo er noch in der Nacht der Geburt des Herzogs von Bordeaux bis an das Bett von dessen Mutter, der Herzogin von Berry („Frau“) vordrang. Er erhob sogleich Protest gegen die Legitimität dieses Herzogs. Der Herzog von Bordeaux wurde als eine Art Wunderkind (dieudonné) angestaunt. N. steht ihm sehr wohlwollend gegenüber.

IV, 95.

Armorica = Amerika; die „zwei Thronerben“ sind Hitler und Mussolini. Nachdem Hitler den USA den Krieg erklärt hatte, dauerte es genau 3 Jahre und 8 Monate, bis Japan kapitulierte.

IV, 96.

Die „Schwester Engellands“ = Amerika; 1776 erfolgte die Unabhängigkeitserklärung der 13 Vereinigten Staaten. 15 Jahre später gab sich Frankreich (1791) eine neue Verfassung.

IV, 100.

7 Monate dauerte der deutsch-französische Krieg 1870/71. Am Ende wurde der Königspalast in Paris, die Tuilerien, durch Artilleriebeschuß zerstört. Die Städte Rouan und Evreux galten als sehr königstreu.

V. Centurie

V, 3.

In dem Vertrage zwischen dem Kaiser und den Königen von Frankreich und Spanien ward festgesetzt, daß der französisch-spanische Prinz Don Karlos König von Neapel und Thronfolger im Großherzogtum Toskana werden sollte. Er wurde bei einem Besuch in Florenz auch als solcher anerkannt und empfangen; die spanischen Truppen wurden auf englischen Schiffen, auf Fahrzeugen des „nautischen Frosches“ nach Toskana gebracht.

V, 4.

Die Revolution vom 27.–29. Juli 1830. Le gros mastin, hier mit „Bullenbeißer“ übersetzt, ist eines der Deckworte für den Herzog von Bordeaux, der am 9. Aug. 1830 durch Louis Philipp entthront wurde, d.h. zu einer Zeit, wo das Sternbild des großen Hundes (Sirius, gros mastin) am Horizont leuchtet. Sein Sturz war die Folge des neuen (= unnatürlichen) Bündnisses, das sein Onkel Louis Philipp mit den Revolutionären eingegangen war. Louis Philipp als Usurpator der Krone seines Neffens = Wolf. Republikaner = Bär. Nachdem sie den Hirsch = Karl X., der selbst ein großer Jäger war (der „gejagte Hirsch" ist auch ein Deckwort für ihn bei N.), gejagt, ging das Bündnis in die Brüche. Dieser Vierzeiler wurde auch anders gedeutet: Der Bullenbeißer ist Churchill, der bei seinen Spaziergängen von einer Dogge begleitet wurde. Am Ende des 2. Weltkrieges verliert er den Posten eines Regierungschefs. „Wolf und Bär" = Rußland und Amerika, die sich nach Kriegsende immer mehr entfremdeten.

V, 7.

Wahrscheinlich ist der sagenhafte Schatz des Tempelherrenordens gemeint; lange glaubte man, daß sich dieser Schatz unter der Templerburg von Gisors befinden soll. Doch blieben entsprechende Grabungen bisher ergebnislos. Der ehemalige Kastellan von Gisors, Roger Lhomoy (1904–1976), will jedoch eine Krypta entdeckt haben, die mit Statuen, Sarkophagen und 30 Kisten angefüllt war.

V, 8.

Das mißglückte Attentat Orsinis auf Napoleon III. am 14. Jan. 1858. (Es war ein Bombenattentat und hatte bedeutungsvolle Folgen für die Politik des Kaisers in der italienischen Frage.)

V, 9.

Behandelt gleichfalls das Attentat Orsinis auf Napoleon III. – Der „Herzog“ ist Orsini als Anstifter des Attentats; das Komplott wird vorzeitig verraten durch Geständnisse, die man einem Mitverschworenen namens Gomez durch „List“ entlockt hatte. Die zweite Zeile bezieht sich auf die Verhaftung Pieris, des Freundes und wichtigsten Mitverschworenen des Orsini, während die erste Zeile die Örtlichkeit schildert: das Vestibül der Opéra, das von Sprengstücken durchbohrt wurde.

V, 10.

Hat denselben Gegenstand zum Inhalt wie die beiden vorhergehenden. – „Keller“ = Theater (pars pro toto). Napoleon III. wurde am Eingang in die große Oper durch eine zersprungene Scheibe am Auge leicht verwundet.

V, 16.

„Die sabäischen Tropfen“ = Erdöl; die Sabäer waren ein arabischer Volksstamm. Pharos = Insel vor Alexandra. Hierbei ist an die Suez-Krise von 1956 zu denken. Britische und französische Truppen landeten in der Kanalzone, nachdem der ägyptische Staatspräsident Nasser den Suezkanal verstaatlichte. „Rhodos“ weist auf das östliche Mittelmeer. Gleichzeitig griff nämlich Israel Ägypten an. Nur durch eine massive Intervention der USA und der Sowjetunion wurde das „Suezabenteuer“ beendet.

V, 19.

Friedrich der Große fiel 1740 in Schlesien ein, das zu Österreich gehörte. 1742 erhielt Preußen Schlesien und die Grafschaft Glatz zugesprochen. Doch 1744 bis 45 kam es zum zweiten schlesischen Krieg. Daran schloß sich der Siebenjährige Krieg (1756–63) an, der Preußen trotz seines Sieges schwere Verluste einbrachte. In diesem Krieg kämpfte auch Rußland (= „Barbaren“) mit.

V, 20.

Die Garibaldische Expedition 1859–62. – 1859 überschritt die französische Armee unter Napoleon III. die Alpen. Kurz zuvor die Erhebung Garibaldis (nicht seine „Geburt“, wie N. meint). In der Bezeichnung Garibaldis als „Ungeheuer“ zeigt sich wieder die antirevolutionäre Gesinnung N's. Der Herzog von Toskana wurde aus seinem Land vertrieben und suchte Zuflucht in Österreich.

V, 21.

Der Papst Benedikt XV. starb 1922; im selben Jahr marschierten die Faschisten nach Rom, und Mussolini wird von dem König mit der Regierungsbildung beauftragt.

V, 23.

„Afrikas Großer“ könnte vielleicht ein ägyptischer Staatsmann sein, weil man Ägypten zur Zeit des Nostradamus als Teil Afrikas ansah. Im israelisch-arabischen Krieg von 1973 errang Ägypten große Anfangserfolge; doch am Ende konnte es nur durch massives Eingreifen der Großmächte vor einer schweren Niederlage bewahrt werden (Zweimännerbund: USA u. Sowjetunion).

V, 25.

Diese astrologische Konstellation tritt 1998 ein. Nicht unwahrscheinlich ist ein Angriff eines arabischen Großreiches gegen die westliche Welt (= Kirchenherrschaft).

V, 26.

Im Original steht „esclave“, was als „geknechtet“ oder auch als „slawisch“ übersetzt werden kann. Man bringt diesen Vierzeiler mit Rußland in Verbindung. Josef Stalin hat die Sowjetunion zur Weltmacht gemacht.

V, 27.

Muß zusammen mit dem Vierzeiler 25 gesehen werden. Marnegro = Schwarzes Meer. Pharo = Ägypten.

V, 28.

Weissagung der Ermordung des Königs Humbert von Italien in Monza 1900. Dieser Mord wurde von Anarchisten ausgeführt. Der König war vorher gewarnt worden, meinte aber seinem Schicksal nicht entrinnen zu können. Kurz vor dem Attentat soll er geäußert haben: „Zwei Attentaten bin ich entkommen, dem dritten werde ich zum Opfer fallen. Gegen das Schicksal läßt sich nichts machen." Damit ließe sich auch die Dreizahl der Mörder erklären.

V, 29.

„Der schwarze Schurke" ist Mussolini, der seine „Faschisten" mit schwarzen Hemden bekleidete. Histrien = Hitler; in Venedig schlossen die beiden Diktatoren Hitler und Mussolini den Achsenvertrag.

V, 30.

Die Stadt ist Rom, das 1797 und 1808 von französischen Truppen erobert und geplündert wurde.

V, 31.

Die USA traten in unserem Jahrhundert als Verfechter der Freiheit auf. Man hat deshalb oft den Vergleich mit dem antiken Athen gezogen, das gegenüber diktatorischen Regimen eine ähnliche Politik verfochten hat. „Rose ist der Welt" kann eine versteckte Andeutung auf den amerikanischen Präsidenten Roosevelt sein. Der ganze Vierzeiler würde dann den japanischen Überfall auf Pearl Harbor 1941 weissagen, wo der größte Teil der Pazifikflotte der USA vernichtet wurde.

V, 35.

Selins Meer = Meer der Selene oder Mondes = östlicher Teil des Mittelmeeres, dessen Anreiner islamische Staaten sind. Die „Freistadt" ist Alexandrien. Als der ägyptische Staatspräsident Nasser 1956 den Suezkanal verstaatlichte, besetzten britische und französische Truppen in einer Blitzaktion die Kanalzone.

V, 38.

Der Niedergang der französischen Monarchie begann unter Ludwig XV., der von 1715 bis 1774 regierte. Das „Salische Gesetz" regelt in Frankreich die Thronfolge. Es wurde in der Französischen Revolution abgeschafft.

V, 39.

Der Graf von Chambord, ein Bourbone, deren Wappen die Lilie ziert, heiratete die Tochter des Herzogs von Florenz (liegt in dem antiken Etrurien).

V, 41.

Offensichtlich eine Andeutung auf die dunkle Herkunft Napoleons I., der „aus der alten Urne" sein Blut verjüngen wollte, indem er seinen Stammbaum auf das alte Habsburger Geschlecht zurückführen wollte. Näher liegt aber, an seine Verbindung mit der österreichischen Kaisertochter zu denken. Hoffte er doch durch diese Verheiratung mit Österreich in ein gutes Einvernehmen zu kommen und im Verein mit diesem nach den vielen Kriegen („eherne Zeit") eine friedliche Erneuerung Europas heraufzuführen. Andere Interpreten beziehen den Vierzeiler auf Philipp V. von Spanien, der am 19. Dezember 1683 nachts um 2 Uhr, also im Schatten der tiefsten Nacht, geboren war und durch den auch ein goldenes Zeitalter wenigstens nach französischer Auffassung wieder aufgeblüht war.

V, 42.

„Mamors“ = Mars. Die Allobroger, ein Volksstamm des narbonnensischen Galliens, sind gleichbedeutend mit Frankreich. Österreich und Ungarn, deren Wappentier der Adler ist, stehen nach alten astrologischen Werken unter dem Sternbild der Waage. Weissagung auf den Krieg Frankreichs gegen Österreich in der Lombardei 1859.

V, 47.

Das Wort „Araber“ bezeichnet bei Nostradamus alle islamischen Völker. Es ist hier an den großen Türkenkrieg 1683–99 zu denken. Unter dem Großwesir Kara Mustafa stießen die Türken bis Wien vor.

V, 51.

Großbritannien schloß nach dem Ende des 1. Weltkrieges Schutzverträge mit osteuropäischen Staaten. Um die agressive Expansionspolitik Hitlers einzudämmen, gab England 1939 eine Garantieerklärung für Polen ab. Barcien = Spanien und Tuscien = Italien; Weissagung auf den spanischen Bürgerkrieg, der mit der Machtübernahme der spanischen Falangisten unter General Franco endete. 1935 fiel Italien in Abessinien ein.

V, 54.

Kurz nach dem 2. Weltkrieg galt dieser Vierzeiler als Weissagung eines bevorstehenden Angriffs der Sowjetunion auf Westeuropa. Stalin, der über Rußland wie ein König regierte, stammte aus Georgien, das am Schwarzen Meer (Euxin) liegt.

V, 55.

Ligurien = Italien; „Glückliches Arabien“ = Gebiet des heutigen Jemen. Weissagung auf einen Angriff arabischer Völker auf Westeuropa.

V, 57.

1783 erfanden die Gebrüder Montgolfier (= „Berg Gaufier") den Luftballon, dessen Auftrieb dadurch erfolgte, daß man durch eine untere Öffnung („Loch") heiße Luft einströmen ließ. 1794 konnte die Erfindung bereits militärisch ausgenutzt werden durch den französischen General Jourdan in der Schlacht von Fleures gegen die Österreicher. Die Beute dieses Feldzuges brachte Napoleon durch den Vertrag von Tolentino (19. Febr. 1797) in Sicherheit, indem er die oberitalienischen Besitzungen des Papstes, die zwischen den „beiden Felsen" der Kirche lagen, nämlich zwischen dem Kirchenstaat und zwischen dem schon 1795 geraubten Avignon, annektierte, wobei zugleich zu bemerken ist, daß „Fels" auch an „Petrus" erinnert. Damals saß auf dem päpstlichen Stuhl Pius VI., der erste Papst, der seit der Zeit Nostradamus' die Zahl sechs trug (Sextburg).

V, 60.

Beschreibt das große Leid, das „ein geschorenes Haupt" über die Menschheit bringt. Dahinter verbirgt sich Napoleon I.

V, 61.

Gehört inhaltlich zu 60; nimmt Bezug auf die Kriege Napoleons gegen Österreich (= die Waage), die er in Italien führte. Er ernannte seinen Sohn zum König von Rom, bevor er zur Welt kam, und befahl bei seiner Geburt öffentliche Freudenfeuer.

V, 62.

Diese astrologische Konstellation ist 1997 gegeben; es handelt sich um einen Krieg in Südeuropa. England wird große Schwierigkeiten haben (Dreizackenfürst = Neptun = England). Diese Stelle könnte sich auch auf

Amerika beziehen. In diesem Fall wäre an schwere Verluste der amerikanischen Mittelmeerflotte zu denken.

V, 67.

Der Tod Heinrich II. und Heinrich III. (1559–1589). Der Fürst von Perusia ist Sixtus V., er wagte nicht, Heinrich III. zu exkommunizieren aus Furcht, die römische Kirche, die ohnehin schon durch das englische Schisma von 1534 einen großen Teil ihrer Macht eingebüßt hatte, könnte durch ein französisches Schisma völlig ihrer Macht „entkleidet“ werden. Heinrich II. starb zwar durch eine Verletzung des Auges, während Heinrich III., sein Sohn, 1589 von dem Mönch Jakob Clément ermordet wurde. Das war das Ende von der Nachkommenschaft Heinrichs II.

V, 69.

Louis Philipp, als König der Franzosen der „Große“ genannt, wird seine ehrgeizigen Absichten auf Afrika nicht länger verbergen und nach Überwindung einer anfänglichen Unsicherheit die Eroberung Afrikas für Frankreich vollenden.

V, 70.

Länder im Zeichen der Waage sind Österreich. Bezieht sich auf den Vormarsch der Türken nach Wien (1683–99).

V, 72.

Gemeint ist das Edikt von Nantes 1589; dadurch, daß Heinrich IV. mit diesem Edikt den Protestanten Duldung gewährte, mischte er „Gift“ in den katholischen Glauben. Venus ist bei Nostradamus häufig Deckwort für den Protestantismus, während Sol für die katholische Kirche steht.

V, 73.

Ein solches Bündnis von arabischen Staaten wie etwa Syriens, Iraks oder Jemens, die mit dem Ostblock sympathisieren, mit Polen war nicht unmöglich und bis 1991 durchaus denkbar. Kirche ist sicherlich Deckwort für „westliche Welt“.

V, 74.

Damit ist der Prinz Eugen von Savoyen gemeint, der als Oberbefehlshaber des österreichischen Heeres 1697 bei Zenta (an der unteren Theiß) das türkische Heer schlug. Nach diesem Sieg drangen die österreichischen Truppen bis Bosnien vor. 1699 wurde im Frieden von Karlowitz Österreich ganz Ungarn und Siebenbürgen zugesprochen.

V, 77.

Der französische König Karl IX. galt als besonders gewalttätig und benutzte auch Priester für seine Machenschaften. Flamen sind Priester im alten Rom, Dial und Martial sind Bezeichnungen für Zeus und Marspriester. Vulkan ist der Feuergott der antiken Mythologie.

V, 78.

Kaiser Karl V. von Deutschland und Franz I. von Frankreich lagen beständig im Kampf miteinander, den Heinrich VIII. von England durch wechselhaftes Bündnis im Gleichgewicht hielt. Nach der unglücklichen Schlacht von Pavia zog Franz I. es vor, Frieden zu schließen. Er befreundete sich sogar mit Kaiser Karl, aber sie blieben nicht lange zusammen. Als Karl V. mit den Berbern und Türken beschäftigt war, forderte Franz wieder zum Kriege heraus.

Die ständigen Kämpfe und damit verbundenen Aufregungen wurden Kaiser Karl so zuwider, daß er 1555 seinem Sohn Philipp die Niederlande und Spanien abtrat, im Jahre 1556 aber seinem Bruder Ferdinand

Deutschland und Österreich übergab. Er selbst segnete die Barke (Kirche) und Kappe (= Mönchsleben), d.h., er ging in das Kloster von San Yuste in Spanien, wo er von aller Welt vergessen 1558 starb.

V, 81.

Wer denkt bei dem Satz „östliche Mauer fällt“ nicht an die Silvesternacht 1990, als von einer riesigen Menschenmenge beiderseits des Brandenburger Tores die Berliner Mauer de facto beseitigt wurde. Adler = Wappentier von Preußen. 1871 zogen preußische Truppen sieben Monate nach der Kriegserklärung an Frankreich in Paris ein.

V, 82.

Steht in Zusammenhang mit V, 81.; Paris wurde eingeschlossen. Gambetta, der eine Regierung der nationalen Verteidigung gebildet hatte, entkommt aus Paris im Freiballon und organisiert eine Art Volkskrieg mit bewaffneten Zivilisten (Franctireurs). Das neu aufgestellte französische Heer wird geschlagen und über die Schweizer Grenze gedrängt.

V, 86.

Die beiden Hauptströme sind der Euphrat und Tigris, die beide sich vereinigen und Basra „mit Wasser umstricken“. Basra ist eine Hochburg der Schiiten, deren geistliches Oberhaupt Khomeini war. Nach seiner Ankunft 1979 in Teheran mußten alle Anhänger des Schahs das Land verlassen, sofern sie sich der Hinrichtung entziehen konnten. Die benachbarten islamischen Staaten fürchteten, daß sich diese islamische Revolution ausbreiten könnte. Byzanz = Türkei, in der nach der Machtübernahme Khomeinis die Reislamisierung starken Auftrieb erhielt.

V, 89.

Navarra ist die Dynastie, die mit Heinrich IV. 1589 in

Frankreich zur Regierung gekommen war, die ältere Linie der Bourbonen. Sie verlor mit Karl X. 1830 die Krone. An ihre Stelle trat die jüngere Linie Bourbon, der Zweig Orléans, mit der Person Ludwig Philipps, der von 1830 bis 1848 König der Franzosen war. Gegen ihn schürte die entthronte Dynastie Unruhen, wobei sie die Lilienstandarte als Zeugnis ihrer Legitimität vorantrug.

V, 92.

Die Dauer der Regierung Ludwig Philipps. Seit den Zeiten des N. ist Louis Philipp in der Tat der einzige König von Frankreich, der 17 Jahre regiert hat. Mit ihm werden auch die 5 Orleanisten, die als Thronerben in Frage kämen, beiseite geschoben. Ein neues Oberhaupt wird gewählt in der Person Louis Bonapartes, dessen gemischte Politik aber sowohl den römischen Katholiken als auch den römischen Revolutionären nicht behagte.

V, 93.

Die astrologische Konstellation, in der Merkur die Herrschaft ausübte, war in den Jahren 1720 bis 1756 gegeben. In dieser Zeit machte das schottische Haus Stuart noch einmal alle Anstrengungen, um sich in Besitz der englischen Krone zu setzen. In England herrschte große Aufregung. Die Schlacht von Culloden 1746 beendete endgültig diese Bestrebungen.

V, 94.

Nach Beendigung des Frankreich-Feldzuges wurde 1940 ein Waffenstillstand geschlossen, der spätestens seit der alliierten Invasion 1944 null und nichtig war. Französische Truppen beteiligten sich an dem alliierten Angriff. Der „Herzog von Armenien“ = Stalin; Wien wurde von der Roten Armee erobert. Köln = Ruhrgebiet; Stalin forderte vergeblich ein Kontrollrecht über das Ruhrgebiet.

V, 98.

Dieser Vierzeiler wurde während des Kalten Krieges als Hinweis auf einen atomaren Krieg gedeutet. Denkbar ist auch die für die ersten Jahrzehnte des 3. Jahrtausends erwartete Klimakatastrophe, deren Auswirkungen noch die eines Atomkrieges übertreffen.

V, 99.

1944 verlagerten sich die Kämpfe in Italien in die Poebene. Rom wurde von den deutschen Truppen geräumt. „Adlers Scharen" = deutsche Truppen; Löwe = England; Keltisch Volk = französische Verbände.

VI. Zenturie

VI, 2.

Bei 580 ist die Tausend zu ergänzen = 1580. Um diese Zeit drängten sich wunderbare Ereignisse genug: der unerwartete Tod Heinrichs II., dem der willenlose 16jährige Knabe Franz II., der Gemahl der unglücklichen Maria Stuart, der bereits nach einer Regierung von 17 Monaten starb und den Thron seinem nur wenig älteren Bruder Karl IX. hinterließ, der sich auf dem Sterbebett nur mit dem einzigen Gedanken trösten konnte, daß er keinen Sohn hinterließ. Auf ihn folgte Heinrich III., der 1589 einem Meuchelmord erlag als der letzte Sproß aus dem Hause Valois. Es war die Zeit der Bürger- oder Hugenottenkriege, bis mit Heinrich IV. 1589 das Haus Bourbon zur Regierung kommt. 1700 bzw. 1701 bestieg dieses in der Person Philipps V. von Anjou auch den Thron von Spanien. Spanien wird „eins in mehrern Reihen" genannt, da es aus verschiedenen Köngreichen bestand; die „Fünfe" spielt auf Philipp V. an; „ändern" bezieht sich auf den Thronwechsel und heißt so viel als übergehen. – Einige Interpreten sehen die Wunderlichkeit der Epoche darin, daß eine päpstliche Bulle vom 24. Febr. 1582 den neuen Kalender einführte, so daß die eine Hälfte der Christenheit der andern fast zwei Wochen in der Datierung der Zeit voraus war, da die protestantischen Länder Deutschlands den alten julianischen Kalender noch bis in die Mitte des 18. Jahrhunderts zum größten Teil beibehielten.

VI, 5.

Hinweis auf die Atombombe und die Folgen eines atomaren Krieges.

VI, 7.

Weissagung auf den 2. Weltkrieg. Norwegen wurde 1940 von deutschen Truppen besetzt (Aktion „Weserübung“). Dazien = Rumänien, das bis 1944 sich auf der Seite Deutschlands an dem Rußlandfeldzug beteiligte. „Der Bund der Brüder“ = „Achse Rom-Berlin“; die beiden Diktatoren Hitler und Mussolini („Römer Häuptling“) haben sich in dem „Stahlpakt“ 1939 eng zusammengeschlossen.

VI, 9.

In der Französischen Revolution wurden die Kirchen in Tempel der Vernunft umgestaltet. Die beiden letzten Zeilen dürften auf Robespierre anspielen, der sich bei seiner Gefangennahme am 27. Juli 1794 zu erschießen versuchte, wobei er sich jedoch nur den Unterkiefer zerschmetterte; am 28. Juli wurde er dann durch den Scharfrichter Samson hingerichtet, der ihm zuvor den Verband abriß. Bei den „goldenen Münzen“ könnte man entweder an die in damaliger Zeit bei allen möglichen Anlässen geprägten Gedenkmünzen denken, oder an die dadurch sinnbildlich ausgeprägte Verehrung, in der Robespierre zeitweilig stand.

VI, 11.

Der Bürgerkrieg der Malcontents („der 5. Bürgerkrieg“) 1575 bis 1576. Die „sieben Zweige“ sind die 7 überlebenden Kinder Heinrichs II. Die 3 zuletzt noch übrigbleibenden sind: Heinrich III., Margarethe und François, Herzog von Alençon, der Führer der Malcontents. Die zwei zum Brudermord (Bruderkrieg) Verführten, von denen die dritte Zeile redet, sind die beiden männlichen Überlebenden, während die „Verschworenen“ in der vierten Zeile die Guisen sind, die mit den Ligisten gegen Heinrich III. verbündet waren. Sie wurden in eine falsche Sicherheit eingeschläfert (in Blois am 23. und 24. Dez. 1588), die zu ihrem Untergang führte. – 1575 war es dem Herzog von Alençon trotz strenger Bewachung gelungen, vom Hof zu entkommen und an der Spitze der mit den Hugenotten verbündeten Malcontents seinem Bruder Heinrich III. entgegenzutreten, dem er das Pazifikationsedikt vom 14. Mai 1576 abzwang. Der Haß der beiden Brüder gegeneinander ging so weit, daß sie wiederholt durch Schwert und Gift Mordversuche unternahmen.

VI, 12.

Eine Weissagung auf die Hugenottenkriege in Frankreich (1562–98). Die Führer der Hugenotten haben die Unterstützung Englands; die katholische Liga steht im Bunde mit Spanien. Der Papst Sixtus V. verteidigt treu die Sache des französischen Königshauses.

VI, 15.

Spanischer König = Kaiser Karl V.; vielleicht ein Hinweis auf den Reichstag zu Worms 1521, auf dem Martin Luther von Kaiser Karl V. durch das „Wormser Edikt“ geächtet wurde.

VI, 19.

Die „Dame“ ist die spanische Republik, die im Spanischen Bürgerkrieg (1936–39) ihr Ende fand. Seinen Militäraufstand gegen die Volksfrontregierung bereitete General Franco von Marokko aus vor. Seine Truppen wurden von der „Legion Condor“, deutsche Verbände, die Hitler nach Spanien schickte, in das Mutterland gebracht. In Sevilla konnte er seinen ersten Stützpunkt aufbauen.

VI, 20.

Schwer zu deuten. Eine der zahlreichen Allianzen in Europa, die besonders im Zeitalter des Absolutismus und der Kabinettspolitik geschlossen wurde. Neuere Deutungen bringen diesen Vierzeiler mit Hitler und Mussolini in Verbindung. Mussolini bezeichnete sich gern als Löw bzw. Leopard.

VI, 22.

Wegen des im Lande des großen Himmelstempels (= Frankreich) geheuchelten Friedens wird der Neffe (= Napoleon III.) in London getötet (er starb am 9. Jan. 1873 in Chislehurst bei London an den Folgen einer Blasenoperation). Die „Barke“ (= katholische Kirche) wird in Unruhe versetzt durch die Abspaltung der „Altkatholiken“, die das Unfehlbarkeitsdogma des Papstes ablehnen. Der Friede von 1871 war auch für Frankreich nur ein geheuchelter.

VI, 23.

Gehört inhaltlich zu 22. Eine Weissagung auf den Aufstand der Pariser Kommune von 1871. Radikale Kommunisten und Sozialisten versuchten in Paris die Macht zu ergreifen. Der Aufstand wurde von Marschall MacMahon (1808–93) niedergeschlagen („Blutige Woche von Paris“).

VI, 24.

Eine astrologische Konstellation, die im Juni 1991 eintritt. Nachdem im Frühjahr 1991 der irakische Diktator durch die Truppen der Vereinten Nationen zwar nicht völlig besiegt, aber so geschwächt wurde, daß von ihm als einen der letzten Aggressoren keine Gefahr mehr ausgehen kann, hat diese Weissagung des Nostradamus einen hohen Grad an Wahrscheinlichkeit, in Erfüllung zu gehen. Sie muß weiterhin in Zusammenhang mit der Prophezeiung gesehen werden, daß 1999 Heinrich der II. oder der Glückliche seine Herrschaft antreten wird. Als Weltherrscher wird er eine lange Periode des Friedens einleiten.

VI, 29.

Die Regierung der Katharina von Medici. – Mit den „Zweigen" sind ihre Kinder gemeint, die sämtlich unglücklich regierten. Sie ließ ihren Sohn, Heinrich III., der in Polen König war, von dort zurückkommen, damit er den Bürgerkrieg beilegen sollte. Statt dessen trieb er aber das Übel auf die Spitze, indem er sich mit dem Protestanten Heinrich von Navarra und mit den Hugenotten gegen die katholische Liga verbündete und besonders dadurch, daß er am 24. Dezember 1588 den Kardinal Ludwig von Guise ermorden ließ. Mit den „Geschorenen" ist hier auf die Tonsur der katholischen Geistlichen angespielt, im weiteren Sinne = Katholiken überhaupt.

VI, 34.

Mit Beginn der alliierten Luftoffensive 1942 wird Hitler (= der große Führer) immer mehr in Verlegenheit gebracht. Was England anbelangt, kann er seine Kriegsziele nicht mehr erreichen. Ab Mitte 1944 haben die Alliierten die absolute Luftherrschaft über Deutschland. 1944 wird durch das Bombenattentat des Obersten von Stauffenberg im Hauptquartier Hitlers das Signal zu einem Aufstand gegen Hitler gegeben. Hitler überlebt, und der Aufstand bricht zusammen. Über 5000 Menschen werden hingerichtet. Der Aufstand gegen die nationalsozialistische Gewaltherrschaft scheiterte nicht zuletzt daran, weil viele Kommandeure es ablehnten, ihren Fahneneid zu brechen.

VI, 38.

Wenngleich Italien im Frieden zu St. Germain 1919 auch Südtirol bis zum Brenner, Istrien, Dalmatien und Gebiete in Kärnten erhielt, war es mit dem Ausgang der Friedensverhandlungen am Ende des 1. Weltkrieges nicht zufrieden.

VI, 41.

Bezieht sich auf die Rüstungen Englands nach dem Attentat Orsinis (siehe V,8–10). – Der zweite Kaiser aus dem Hause Napoleon (hier: Dänemark, weil man den Stammbaum Napoleons, um ihm zu schmeicheln, auf die dänischen Könige zurückführte, die ihrerseits in einer falsch verstandenen Etymologie des Wortes in Dan, dem 7. Sohn Jacobs, ihren Urahnen erblickten). – Friesland, als alter Bestandteil Hannovers, damals noch mit England vereinigt, steht für dieses. Da Napoleon III. nach dem orsinischen Attentat seine italienische Politik ändert, sah sich England genötigt, für Rüstungszwecke die gewaltige Summe von mehr als 10 Millionen Franken (= 100000 Mark in Gold) zu verausgaben. Napoleon eröffnete dann seinen Feldzug in Italien, von dem er aber nicht die Früchte ernten sollte, die er sich davon versprochen hatte.

VI, 43.

Weissagung auf einen künftigen Krieg. Man könnte auch an die Marneschlacht von 1914 denken.

VI, 44.

Dieser Vierzeiler wurde während des Golfkrieges 1991

sehr häufig in Amerika zitiert. Man befürchtete, daß der irakische Diktator Saddam Hussein über Waffen verfügen würde, mit denen er die amerikanischen Kriegsschiffe vernichten könnte.

VI, 45.

Melilla ist eine Hafenstadt in Spanisch-Marokko. 1936 setzten von hier die Truppen des Generals Franco nach Spanien über, um die Volksfrontregierung zu stürzen.

VI, 51.

Der Vierzeiler wird unterschiedlich gedeutet. So soll er die Hinrichtung Ludwig XVI. weissagen. Andere Interpreten verweisen auf die Hochzeit Ludwig XVI. mit Marie-Antoinette, bei der hunderte von Menschen ums Leben kamen, als ein Gerüst einstürzte. Auch an das Attentat auf Hitler im Jahre 1939 im Münchner Hofbräukeller wurde gedacht.

VI, 52.

1870 trat Napoleon III. zurück. Als „Platzhalter der Monarchie“ trat der Marschall MacMahon an seine Stelle. „Eisenturm“ = Gefängnis; MacMahon war aus deutscher Kriegsgefangenschaft zurückgekehrt. In diesem Jahr herrschte der kälteste Winter des ganzen Jahrhunderts. In Paris kamen Tausende von Menschen durch Erfrierung ums Leben.

VI, 54.

Im Februar 1607 ereignete sich eine totale Sonnenfinsternis, die besonders in Nordafrika gesichtet wurde. Diese Gestirnstellung kostet nach der Beobachtung immer einem Könige oder Fürsten Thron oder Leben. Nimmt Bezug auf die Kämpfe des Thronerben von Tunis und Marroko mit seinen Brüdern.

VI, 56.

Muß im Zusammenhang gesehen werden mit einem

zukünftigen Angriff islamischer Völker gegen Westeuropa. Schon heute wird eine unbeschreibliche Völkerwanderung aus Nordafrika und den angrenzenden Gebieten nach Italien, Spanien und Frankreich vorausgesagt, wenn die Dürrekatastrophe in Afrika ihren Höhepunkt erreicht haben wird. Dies wird mit Beginn des 3. Jahrtausends erwartet. Auch kriegerische Auseinandersetzungen sind dann durchaus möglich. 1999 wird ein französischer Weltmonarch (Heinrich II. oder der Glückliche) die Herrschaft antreten. Dieser Weltmonarch könnte auch der Regierungschef eines Vereinten Europas sein. Zu Beginn seiner Regierungszeit muß er zahlreiche Kriege führen, besonders gegen arabische Völker.

VI, 57.

Man hat sicherlich zu Recht diese Weissagung auf den russischen Diktator Stalin bezogen. Wie ein russischer Zar, der nach Auffassung der russisch-orthodoxen Kirche Stellvertreter Gottes auf Erden ist, regierte er die Sowjetunion. „Heiliger Stuhl" = Moskau, das auch das „dritte Rom" genannt wird.

VI, 60.

Würde gut auf den Prinzen von Leon und Herzog von Rohan passen, der militärischer Führer der Hugenotten und gefürchteter Gegner des Kardinals Richelieu (1585–1642) war. Die „Amorischen" = Engländer; wenngleich die Engländer die Sache der Hugenotten unterstützten, griffen sie dennoch die in dem Vierzeiler genannten Städte Rouen und Rochelle an, die Schutzplätze der Hugenotten waren.

VI, 62.

Trauer und Regentschaft der Katharina v. Medici. Sie war die Witwe Heinrichs II., der 1559 starb (cfr. I,35; III,30). In der Tat legte sie die Witwentrauer 7 Jahre lang nicht ab. Erst als sie am 1. Aug. 1566 von einer Reise zurückkehrte, die sie mit ihrem Sohn Karl IX. in das Gebiet der aufrührerischen Städte unternommen hatte, um sie zu besänftigen, widmete sie sich mit Eifer den öffentlichen Angelegenheiten und behielt ihre Macht ungeschwächt während der Regierung ihres Sohnes Karls IX. bei. Sie starb erst im Jahre 1589.

VI, 68.

Im Jahre 1556 hat der Herzog von Alba Rom angegriffen, weil er verhindern wollte, daß der französische König Heinrich II. und der Papst gemeinsam Spanien angreifen.

VI, 70.

Gemeint ist Heinrich II. oder der Glückliche, der als Weltmonarch regieren wird. Gelegentlich bezog man diesen Vierzeiler auch auf Heinrich IV., von dem Voltaire sagt, „er war der Besieger und der Vater seiner Untertanen". Seine Volkstümlichkeit war geradezu sprichwörtlich.

VI, 72.

Marie-Antoinette, die Gemahlin von Ludwig XVI., machte sich durch zahlreiche Affären sehr unbeliebt beim Volk. Gerüchte wollten nicht verstummen, daß sie eine Liebesaffäre mit dem Grafen d'Artois habe. Sie wurde wie ihr Gatte auf der Guillotine hingerichtet.

VI, 75.

Der Abfall des Admirals Coligny. – Er wurde 1552 durch Heinrich II. zum Admiral ernannt (daher „Pilot"); nach 7 Jahren (1559) trat er nach dem Tode Heinrichs II. von der Flotte zurück und stellte sich nun an die Spitze der Kalvinisten; 1562 wurde er zu ihrem premier lieutenant général ernannt. 1567 zettelte er den Bürgerkrieg an. – Das war zu derselben Zeit, als

Soliman II. („Barbarenheer“) den venetianischen Staat bedrohte, dem er 1570 die Insel Zypern abnahm. 1570 wurde auch zu St. Germain Friede zwischen Protestanten und Katholiken geschlossen.

VI, 78.

„Großen Selins Halbmond“ = arabische Großmacht; Adler = Deutschland. Die Weissagung bezieht sich auf einen Angriff eines arabischen Großreiches auf Westeuropa. Der Angriff muß aus Nordafrika kommen, weil Italien das erste Ziel ist (siehe auch VI,56). Mit dem „großen Basil“ ist der Weltmonarch Heinrich II. gemeint, der 1999 seine Herrschaft antreten soll. Andere Interpreten beziehen den ersten Vers auf den türkischen Sultan Abdul Medjid, der Rußland mit Hilfe der verbündeten Armeen Frankreichs, Englands und Piemonts besiegte. Der „Adler“ soll Napoleon III. sein, auf den die Römer ihre Hoffnungen setzten. Die im dritten Vers aufgeführten Städte sind mit der Neuordnung der politischen Verhältnisse einverstanden.

VI, 80.

1911 erfolgte die französische Besetzung von Fez; es entsteht ein Konflikt mit dem Deutschen Reich, das argwöhnisch das französische Vordringen in Marokko beobachtete. Nur mit Mühen können die deutsch-französischen Interessen ausgeglichen werden. „Asiens Haupt“ = Japan; es könnte der Russisch-Japanische Krieg gemeint sein (1904–05), der Japan in die Reihe der Großmächte einreihte.

VI, 83.

Die Eröffnung des belgischen Feldzuges (9. Aug. 1831). Dieser Vierzeiler ist, um richtig verstanden zu werden, vollständig umzukehren. Der sich so sehr roh gegen die Blume (Bourbon) erwiesen..., dem wird nachher ein Jahr später) viel Ehre erwiesen.

VI, 84.

Nach der Abdankung Karl X. im Jahre 1830 wurde Ludwig Philipp I., Herzog von Orleans, zum König der Franzosen proklamiert. Sparta = Paris; das antike Sparta hatte zwei Könige. Während der Juli-Revolution bis zur Flucht Karl X. hatte Frankreich zwei Könige. „Claudia“, im Original Claudder Hinkende. Damit ist sicherlich der Herzog von Bordeaux gemeint (siehe V,5).

VI, 89.

Abdankung Napoleons I. am 13. April 1814. Napoleon I. war als Kaiser der Franzosen durch Papst Pius VII. gesalbt „mit Honig und Rahm“ aus der heiligen Ampulle. Doppelt gefesselt war er auf den Felseninseln Elba und St. Helena. Die letzten Zeilen lauten wörtlich: „Der Mundschenk wird den in den Becher gegossenen Trank, mit dem der Fürst der Bienen (= Napoleon I.), verärgert in seiner Liebe zu seinem Sohn, versuchen wird, sich zu vergiften.“ Hier findet fast jeder Buchstabe seine geschichtliche Erfüllung, nämlich: Der Kaiser verzweifelt darüber, daß die verbündeten Fürsten sich weigerten, die von ihm aufgesetzte Urkunde zu unterzeichnen, durch welche er zu Gunsten seines Sohnes abzudanken bereit war, beging in der Nacht vom 12. zum 13. April 1814 einen Selbstmordversuch, indem er Gift nahm, das er seit der Flucht aus Moskau beständig bei sich führte. Dieses vermeintliche Gift aber, mochte es nun von seinem Leibarzt Yvan schlecht zubereitet gewesen sein oder durch die Länge der Zeit seine Kraft verloren haben, wirkte als ein bloßes Opiat.

VI, 96.

Wohl der Aufstand der Pariser Kommune von 1871 gemeint. Die Herrschaft der kommunistischen und sozialistischen Arbeiter („Communards“) dauerte über zwei Monate. Als die Regierungstruppen unter Marschall MacMahon die Stadt eroberten, kamen über 10000 Menschen um. Von deutschen Nostradamusinterpreten auf Berlin bezogen, nachdem es sich den russischen Truppen 1945 ergeben mußte.

VI, 97.

Die „neue Stadt“ = New York, das am 45. Breitengrad liegt. Beschreibt ein Ereignis (Atomangriff) eines künftigen Weltkrieges. Die Weissagung wurde auch auf folgende Städte bezogen: Mailand, Turin, Lyon, Montreal u. Genf, die alle am oder nahe des 45. Breitengrades liegen.

VI, 100.

Im Originaltext in Lateinisch abgefaßt. Man glaubt, daß dieser Vers das Geheimnis des Chiffrierschlüssels enthält (siehe Einleitung).

VII. Zenturie

VII, 1.

Ein dunkler Vierzeiler; 1873 entdeckte Schliemann in den Hügeln des antiken Troja den „Schatz des Priamos“. Vielleicht ist auch der legendäre Schatz des Tempelherrenordens gemeint (siehe V,7).

VII, 4.

Langres Führer = Franz von Lothringen, Herzog von Guise, der auch den Beinamen der Benarbte trug. In den Kriegen des Königs Franz I. und König Heinrich II. gegen Kaiser Karl V. erwarb er sich große Verdienste. Zusammen mit A. de Montmorency und Marschall de St. André bildete er 1561 das Triumvirat, dessen Ziel es war, die hugenottischen Bestrebungen zurückzudrängen. Das 1562 von Katharina von Medici erlassene Edikt, das den Hugenotten freie Religionsausübung gewährte, unterlief er durch ein Blutbad bei Vassy und Verwüstung hugenottischer Kirchen in Paris. Damit provozierte er den ersten Hugenottenkrieg (1562–63). 1563 wurde er von Hugenotten ermordet. Diese Tat schrieben seine Anhänger dem Admiral de Coligny zu. Augsburg und Genf sind eng mit der reformatorischen Bewegung verbunden. 1530 legten die Protestanten auf dem Reichstag ihr Bekenntnis vor (Confessio Augustana), und 1555 wurde dort der „Augsburger Religionsfriede" geschlossen. Genf ist das Zentrum des Calvinismus. Mirandola (gestorben 1494) ist ein Renaissancephilosoph aus der Akademie zu Florenz. Mirandolas Lehre beinhaltet eine Art Weltreligion, die Griechentum, Christentum und Judentum vereint. Die Weissagungen des Nostradamus geben eine Prognose, wie sich der Protestantismus weiterentwickelt. Zwar wurde der Protestantismus von Humanisten unterstützt, aber es gab auch tiefe Meinungsverschiedenheiten.

VII, 6.

Muß mit der großen Völkerwanderung afrikanischer Völker in Richtung Westeuropa in Verbindung gebracht werden. Siehe VI,56.

VII, 7.

Gehört zu VII,6. Es kommt auch zu Partisanenkämpfen.

VII, 8.

Flora = Florenz; könnte sich auf die Kämpfe der Alliierten gegen die deutschen und italienischen Truppen während des 2. Weltkrieges in Italien beziehen. Rom wurde am 4.6.1944 von den Alliierten erobert, Florenz am 4.8.1944.

VII, 11.

1610 wurde Heinrich IV. in Paris ermordet. An Stelle

seines neunjährigen Sohnes, Ludwig XIII., regierte seine Gemahlin Maria von Medici. Aber praktisch führte ein italienischer Günstling namens Concini die Staatsgeschäfte. 1617 wurde er im Auftrag des jungen Königs ermordet, der überall verkündete: „Jetzt bin ich König!“ Seine Mutter wurde nach Blois verbannt. Alle Freunde Concinis wurden entfernt.

VII, 13.

Bezieht sich wieder auf Napoleon I. Die Hafenstadt Toulon war den Engländern tributpflichtig. Napoleon I. machte hier der englischen Herrschaft („die Schmutzigen!“) ein Ende. Vierzehn Jahre währte in der Tat seine Herrschaft, vom 9. Novbr. 1799 bis zum 13. April 1814.

VII, 14.

Ein Dekret der Nationalversammlung vom 22. Dez. 1789 führte die Einteilung des Landes in Departements ein anstelle der alten provinzialen Einteilung. Die Gräber der Könige in St. Denis wurden geschändet, die Asche aus den Urnen („Krüge“) in alle 4 Winde verstreut. Antichristliche Sekten predigen eine gottlose Philosophie an Stelle der heiligen Religion; was schwarz ist, wird sie weiß nennen, und die Neuerungen („grün“) ersticken die altehrwürdigen („antiken“) Einrichtungen.

VII, 15.

„Insubrergebietes Stadt = Mailand; der Weltmonarch Heinrich II. oder der Glückliche wird besonders gegen arabische Völker Kriege führen (siehe IV, 58; V,56).

VII, 16.

Eroberung der Stadt Calais 1559 durch den Herzog von Guise. Die Stadt war seit 1347 Stützpunkt der englischen Flotte. Die französische Bevölkerung wurde von den englischen Besatzungstruppen furchtbar gestraft.

VII, 22.

Mesopotamier = Araber; Die Ausonier sind die Italiener. Ein Ereignis aus einem künftigen Krieg mit den arabischen Völkern, die Teile von Italien besetzt halten.

VII, 25.

In den langwierigen Kriegen Franz I. von Frankreich und Kaiser Karls V. war der französische Staatsschatz aufgebraucht. Franz I., vor Paris selbst gefangengenommen und nach Spanien überführt, mußte sich durch ein hohes Lösegeld loskaufen. Franz I. schloß ein Bündnis mit dem türkischen Sultan Soliman, dessen Admiral die Küsten Italiens plünderte, während ein türkischer Landheer Ungarn bedrängte (1536–38). Wegen des Mangels an Edelmetall prägte man damals in Frankreich Münzen aus Leder, denen N. wegen des obenerwähnten Bündnisses mit den Türken das Wappen derselben, den Halbmond, aufdrückte, um sie, auf den Nebenbegriff der chemischen Bedeutung Lunas anspielend, als das nunmehrige gallische Erz damit versilbern zu lassen. – Eine zweite Erfüllung fand dieser Vierzeiler durch die Französische Revolution, deren Assignaten man auch als geprägtes Leder oder Pergament im Sinne von Urkundenpapier ansprechen kann.

VII, 29.

Der Herzog von Alba (1507–1582) war General im Dienste des Kaisers Karl V. 1552 belagerte er Metz, das neben Toul und Verdun in einem Geheimvertrag (Vertrag von Chambord 1552) dem französischen König Heinrich II. von den protestantischen Fürsten Deutschlands überlassen wurde. Die Belagerung Metz wurde 1553 aufgegeben. Der große Guise ist Franz von Lothringen, Herzog von Guise. Die Deutung dieses Vierzeilers wirft aber einige grundsätzliche Fragen auf. Die Zenturien I–VII (siehe Einleitung) erschienen 1555. Die „Weissagung" des Vierzeilers VII,29 beinhaltet aber Vorgänge aus dem Jahre 1552/53. Nostradamus hat offensichtlich auch Prophezeiungen, die sich auf Ereignisse vor 1555 beziehen, in die Ausgabe von 1555 mit aufgenommen. Da die Vierzeiler über einen längeren Zeitraum entstanden sind, ist davon auszugehen, daß sich auch Vierzeiler darunter befinden, die in Erfüllung gegangen sind.

VII, 32.

Der italienische Diktator Benito Mussolini ließ 1922 seine Anhänger („Faschisten") nach Rom marschieren („Marsch auf Rom").

VII, 33.

1939 schlossen die beiden Erzfeinde Hitler und Stalin einen Grenz- und Freundschaftsvertrag. 1933 kam Hitler in einer Koalitionsregierung des „Nationalen Zusammenschlusses" an die Macht. Mit Hilfe des Ermächtigungsgesetzes (23.3.33) und diversen Gleichschaltungsgesetzen machte er sich zum unumschränkten Diktator. Einige Jahre später „wachen" die Westmächte auf, als Hitler begann, „neuen Lebensraum" zu erobern und die politischen Ziele, die er schon in den 20er Jahren in seinem Buch „Mein Kampf" formuliert hatte, in die Tat umzusetzen.

VII, 34.

„Gallisch Volk" = Frankreich; gehört inhaltlich zu VII, 33. Frankreich mußte nach der Kapitulation 1940 ein großes Opfer bringen. Schuld daran sind die Fehleinschätzungen der Hitlerschen Außenpolitik und seiner Rüstungspolitik.

VII, 35.

Mehrfache Deutung möglich. 1830 löst Ludwig Philipp I., Herzog von Orléans den Bourbonen Karl X. ab. Es kommt aber immer wieder zu Aufständen gegen sein Regime, die auch von den Bourbonen angezettelt wurden. Doch soll „große Tasche" ein Deckname für Polen sein und auf die Käuflichkeit des polnischen Königtums hinweisen. So wurde Heinrich III., der 3. Sohn der Katharina von Medici, 1573 zum König von Polen gewählt. Als Karl IX. 1574 starb, trat er die Nachfolge seines Bruders an.

VII, 38.

Der Tod des Kronprinzen von Frankreich am 13. Juli 1842. Der Tod ereignete sich in der geschilderten Weise. Auch die nähere Ursache ist richtig angegeben: „Das Gebiß hatte die Kiefer des Pferdes zu sehr gedrückt („Stachelt es"). Allerdings traf ihn der Unfall nicht als Reiter, sondern in der Equipage sitzend; beim Herausspringen aus derselben kam er zu Falle und starb eines schrecklichen Todes.

VII, 39.

Französische Nostradamusforscher glaubten hinter dem „Führer" den General Joffre wiederzuerkennen, der das französische Heer im 1. Weltkrieg bis zu seiner Ablösung im Jahre 1916 befehligte. Frankreich setzte auch sehr viele Hilfstruppen aus seinen Kolonien ein.

Mit dem Vierzeiler endet die VII. Zenturie. Die folgenden Verse dürften spätere Zusätze und Ergänzungen sein.

VII, 43.

Der Züricher Vertrag, 17. Okt. 1859. – Mit den beiden „Einhörnern" sind Piemont und Neapel gemeint, die sich beide gegenseitig im Kampf zerfleischen. Für „Volk" ist „Welt" zu übersetzen; damit ist die zwischen beiden liegende Weltstadt Rom gekennzeichnet. Für „die Schandfäul' in den Ecken" lies „der Pfeiler an den Grenzen" = das oberitalienische Festungskarré Brescia, Cremona, Verona, Mantua, das den Österreichern im Frieden verblieb. Nach der Unterzeichnung des Friedens zog Napoleon seine Truppen aus Oberitalien zurück und verwandte sie im Kirchenstaat, indem er sich seines augenblicklichen Erfolges freute.

Der Brief an Heinrich II.
Man nahm bisher an, daß die Prophezeiungen, die in Zenturien VII bis X zusammengefaßt sind, dem französischen König Heinrich II. gewidmet sind, der 1547 zum König gekrönt und 1559 bei einem Turnier getötet wurde. Inzwischen sind fast vierhundert Jahre vergangen, und man erkennt, daß die Vierzeiler in ihrer Mehrzahl nicht in den historischen Kontext der Vergangenheit passen, sondern in die Zukunft weisen. Es gilt heute in der Nostradamusforschung als sicher, daß dieses Widmungsschreiben nicht an den historischen Heinrich II. gerichtet ist, sondern an einen König von Frankreich, der erst vierhundert Jahre später regieren wird und den Namen „Großer Chyren, Großer Heinrich, Großer Hahn, Großer Guise, Großer von Lothringen, von Navara" und „von Bearn" tragen wird. Es wird ein Weltmonarch sein, der ein ganzes Universum schaffen wird.

VIII. Zenturie

VIII, 2.
Die astrologische Konstellation tritt jeweils am 23. Juli und 23. August der Jahre 1989 und 1998 ein.

VIII, 5.
Hahn = Frankreich; die Weissagung wurde auf

General de Gaulle bezogen. Nach seinem Tod sollte ein großer Krieg beginnen.

VIII, 9.

Der Krimkrieg, 1853–1856. – Der kaiserliche Adler = Frankreich unter Kaiser Napoleon III. – Der königliche Hahn von (nicht „in“) Savona (= Piemont) ist der König von Sardinien. Sie sind vereint in der Krim und gegen Ungarn (= Österreich). Die Piemontesen sind gallischer Herkunft. Die letzte Zeile muß heißen: „werden die Bartmänner ein furchtbares Triumphgeschrei ausstoßen.“ Mit den „Bartmännern“ sind wegen ihrer charakteristischen Bartform die Demokraten gemeint, die von Nostradamus mehrfach so bezeichnet werden.

VIII, 10.

Lausanne war neben Genf Tagungsort des Völkerbundes. Die Außenpolitik Hitlers wurde vom Völkerbund falsch beurteilt. Das „seltsame Volk“ sind die Österreicher, die 1938 das erste Opfer seiner aggressiven Politik werden. Ein Jahr später greift Hitlers Bundesgenosse Mussolini Abessinien an.

VIII, 11.

„Große von Valenza“ = der französische General Lusignan de Valence, der mit seiner Armee 1797 bei Belluno in Italien besiegt wurde.

VIII, 12.

Gemeint ist der sardinisch-französische Krieg gegen Österreich 1859; Kaiser Napoleon III. versprach den Italienern seine Unterstützung bei der Einigung Italiens und militärische Hilfe gegen Österreich. Nach erfolgreichen Schlachten bei Magenta und Solferino lenkt Napoleon überraschend ein, weil er ein militärisches Eingreifen Preußens befürchtete. Im Frieden von Zürich erhält er die Lombardei, die er 1860 im Vertrag von Turin gegen Nizza und Savoyen eintauscht.

VIII, 13.

Bellerophon = Sagengestalt der griechischen Mythologie. Als er aus Versehen seinen Bruder getötet hatte, flüchtete er zu dem König Proitos (= Broytus). Aber er verschmähte die Gemahlin des Proitos. Sie rächte sich und behauptete, er habe sie zu verführen versucht. Bellerophon wurde nun von seinem Gastgeber zu dessen Schwiegervater Iobates mit einem Brief geschickt, worin er ihn aufforderte, den Überbringer zu töten. Napoleon I. war mit Marie-Luise, der Tochter des österreichischen Kaisers Franz I., verheiratet, die nach dessen Verbannung als Herzogin von Parma in Mailand lebte. Aus Versehen soll sie einen Giftbecher getrunken haben, der für eine andere Person zubereitet worden war.

VIII, 15.

Bezieht sich auf Adolf Hitler und seine Eroberungskriege. Eklipsen sind mit Sonnenfinsternis zu übersetzen. Vor Beginn des 2. Weltkrieges gab es im Jahre 1939 zwei Sonnenfinsternisse. Pannonien = Balkan, der unter dem 2. Weltkrieg schwer gelitten hat.

VIII, 17.

Weissagung auf den 2. Weltkrieg; „drei Brüder" = Hitler, Mussolini und japanischer Kaiser.

VIII, 20.

Deutsche Nostradamuserklärer brachten diesen Vierzeiler mit den Ereignissen nach Beendigung des 1. Weltkrieges in Berlin in Verbindung. Nach Verkündigung des Rücktrittes von Kaiser Wilhelm II. und

Ausrufung der Republik durch Scheidemann kam es kurz danach zu dem „Spartakusaufstand“, der von den Führern der KPD, Rosa Luxenburg und Karl Liebknecht, inszeniert wurde.

VIII, 22.

Die in diesem Vierzeiler genannten französischen Städte waren Hochburgen der Kommunisten, die in den 50er und 60er Jahren zeitweilig die stärkste Partei in Frankreich waren. Während des Kalten Krieges wurde deshalb befürchtet, daß die Kommunisten auf legale Weise oder durch einen Staatsstreich an die Macht gelangen könnten.

VIII, 23.

Die schottische Königin Maria Stuart heiratete den Mörder (Bothwell) ihres Gatten (Darnley). Sie muß deshalb abdanken und das Land verlassen (1568). Von England aus erhebt sie, unterstützt von einer katholischen Partei, Thronansprüche. Man verhaftet sie und findet in ihrem Gepäck belastende Briefe („casket letters“). 1587 wird sie hingerichtet.

VIII, 30.

Seit fünfhundert Jahren wird in Frankreich der Schatz der Templer gesucht. Nachdem 1307 die führenden französischen Templer verhaftet und hingerichtet wurden, entstand sogleich das Gerücht, sie hätten irgendwo in Frankreich einen unermeßlichen Schatz vergraben. Noch in den 70er Jahren dieses Jahrhunderts wurde ernsthaft nach diesem geheimnisvollen Schatz gesucht. Selbst die französischen Behörden waren eingeschaltet (siehe V,7).

VIII, 31.

Damit wird das Schicksal des persischen Schahs, Reza Pehlewi, beschrieben. In dem Verfassungskonflikt mit dem radikalen Ministerpräsidenten Mossadegh wird er zur Abdankung gezwungen und muß nach Italien fliehen. Doch Mossadegh (1959) wird von der Armee gestürzt, und der Schah kann mit seiner Gattin Soraya nach Teheran zurückkehren. 1989 muß er sein Land endgültig verlassen und irrt um die ganze Welt, bis er schließlich in Ägypten einen sicheren Zufluchtsort findet.

VIII, 33.

Italienische Nostradamuserklärer denken an Benito Mussolini. Nach seinem Sturz (1943) wird er inhaftiert, von deutschen Truppen befreit und bildet in Oberitalien eine Gegenregierung, als Marschall Pietro Badoglio die Regierungsgeschäfte übernimmt: 1945 wird er auf der Flucht von Partisanen ergriffen und hingerichtet.

VIII, 37.

Karl I. von England, von den Schotten an Cromwell ausgeliefert, wurde am 19. Jan. 1649 nach Windsor-Castle an der Themse gebracht. Seine Hinrichtung fand zu Whitehall vor dem banketing-house statt, von dem aus eine Brücke zum Blutgerüst führte. Diese Brücke mußte der König überschreiten. Auf dem Gerüst legte er seinen Mantel und sein Wams ab und übergab dem Bischof von London seinen Hosenbandorden. Sein Leichnam aber wurde in der St.-Georgskapelle des Windsorschlosses beigesetzt.

VIII, 42.

Die Pariser Unruhen des 5. und 6. Juli des Jahres 1832. Louis Philipp war Chef des Hauses Orleans. Er stieß durch die Art seiner Regierung seine Anhänger vor den Kopf. Die Republikaner erhöben sich gegen ihn, wurden aber nahe bei und in der Kirche Saint-Merri (Saint Memir ist Anagramm dafür) geschlagen. Louis Philipp zeigte auch nach seinem Siege über diese keine

Tatkraft, was N. durch ein einzigartiges Wortspiel („'s heißt, er schlafe drin“) wiedergibt: qu'il dort léans (= D'Orléans.).

VIII, 43.

Dieser Vierzeiler faßte das Schicksal Napoleons III. zusammen. Die beiden Bastarde sind der französische König Ludwig Philipp, der kein Bourbone ist, und Napoleon III., der Neffe Napoleons I. Dieser Louis Napoleon hatte als Mutter Hortense, die Tochter der Kaiserin Josephine und des Bruders des Kaisers Napoloens, Louis. Es gab aber auch böse Zungen, die seine napoleonische Abstammung bezweifelten, da Hortense viele Liebhaber hatte. Nach der Niederlage Frankreichs im Krieg gegen Preußen (1870) und seiner Gefangennahme, dankte er ab.

VIII, 44.

Die Politik Napoleons III. Napoleon III., der Erwählte des französischen Volkes („Ogmions natürlicher Erzeugter“) änderte seine Politik vom 7. zu 9 Jahren; am 2. Dez. 1852 zum Kaiser proklamiert, verfolgte er bis zum Jahre 1859 eine dem Kirchenstaat freundliche Politik. Von da ab verband er sich mit Victor Emanuel gegen den Kirchenstaat und Österreich. 1867 unterstützt Napoleon III. wieder den Papst gegen die mit stillschweigender Billigung der italienischen Regierung in den Kirchenstaat einfallenden Freischaren Garibaldis. Die Kämpfe zogen sich vom Herbst 1867 bis in das Jahr 1868 hinein.

VIII, 46.

Prophezeiung eines zukünftigen Krieges in Südfrankreich, der sicherlich mit einer arabischen Invasion bzw. Aufstände der nordafrikanischen Bevölkerung in Frankreich zusammenhängen dürfte. Schon jetzt hat Frankreich bei einer Bevölkerungszahl von circa 52 Millionen 10% Ausländer, die sich hauptsächlich zum Islam bekennen. Sie stehen auf der untersten Stufe der sozialen Skala und stellen ein erhebliches Unruhepotential dar. Wenn es den islamischen Fundamentalisten vom Schlage Khomeini gelingt, diese Bevölkerungsgruppe für ihre Ziele zu mobilisieren, dann erlebt Frankreich ähnliche Unruhen wie zur Zeit des Höhepunktes des Algerienkrieges und 1968 (Studentenunruhen und Generalstreik in Paris).

VIII, 49.

Diese Konstellation war am 6. Februar 1736 eingetreten und findet auf Jahrtausende hinaus nach astronomischer Berechnung an keinem 6. Februar mehr statt. In dem großen Werk: „Geschichte der Volksseuchen“, Berlin 1896, gibt Dr. B.M. Lersch an, daß „gegen Ende des Jahres 1736 in England die Cholera wütete, die in 24 Stunden tödlich verlief. Im gleichen Jahre herrschten gelbes Fieber in Mexiko, Bubonenpest in Kairo so stark, daß am ersten Tage 10000 Menschen gestorben sind, Diphtherie über einen großen Teil der Vereinigten Staaten, Rinder- und Schweinepest in England, Dysenterie in Holland, in Prag, Hannover, Böhmen und Schlesien andere Krankheiten der Menschen, Scharlach über ganz Nord-England, Typhus in der russischen Armee, Skorbut an den Ostseeküsten, Polen und Schlesien. Auffallende Sterblichkeit wurde unter den Wöchnerinnen in Paris festgestellt.“

VIII, 53.

Handelt von Louis Napoleon, dem späteren Napoleon III. Er versuchte 1836 in Straßburg einen Aufstand anzuzetteln, aber er machte sich nur lächerlich.

Vier Jahre später erneuerte er seine Aufstandsversuche in Boulogne und wollte den Fehler von Straßburg wiedergutmachen. Da hierbei der Tod eines Menschen verursacht wurde, erhielt er nach seiner Gefangennahme eine Festungshaft zudiktiert, die er in

Ham abbüßte. 1848 bewarb er sich um die Präsidentschaft der Republik und wurde von einer erdrückenden Mehrheit auch gewählt. Er ernannte Minister und Generale, die ihm treu ergeben waren, und freute sich stets von neuem, wenn ihm die Soldaten (schon 1849 als Präsident) zuriefen: „Es lebe der Kaiser!"

Nach einer Volksabstimmung vom 20. November 1852 ließ er sich zum Kaiser „Napoleon III." ausrufen. Seine größten Kriegstaten ließ er in Italien (im Tempel der Sonne) vollbringen.

VIII, 54.

Der kommende Weltherrscher Heinrich II. erobert die nordfranzösischen Städte von „Groß Selin = Halbmond" zurück. Offensichtlich muß den arabischen Armeen ein Vorstoß bis in den Norden Frankreichs gelungen sein. Denkbar ist auch, daß die recht zahlreichen nordafrikanischen Arbeiter, deren Bevölkerungsanteil im Norden Frankreichs weit über 10% liegt, einen Aufstand gemacht haben (siehe auch VIII,46).

VIII, 56.

Dinebro ist Anagramm für Edinbur(g). 1650 stand das kleine Heer Cromwells dem doppelt so starken Heer Karls II. gegenüber, das aus Hochländern („die vom hohen Ort") bestand. Aus Mangel an Proviant zog sich das englische Heer zurück zum großen Unwillen der „Hochländer" (Schotten), die fürchteten, Cromwell werde ihnen entwischen. Da griff letzterer trotz seiner zahlenmäßigen Unterlegenheit das große Heer Karls II. am 3. Sept. 1650 in der Nähe von Edinburg an und schlug es gänzlich. Die Kriegsbeute bestand u.a. in der gesamten schottischen Kriegskanzlei samt dem Siegel von Schottland.

VIII, 57.

Napoleon I. war vom Soldaten zum Kaiser geworden;

er vertauschte den kurzen Militärrock mit dem langen Purpurmantel; er schleppte den Papst Pius VII. gefangen von Rom weg und erpreßte die Schätze der Kirchen und Klöster, wie man das Wasser aus einem Schwamm preßt.

VIII, 58.

Napoleon I. hatte fast halb Europa an seine Brüder und habgierigen Verwandten verteilt. Die drei letzten Zeilen beziehen sich auf den von den Engländern unterstützten Herzog von Enghien, der auf Befehl Napoleons in Ettenheim nahe an der französischen Grenze in der Nacht verhaftet wurde, um dann von einem französischen Kriegsgericht in Vincennes zum Tode verurteilt zu werden.

VIII, 60.

Norlaris = Lothringen; paßt recht gut auf Napoleon III., der im italienischen Einigungskrieg gegen Österreich erfolgreich ist und als neue Provinz Savoyen für Frankreich gewinnt, aber im Kriege gegen Preußen Elsaß-Lothringen verliert (Friede zu Frankfurt am Main).

VIII, 61.

Der französische Nostradamusforscher Pelletier hat diesen Vierzeiler folgendermaßen umschrieben: Niemals wird ein napoleonischer Kaiser auf den Thron gelangen in direkter Linie und geraden Weges (er wird zuerst immer als Mitläufer der Republikaner auftreten und nicht eher seine wahren Ziele enthüllen), bis er seine Stellung sicher befestigt hat, indem er dem französischen Volk (= Hahn) Kampfesmut einhaucht. Inhaltlich wurde VIII,61 gut zu VIII,60 passen. Napoleon III. ist anfänglich militärisch sehr erfolgreich. 1854–57 werden die Kolonialgebiete vergrößert: Senegal, Landung in Beirut 1860, Aufbau des hinterindischen Kolonialreiches (Vietnam, Kambodscha) und

Eroberung der Kabylei in Algerien. Im Krimkrieg und im italienischen Einigungskrieg zeigt sich die überragende Machtstellung Frankreichs.

VIII, 65.

Wurde auf den Generalfeldmarschall von Hindenburg bezogen, der 1925 das Amt des Präsidenten des Deutschen Reiches übernahm. Die im Text genannten 20 Monate errechnen sich so: Im Januar 1933 kam Hitler an die Macht, und zwanzig Monate später, im August 1934, starb Hindenburg. Nach dem Tod Hindenburgs übernahm Hitler auch dieses Amt.

VIII, 66.

Ulpian ist ein römischer Rechtsgelehrter; d.h., der Rechtsstaat wird einer großen Prüfung ausgesetzt, wenn man überall die Schriftzeichen D.M. (Abkürzung für Duce Mussolini) in Italien liest. Mussolini kam an die Macht (1922–24), als gerade die Schätze aus dem Grab des Pharao Tut-anch-Ammon geborgen wurden.

VIII, 68.

Mit dem „alten Kardinal" ist Richelieu gemeint, mit dem „Jungen" ein gewisser Cing-Mars, der vorübergehend den damals 57jährigen Richelieu in der Gunst bei Ludwig XIV. verdrängt hatte, obwohl er erst durch Richelieu protegiert worden war. Cing-Mars war erst 22 Jahre alt. Richelieu zog sich verärgert nach Arles zurück. Von Arles aus ließ der dem König das Duplikat eines Vertrages zugehen, den Cing-Mars hinter dem Rücken des Königs im Auftrag von Monsieur, dem königlichen Bruder, am 13. März 1642 mit Spanien geschlossen hatte. Der König nahm nun Richelieu wieder in Gnaden an, der zu Schiff, krank im Bette liegend, in Paris eintraf, wo er zwei Monate später starb. Diese Schiffahrt auf der Rhone und Seine ist durch

„Aquädukt“ angedeutet. Richelieu starb am 4. Dez. 1642, Ludwig XIII. im folgenden Jahr am 14. Mai; beide wurden einbalsamiert.

VIII, 70.

Tyrann Mesopotamiens = Saddam Hussein; mit „Dame“ ist in der Regel bei Nostradamus Frankreich gemeint. Auch diese Deutung paßt sehr gut in den Gesamtzusammenhang des Verses. Denn Frankreich war der Hauptwaffenlieferant von Saddam Hussein. Die beiden letzten Verse beschreiben die Folgen des verheerenden Bombenkrieges der Uno-Truppen. Die gesamte Infrastruktur des Irak wurde zerstört.

VIII, 71.

1608 hat Hans von Lippershey in Middelburg das erste Fernrohr hergestellt, was natürlich für die Astronomie ein gewaltiger Fortschritt bedeutete. Vorversuche hat er schon 1607 angestellt. Man dachte auch an das Ketzergericht über Galilei, das 1616 stattfand.

VIII, 76.

Wurde iimmer auf Oliver Cromwell (1599–1658) bezogen, der 1649 den englischen König Karl I. hinrichten ließ und die Monarchie abschaffte. Als Lordprotektor regiert er England in Form einer Militärdiktatur. England ist von 1649–60 eine Republik. Cromwell hatte große außenpolitische Erfolge, besonders gegen die Spanier und Holländer. Sein Sohn Richard erweist sich als unfähig, das Land wie sein Vater zu regieren, und dankt ab. Die Gewaltherrschaft Cromwells brachte über England viel Leid.

VIII, 77.

Nostradamus erweist sich in seinen Weissagungen über den Protestantismus als treuer Anhänger des überlieferten katholischen Glaubens und des Papstes.

Die drei „Widerchristen“ sind: Luther (1483–1546, Zwingli (1484–1531), der als Reformator in der Schweiz tätig war, und Calvin (1509–64). Wenn diese drei Reformatoren tot sind, beginnt ein siebenundzwanzigjähriger Krieg. Damit kann nur der Dreißigjährige Krieg (1618–48) gemeint sein. Es läßt sich noch an anderen Stellen beobachten, daß bei eindeutig in Erfüllung gegangenen Vierzeilern die Anzahl der Jahre ganz geringfügig differiert. Gegner des Sehers haben dies zum Anlaß genommen, die Erfüllung seines Vierzeilers anzuzweifeln. Man geht heute davon aus, daß zwischen 200 bis 400 Vierzeiler in Erfüllung gegangen sind. Wenn man aber als Maßstab anlegen würde, daß die Vierzeiler „bis auf den I-Punkt“ genau sein müssen, dann würde die Zahl der erfüllten Prophezeiungen auf einen Bruchteil zusammenschrumpfen.

VIII, 81.

Eine Weissagung, die man mit dem „Vereinten Europa“ in Verbindung bringen kann. Mit Philipp könnte ein englischer König gemeint sein. Die „Erschütterung“, die von Sizilien kommt, ist das Vordringen arabischer Armeen nach Westeuropa oder eine große Völkerwanderung von Nordafrika her, weil dort die Klima- bzw. Dürrekatastrophe den dortigen Menschen jede Lebensmöglichkeit nimmt (siehe auch VIII,54, VIII,46).

VIII, 83.

Beschreibt einen persisch-arabischen Angriff auf die Türkei. Byzanz = heutige Türkei bei Nostradamus.

VIII, 84.

Gehört inhaltlich zu VIII,81.

VIII, 85.

Die genannten Orte liegen an der Atlantikküste Frankreichs nahe Spanien. Die ganze Weissagung soll sich auf die napoleonischen Kriege beziehen. „Nordens Geier“ = Zar von Rußland, der 1812 den Rußlandfeldzug Napoleons trotz der Eroberung von Moskau in eine gewaltige Katastrophe für den Franzosen verwandelte. Zur gleichen Zeit stieß der englische Feldherr Wellington von Spanien aus nach Toulouse vor, das von ihm eingenommen wurde. 1821 starb Napoleon auf der Insel St. Helena.

VIII, 87.

Wurde gelegentlich auf die Hinrichtung Ludwig XVI. bezogen, der 1791 noch einen Fluchtversuch unternahm. Er wird aber in Varennes erkannt und nach Paris zurückgebracht.

VIII, 96.

Ein Hinweis auf die Gründung des Staates Israel 1948. Ungläubige = Mohammedaner. Nostradamus weissagt auch eine Verfolgung, die dieser Staatsgründung vorausgeht. Die nationalsozialistische Judenpolitik, deren erklärtes Ziel die Vernichtung des europäischen Judentums war, kostete 4,1 Millionen Juden das Leben.

VIII, 99.

Ein neues Exil für den Papst geweissagt, wo das heilige Abendmahl (= „des Geistes leiblicher Substanz“) ebenso gereicht und empfangen werden soll wie an seinem eigentlichen Ort (Rom).

VIII, 100.

„Zuviel an Glauben“ meint die auf dem ersten Vatikanischen Konzil in Rom 1870 verkündete „Unfehlbarkeit“ des Papstes. Dieses Dogma ist ein für jeden Katholiken verbindlicher Glaubenssatz.

VIII, 106.

1848 kommt es in Wien zu einem Aufstand. Die Flucht

Metternichs (1773–1859), der eine restaurative Politik („System Metternich“) verfolgte, löste überall in Österreich Aufstände der nationalen Minderheiten aus. Die Aufstände in Ungarn (1848/49) werden auch mit Truppen des Zaren Nikolaus I. niedergeschlagen.

IX. Zenturie

IX, 1.

Connetabel = Großoffiziere der französischen Krone, denen nach dem König das gesamte Landheer unterstanden. Kardinal Richelieu hat 1627 dieses Amt abgeschafft, da es die absolute Stellung des Königs beeinträchtigte. Zur Zeit Nostradamus' hatte dieses Amt der Marschall Anne de Montmorency inne. 1561 verband er sich mit Franz von Guise und Marschall Saint André gegen die Hugenotten. 1567 starb er in der Schlacht bei St. Denis.

IX, 2.

Während des Kalten Krieges wurde dieser Vierzeiler als Weissagung einer kommunistischen Machtergreifung zitiert. Manche Interpreten denken an den Partisanenkampf während des 2. Weltkrieges in Italien.

IX, 3.

Die „große Kuh“ = die Wölfin, die ihre Jungen säugt; dieses Symbol der Stadt Rom wurde im italienischen Faschismus zu neuem Leben erweckt. Eines der zwei Ungeheuer ist sicherlich Mussolini, das andere einer seiner Paladine, die bis zuletzt mit äußerster Grausamkeit in Oberitalien die Aufstandsbewegung unterdrückten.

IX, 4.

Flut = Überschwemmung in der Poebene; der ganze

Vierzeiler dürfte mit 3 zusammenhängen und sich auf den Sturz Mussolinis, 25.7.1943, und der Bildung einer Gegenregierung nach seiner Befreiung durch deutsche Truppen (Republik von Salò).

IX, 6.

Beschreibung eines Bürgerkrieges in Frankreich. Außer auf Korsika gibt es auch separatistische Gruppen in der Betragne und vor allem in der Provence. Zur Zeit wollen diese sehr kleinen Gruppen nur die Regionalsprache, das Keltische bzw. das Provenzalische, wieder zum Leben erwecken. Aber gelegentlich kommt es auch zu Sprengstoffanschlägen.

IX, 7.

1922 wurde in Ägypten das Grab des Pharao Tut-anch-Ammon freigelegt. Einige der Forscher, die bei der Öffnung des Grabmales dabei waren, verloren auf tragische Weise ihr Leben.

IX, 11.

1649 wurde in England der König Karl I. hingerichtet; kurz danach brach eine furchtbare Pestepidemie in London aus, der schätzungsweise 68000 Menschen zum Opfer fielen.

IX, 14.

Beschreibt den Terror in den französischen Provinzen während der Französischen Revolution; Königstreue und Gemäßigte (Girondisten) wurden gnadenlos verfolgt und hingerichtet. Besonders Bordeaux war ein Zentrum des Widerstandes gegen die radikalen Verfechter der Revolution (Jakobiner).

IX, 15.

Aber auch die Konservativen und Königstreuen gingen nicht gerade zimperlich mit den Revolutionären um (Rote = Jakobiner). „Prälat und Edele von Burgund“ = Kirche und Adel, die sich beide noch sehr lange in den Provinzen behaupten konnten und die Revolutionäre in Paris zwangen, mit „Terror“ (Massenhinrichtungen) dagegen vorzugehen.

IX, 16.

Castel Frank = General Franco, der sich ab 1937 „Caudillo (= Castel) Franco nannte. Das „Schisma“ ist der Spanische Bürgerkrieg (1936–39).

IX, 17.

Damit kann nur Benito Mussolini gemeint sein, der als sichtbares Zeichen für das im Faschismus wiederauferstandene römische Weltreich bzw. Herrschaft die römischen Denkmäler in einen vorbildlichen Zustand versetzen ließ.

IX, 18.

Dieser Vierzeiler wird von den Anhängern Nostradamus' immer als ein Musterbeispiel seiner einzigartigen Sehergabe angeführt. Alle angegebenen Namen und Daten passen auf Ludwig XIII. (1610–43). Mit seinen Truppen drang er am 24. September 1633 in Nancy ein. Nancy war die Hauptstadt von Lothringen, das damals nicht zu Frankreich gehörte. Er wollte auch die Sache des Kurfürsten von Trier unterstützen, der 1635 von den Spaniern gefangengenommen und nach Brüssel gebracht wurde. Deshalb belagerte er die Stadt Löwen in Flandern. Zur gleichen Zeit wurde Heinrich Montmorency, ein Enkel des berühmten Montmorency, wegen Rebellion in das Rathaus von Toulouse eingesperrt. Den beiden letzten Worten des Vierzeilers „Mühsal groß“ entspricht im Original „clere peine“. Es ist urkundlich bezeugt, daß dieser berühmte Sproß der Familie Montmorency nicht durch die Hand eines Henkers starb, sondern im verschlossenen Hof des Rathauses von einem Soldaten namens Clerepeyne geköpft wurde. Dieser Vierzeiler gehört zu den wenigen in Erfüllung gegangenen Prophezeiungen, bei dem auch das kleinste Detail stimmt. Ludwig XIII. ist der erste König Frankreichs, der den Titel Dauphine führte. Montmorency wird auch zu Recht der „große“ genannt, denn mit 17 Jahren war er bereits Admiral, zeichnete sich bei der Eroberung von La Rochelle aus und setzte 1630 den Grafen Doria gefangen. Er war beim Hochadel, Volk und in der Armee sehr beliebt und wurde geradezu vergöttert. Kemmerich zeigt in seinem Buch „Die Prophezeiungen“, S. 385, daß die Wahrscheinlichkeit, den Namen Montmorency und Clerepeyne zu erraten gleich 1 : 2½ Millionen mal 200 000 oder 1:5000 Milliarden ist. Wer also der Meinung ist, daß Nostradamus durch Zufall die Namen erraten habe, muß eins gegen 5000 Milliarden wetten.

IX, 20.

Die Flucht Ludwig XVI. und seiner Gemahlin Marie-Antoinette in der Nacht vom 20. zum 21. Juni 1791. Die Flucht geschah durch eine Tapetentür, die aus den Räumen der Königin hinausführte. Die Königin trug ein weißes Kleid („weiße Edelstein“); vielleicht ist das Wort auch mit Rücksicht darauf gewählt, daß sie in jener Unglücksnacht plötzlich ganz weißes Haar bekommen hatte. Der Weg nach Varennes war in der Tat ein verhängnisvoller Irrweg. Hätte man die Straße nach Verdun eingeschlagen, so wäre man vielleicht glücklich entkommen. Der König war, wie zeitgenössische Berichte bestätigen, grau gekleidet. „Die Wahl des Karpetingers“ bedeutet die Verwandlung der absoluten französischen Monarchie in eine konstitutionelle, wie sie die Nationalversammlung vorgenommen hatte. Darin lag die eigentliche Ursache der hier weiter genannten Greuel, unter denen wir im „Hackmesser“ die berüchtigte Guillotine unschwer wiedererkennen werden.

IX, 21.

Der Abbé von Vaugeois, der auch Bischof von Blois war, sammelte die Gegner der Französischen Revolution um sich. In den „Septembermorden 1792“ werden zahlreiche Geistliche hingerichtet, indem man sie von einer Brücke in die Loire stürzt. Die „Weißen“ sind die Königstreuen (Adel und Geistlichkeit).

IX, 22.

Herzog Alb' = Alba; im Auftrag des spanischen Königs Philipp II. rückte 1567 der Herzog Alba in die Niederlande ein, um den Widerstand der Protestanten zu brechen. Der Führer der Protestanten und Gegenspieler Albas ist der Herzog von Nassau-Oranien. Der „Garten“ = Niederlande.

IX, 23.

Als Ludwig XVI. mit seiner Familie inhaftiert wurde, durfte sein zweitältester Sohn im Gefängnishof spielen. Der älteste Sohn Ludwigs XVI. war bereits 1789 gestorben.

IX, 27.

Ludwig XIII. führte als erster französischer König den Titel Dauphin. Sein Verfolger könnte Heinrich Montmorency sein, der sich an einer Rebellion gegen den König beteiligte (siehe IX,18).

IX, 28.

Massiliol'scher Port = Marseille; illyr'scher Busen = Adriatisches Meer; Pannonien = Rumänien, aber auch der ganze Balkan. Die Weissagung beschreibt einen Krieg, der Italien, den Balkan (Jugoslawien?) und Südfrankreich erfaßt. „Die Wüstung in Sizil'“ weist vielleicht auf einen arabischen Angriff hin (siehe auch VIII, 81 mit weiteren Verweisen).

IX, 29.

Charlieu = Calais; es wurde 1558 von dem Herzog von

Guise erobert. 1559 wurde St. Quentin den Spaniern abgenommen und Frankreich einverleibt.

IX, 30.

Pola = Pula; St. Niklas = St. Nicolo. Es handelt sich um Orte am Adriatischen Meer (Jugoslawien). Gad' = Cádiz (Ort in Spanien). Der ganze Vierzeiler beschreibt einen zukünftigen Krieg und muß im Zusammenhang mit IX, 28 gesehen werden.

IX, 31.

Teilt weitere Details aus dem Krieg mit, der in IX,28 geweissagt wird.

IX, 33.

Bezieht sich auf die napoleonische Dynastie. Das Deckwort dafür ist bei Nostradamus „Herkules". „Guienne" (Guion) = der „Erdgeborene" (griech. ge hyios), der 3fach Erdgeborene von Frankreich und abstammend von Dänemark (N. führte seinen Stammbaum auf ein dänisches Geschlecht zurück) wird in Rom herrschen. „Die Löwin" des Markus = Venedig, das den Österreichern gehörte. Die letzte Zeile verstehen einige Forscher so: Der Ruhm des I. Napoleon wird sich erstrecken auf alle seine Nachfolger.

IX, 34.

Wieder ein berühmtes und oft zitiertes Beispiel der erstaunlichen Sehergabe des Nostradamus. Die Weissagung bezieht sich auf die Flucht Ludwig XVI. und seiner Gemahlin Marie-Antoinette. Doch der Posthalter von Varennes erkannte sie und ließ sie beide festnehmen. Dieser Postmeister, der auch einen schon seit Generationen in seiner Familie befindlichen Kaufmannladen hatte, hieß Saulce oder Sauce. Narbon, der schon in jungen Jahren einen Ministerposten bekleidete, kann nur mit Einschränkung als ein Verräter des Königs bezeichnet werden. Ehe nahm er eine vermittelnde Stellung ein. Aber schon im 19. Jahrhundert hat der bekannte Erforscher des Okkultismus Kiesewetter nachgewiesen, daß Nostradamus ein überzeugter Anhänger des Königs war und jede Revolution verabscheute. Folglich wurde Narbon zum Verräter. Nachdem das Königspaar gewaltsam nach Paris zurückgebracht worden war, trat genau ein Jahr später die Weissagung der beiden ersten Verse von IX,34 ein. Am 20. Juni 1792 fand in Paris eine Massendemonstration der Jakobiner statt. Man setzte ihm eine rote Jakobinermütze aufs Haupt, während in einem anderen Saal der Tuilerien die Königin eine ähnliche Mißhandlung über sich ergehen lassen mußte. In der Nacht vom 9. zum 10. August 1792 drangen die „Fünfhundert“, Revolutionäre aus Marseille, in die Tuilerien ein, metzelten die Schweizergarde nieder und nahmen das Königspaar gefangen. Als Nostradamus diesen Vierzeiler niederschrieb, gab es die Tuilerien noch nicht. Der Grundstein wurde 1564 von Katharina von Medici gelegt, aber dieser Teil der Prophezeiungen wurde schon 1588 veröffentlicht.

IX, 35.

Abfall Ferdinands, Herzogs von Chartres, vom Herzog von Bordeaux (= „Blonde“) am 3. August 1830. „Blume“ steht für Lilie = Bourbon. Er folgt dem „Macedon“, d.h. der Partei seines Vaters, der wie sein macedonischer Namensvetter die Krone für das Haupt seines Neffen beanspruchte. „Myrmidon“ = Herzog von Bordeaux. – Der Herzog von Chartres, seit 1825 Hauptmann der Husaren, brach sofort beim Ausbruch der Julirevolution mit seinem Regiment von seinem Standort Joigny nach Paris auf mit der entfalteten Trikolore.

IX, 36.

Die Ermordung Heinrichs III. durch den Dominikanermönch Jaques Clément 1589 im Hugenottenlager in St. Cloud vor Paris. „Um die Ostern“ genauer: „nicht weit von Ostern (Pâque)“ bezieht sich nicht auf das kirchliche Fest, sondern darauf, daß der Mörder vor seiner Tat das heilige Abendmahl (= Passahmahl) genommen. Zur Zeit des Attentats waren die Pariser belagert („gefangen“ in Zeile 3) durch Heinrich III. Zeile 4 muß lauten: Dann wird der letzte von drei Brüdern, getroffen durch einen Mörder, sterben an seiner Verwundung. – Der Mönch hatte ihm den Dolch in den Unterleib gestoßen, nicht wie V,67 geweissagt, in den Hals, wenn nicht das dort stehende „colier“ im weiteren Sinne von unserem „Roller“ = Leibschutz zu fassen ist.

IX, 38.

Ämathion = Sonnenkönig, Ludwig XIV. von Frankreich. Hintergrund ist der Spanische Erbfolgekrieg (1701–13/14). Ludwig XIIV. mußte gegen eine Allianz zwischen Großbritannien, Holland, Österreich, Preußen und Portugal kämpfen. Die Engländer setzten vor allem die Seeblockade gegen Frankreich ein.

IX, 40.

Nach dem Tod Kaiser Karls V. setzte sein Nachfolger Philipp II. den Kampf gegen Heinrich II. von Frankreich fort, der sich in einem Geheimvertrag die Städte Verdun, Metz und Toulon von den protestantischen Reichsfürsten hatte übertragen lassen. Philipp II. drang von den Niederlanden aus nach Frankreich vor und schlug bei St. Quentin die französischen Truppen (1557), die. von Admiral Coligny befehligt wurden. Flämiger-Franzose; vor der Schlacht bei St. Quentin überfielen die Spanier die Abtei von Vermandois.

IX, 41.

Chiren = Heinrich II. oder der Glückliche, der 1999 seine Herrschaft als Weltmonarch antritt. Zu dieser Zeit herrscht in Westeuropa Krieg oder schwere Unruhen.

IX, 42.

Setzt IX,41 fort; der letzte Vers beweist, daß es sich um einen islamischen Angriff auf Westeuropa handelt.

IX, 43.

Kreuzesheer = Westeuropa; Ismael = Araber. Gehört inhaltlich zu IX,41 ff.

IX, 44.

Rypoz = Anagramm für Zopyra, ein Perser, der dem König Dareios I. um 522 half, die Stadt Babylon zu erobern. Er verstümmelte sein Gesicht und gab vor, ein Opfer Dareios zu sein. Auf diese Weise erschlich er sich das Vertrauen der Babylonier. Auch dieser Vierzeiler muß mit IX,41 ff. in Verbindung gebracht werden. Die arabische Großmacht stößt bis über die Alpen nach Genf vor. Die neutrale Schweiz versucht, in dem Konflikt zwischen den Arabern und Westeuropa zu vermitteln. Aber sie wird von dem Führer der arabischen Großmacht getäuscht. Die astrologische Konstellation tritt 1996 ein (siehe auch VIII, 81 mit weiteren Verweisen).

IX, 45.

Die erste Zeile bezieht sich auf die drückenden Steuerforderungen Heinrich III. – Mendosus ist Anagramm für Vendôme = Heinrich IV. Er hatte viele Kämpfe mit den Katholiken zu bestehen, ehe er seine Herrschaft befestigen konnte. Man hatte bereits den Kardinal von Bourbon unter dem Namen Karl X. als Gegenkönig aufgestellt. Heinrich IV., obwohl fern vom Hofe weilend, rief eilends mehrere Regimenter zurück, darunter das Regiment Piemont und Picardie.

IX, 46.

Roten = Jakobiner; der geschichtliche Hintergrund ist die Französische Revolution. Zur Zeit des „Terrors“ entsandte der Wohlfahrtsausschuß Kommissare in die

Provinzen, die durch Massenhinrichtungen die Opposition aus Adel, Klerus und Gemäßigten gewaltsam beseitigten.

IX, 48.

Die ersten Auswirkungen der Klimakatastrophe sind zu Beginn der 90er Jahre schon spürbar gewesen. Orkane von bisher nie gekannter Stärke richteten in Westeuropa unermeßliche Schäden an. Nach Aussagen von Klimaforschern werden solche Orkane noch verstärkt auftreten.

IX, 49.

Die Hinrichtung Karls I. von England. – Zu der Zeit, wo die Truppen von Gent und Brüssel sich gegen Antwerpen hin zusammenziehen (= die kriegerischen Rüstungen Philipps IV. von Spanien gegen Holland, das sich bereits 1579 von den Niederlanden losgelöst und 1648 seine Selbständigkeit erlangt hatte; sie fanden im Jahre 1648 statt, also ein Jahr vor der Hinrichtung Karls I.) wird Londons Rat (= das lange Parlament) seinem König (Karl I.) den Tod geben. Weisheit und Stärke („Salz und Wein") wird dem Fürsten fehlen; infolgedessen verfiel England damals der Anarchie und wurde zu einer Republik.

IX, 50.

Die Thronbesteigung Heinrichs IV. von Frankreich. – Heinrich IV. schrieb sich vorher duc de Vendosme (Vendôme), daraus bildet N. das Anagramm „Mendosus", indem er das v in ein u verwandelte. Ein anderes Anagramm für ihn ist bei N. „Cyireu", entstanden aus Henric (er schrieb sich mit einem „c" im Auslaut). Ebenso ist Norlaris Anagramm für Lothringen (Lorraine); damit sind die Prinzen aus dem Hause Guise gemeint, hier speziell der alte Kardinal aus dem Hause Guise, der während des Interregnums regierte und der von Heinrich IV. nun beiseite geschoben wurde („Rot

– die Farbe der Kardinäle! – erblaßt“). Er „erblaßt im Tode“ 1590 (vgl. IX, 45). Anstatt nun schnell an seiner Stelle einen anderen Gegenkönig bzw. Thronprätendenten aufzustellen, zögerte der Führer der Liga, der Herzog von Mayenne. Denn als endlich der junge Marquis du Pont, der Sohn des Herzogs von Lothringen, sich zum Prätendenten aufwarf, war es bereits zu spät; er zog sich mit seinen fremden Truppen („Barbaris“) nur Spott und Schande zu. Durch diese Entwicklung der Dinge jagt der junge Heinrich IV. auch dem furchtsamen Philipp IV., der ein Protektor der Liga und der Guisen war, Schrecken ein. – Das Anagramm Mendosus dürfte übrigens für den frommen Katholiken N. auch noch den Beigeschmack des Lügenhaften, Unaufrichtigen (mendar) haben, da Heinrich IV. lediglich aus politischen Gründen zur katholischen Kirche übertrat, weil, wie er sagte, die Königskrone von Frankreich wohl eine Messe wert wäre; hatte er doch dreimal in seinem Leben seinen Glauben gewechselt.

IX, 51.

Szenen aus der Französischen Revolution; vergl. dazu die Massenertränkungen und Hinrichtungen durch Kartätschensalven, das Hängen der Aristokraten an die Laternenpfähle, die Guillotine etc.

IX, 52.

Gemeint ist der Frieden, den Frankreich 1678 zu Cambrai mit Spanien schloß. Der von der anderen Seite nahende Krieg war der Bürgerkrieg zwischen Katholiken und Kalvinisten, dessen Kosten „ganz Frankreich“ zu tragen hatte, da es französisches Blut war, das auf beiden Seiten vergossen wurde. 1685 erfolgte bekanntlich die Aufhebung des Edikts von Nantes, das Heinrich IV. 1598 zum Schutze der Protestanten erlassen hatte. – Dieser Vierzeiler wird übrigens seit alters her von den Forschern als der 1. Vierzeiler des ganzen N.-Werkes angesehen. Da sein erstes Wort „Frieden“ ist, so beginnt N. seine Arbeit gleichsam mit dem Friedensgruß.

IX, 53.

Nero = Hitler; dieser Vierzeiler beschreibt die furchtbare Judenverfolgung durch die nationalsozialistischen Machthaber. Man muß hierbei berücksichtigen, daß Nostradamus selbst Jude war und seine Ahnenreihe auf den Stamm Isachar zurückführte, dessen Angehörige über eine besondere Sehergabe verfügten. Wenn man davon ausgeht, daß Nostradamus über ein ungewöhnliches Vermögen verfügt, die Zukunft vorauszusehen, müssen sicherlich noch mehr Hinweise auf diese Katastrophe in seinem Werk zu finden sein.

IX, 58.

Soll sich auf die Französische Revolution beziehen. Die österreichisch-preußischen Truppen werden in der Kanonade von Valmy 1792 zurückgeschlagen. 2 Wochen zuvor kam es zu den „Septembermorden“, die besonders die Geistlichkeit trafen. Die „drei Roten“ = 3 Kardinäle oder Bischöfe (nach der roten Bischofsmütze); „Rot all werden“ bedeutet: Alle bekennen sich zu den Jakobinern, die auch rote Mützen trugen. Der Schwarze = Mirabeau, der den Verfolgungen entkam.

IX, 60.

Dalmatien = Jugoslawien; Lusitanien = Portugal; ein türkischer Angriff auf die Balkanstaaten. Dürfte wohl in Verbindung mit dem Krieg islamischer Völker gegen Westeuropa stehen (siehe VIII,41 mit weiteren Verweisen).

IX, 63.

Die Umlaufszeit des Mars durch den Zodiakus (Tierkreis) ist nicht immer gleich, doch beträgt sie nicht über zwei Jahre. Es müssen also die angesagten Ereignisse bald nach der Niederschrift in Erfüllung gegangen sein. Um den in religiösen Dingen ziemlich gleichgültigen französischen Königen eine ernste katholische Umgebung zu schaffen, wurde aus politischen Gründen der ganz junge Franz II. von Frankreich mit der ebenfalls recht jungen fanatisch-katholischen Maria Stuart von Schottland verheiratet, die mütterlicherseits aus der französischen Herzogsfamilie der Guisen stammte.

IX, 64.

Der französische König Ludwig XIV. (= Ämathion) überschreitet von neuem die Pyrenäen im Kampf gegen seinen Enkel Philipp V. von Spanien. Er hat den Fehler gemacht, daß er, anstatt die Kamisarden (IX,36) zu vernichten, sich mit ihnen durch seinen General Villars (1704) in Verhandlungen einließ, die in Narbon geführt wurden. Letzteres hatte den Beinamen Narbo Martius, so genannt nach seinem Gründer Martius. Cap. ist Abkürzung für Capetinger, dem alten französischen Königsgeschlecht.

IX, 65.

Luna = Mond; wurde als Hinweis auf die amerikanische Mondlandung am 16. Juli 1969.

IX,72.

Toulouse wurde 1814 während der napoleonischen Kriege von dem englischen Feldherr Wellington geplündert. 177 Jahre später wird diese Stadt erneut schwer heimgesucht (1991).

IX, 73.

Saturnumdrehung = 29 Jahre; Weißturban = Araber; blauer Turban = Blauhelme = Uno-Truppen. Gehört inhaltlich zu 60 mit weiteren Verweisen.

IX, 76.

Nero = Hitler; die beiden Ströme = Ost- und Westfront.

IX, 77.

Hinrichtung der französischen Königin Marie-Antoinette 1793 und der Geliebten des Königs, Ludwig XVI., Dubarry, die 1793 nach ihrer Rückkehr aus England verhaftet und hingerichtet wurde. Während Ludwig XVI. durch den Konvent selbst verurteilt wurde, fällte das Urteil über die Königin das Revolutionstribunal, das nach dem Muster der englischen Revolution von 1649 sich aus Geschworenen zusammensetzte, die durch das Los bestimmt wurden. Ludwig XVII. wurde vom Schuster Simon zu Tode gemartet. Schließlich ereilte die Richter dasselbe Schicksal, das ihnen von der sie ablösenden radikaleren Richtung bereitet wurde. – Ganz ähnlich die Hinrichtung Ludwigs XVI. in IX,11.

IX, 84.

Weissagung, die auf Heinrich II. oder den Glücklichen bezogen wird (siehe Vorwort zur VIII. Zenturie). Man dachte auch an einen Papst, dessen Motto vielleicht aus dem Medusenschild abgeleitet werden kann. „Deus in me = Gott in mir“ kann man als Anagramm in „Medusine“ umbilden.

IX, 86.

Die Kapitulation von Paris am 3. Juli 1815. Der Originaltext nennt die Zahl der Mächte, die gegen Napoleon kämpften: sieben, nämlich: England, Österreich, Preußen, Rußland, Spanien, Schweden und Portugal. Die französische Armee, die Paris verlassen hatte, zog sich kämpfend auf Chartres zurück, um sich hinter der Loire neu aufzustellen. Dabei passierte sie Bourg La Reine (9 km südlich von Paris) und die Brücke von Antony (13 km südlich von Paris), wo sie kampierte.

IX, 89.

Die Regierung Ludwig Philipps. 1830–38 war sie in der Tat glücklich: die Periode wird gekennzeichnet durch die Unterwerfung der Araber in Algerien. In der zweiten Periode bricht Mißgeschick über ihn herein durch die orientalische Frage, deren Ausgang für ihn sehr wenig ehrenvoll war (15. Juli 1840). Von da an wird seine Macht in den folgenden 7 Jahren weiter zurückgehen, und schließlich wird das französische Volk („jung Ogmyon") = gallische Herkules oder keltische Merkur) von neuem die Republik ausrufen (24. Febr. 1848). Wie sinnreich dieses Synonym gewählt ist, kann man daraus erstehen, daß sowohl 1792 als auch 1848 in Frankreich Fünf-Frankstücke geprägt wurden mit dem Bildnis dieses Ogmyon. Außerdem steckt in dem Wort noch eine geheime Beziehung zur Zwiebelwurzel der Lilie.

IX,90

Großgermanien = Großdeutschland; König von Pannonien = Rumänien. Rumänische Truppen marschierten mit der deutschen Wehrmacht 1941 in die Sowjetunion ein. Rumänien war 1940 dem Dreimächtepakt (Deutschland, Italien u. Japan) beigetreten. In der Schlacht von Stalingrad erlitten auch die Rumänen große Verluste.

IX, 93.

Soll sich auf die Befestigungen Vaubans, dem Kriegsminister Ludwig XIV., und dem Kanal von Languedoc beziehen. Die ersten Zeilen geben die Zeitbestimmung: der 1659 zwischen Frankreich und Spanien geschlossene Pyrenäenfrieden hielt die Feinde fern von Frankreich, und gleichzeitig war das Schloß de la Grosse-Tour, das die Mauern von Bourges beherrschte, verfallen. Dann wird Ämathion (= Ludwig XIV. = der die Sonne als Embleme hat) seine herkulische Arbeit unternehmen (nicht „unterliegen" N.) und den

Kanal von Languedoc auswerfen, der das Mittelmeer mit dem Ozean verbindet. Der Kanal, der 14 Millionen fr. kostete, wurde 1666 begonnen und 1681 vollendet.

IX, 94.

Wratislav kann Breslau, aber auch Preßburg bedeuten. Man muß davon ausgehen, daß sich dieser Vierzeiler auf Ereignisse während des Dreißigjährigen Krieges (1618–48) bezieht.

IX, 99.

Wurde immer mit Napoleons Rußlandfeldzug 1812 in Verbindung gebracht. Er kann zwar Moskau erobern, aber es kommt zu einem verheerenden Brand. Der einbrechende Winter und große Nachschubschwierigkeiten zwingen Napoleon, Moskau und Rußland fluchtartig zu verlassen.

IX, 100.

Okzident = Westen; die westliche Flotte wird besiegt. Im Kalten Krieg dachte man an einen Sieg der sowjetischen Flottenverbände über die der Nato, was aber als unwahrscheinlich galt. Muß mit Vierzeiler VIII,18 verbunden werden (siehe dort).

X. Zenturie

X, 7.

Der Westfälische Friede, 1648. – Nancy wurde 1660 durch die Franzosen erobert. Damals prägte Ludwig XIV., befreit von der Bevormundung Mazarins, das stolze Wort: „L'état c'est moi!", das N. treffend übersetzt: „Alles zwing ich!" (X,101). Metz kam 1648 an Frankreich und hörte auf, eine kaiserliche Stadt zu sein. Das war „zwischen zwei Phi", nämlich zwischen der Regierung Philipps IV. von Spanien, des letzten spanischen Philipp, und zwischen der Philipps V., des ersten französischen Philipp. England war damals ohne Kraft („Wein") und „Salz" (Weisheit), denn es richtete seinen König Karl I. 1649 hin. – Ludwig XIV. wird hier und auch sonst oft von N. durch das Deckwort Ämathion bezeichnet auf Grund griechisch-mythologischer Anschauungen; es bedeutet soviel wie „Sonnenkönig".

X, 13.

Antipolis = Antibes bei Nizza an der Riviera. Napoleon landete 1815 bei Cannes, womit die „Herrschaft seiner hundert Tage" beginnt. 1815 wurde er in der Schlacht von Waterloo endgültig besiegt. Würzburg war bis 1814 französische Garnison.

X, 17.

Gibt eine zutreffende Charakteristik der Regierung Ludwigs XVIII. (1814–1824), die eine glückliche bis zuletzt war. „Ohne Wissen" = ohne daß er in seinem Leben etwas zu erfahren bekommt von Mord usw., während seine beiden Brüder das Opfer eines ruchlosen Attentats geworden waren. „Entrückt", er kümmerte sich nicht allzusehr um die öffentlichen Angelegenheiten, weil er die Kirche zu sehr liebte. Seine Gastronomie war sprichwörtlich. Der Text der 3. Zeile ist im Original sehr verderbt. Der Sinn derselben ist: Man wird ihm einen schmeichelhaften Beinamen geben, nämlich „der Ersehnte", vgl.. III,96. Ergaste = Marie-Antoinette; mit Angoulême ist ihre Tochter, die Herzogin von Angoulême, gemeint. Ihre Ehe war sehr unglücklich, da sie den von ihr sehr geliebten Bruder des österreichischen Kaisers nicht heiraten konnte. Durch eine Intrige des späteren französischen Königs Ludwig XVIII. heiratete sie den Herzog von Angoulême.

X, 18.

Beschreibt den Niedergang des französischen Hauses

Guise und der des Hauses Vendôme. Vendôme. – Lothringens Geschlecht = die hier ansässigen Herzöge von Guise. „Der Sohn Hamons" („des Mammons") ist Heinrich IV., der um irdischen Gewinnes willen seinen Glauben wechselte. Die „zwei Großen" sind Carl X. undIsabella (siehe auch IX, 50).

IX, 21.

Eigentlich kann nur der persische Schah Reza Pahlewi gemeint sein, der 1979 von dem Ayatolla Khomeini gestürzt wurde. Der Sohn des Schahs ist Vorsitzender einer der einflußreichsten Oppositionsgruppen gegen das Khomeiniregime bzw. die islamische Republik, die von dem radikalen Flügel der Schiiten gegründet wurde.

X, 23.

Antibes, ein Ort bei Cannes an der Riviera; dort landete Napoleon nach seiner Rückkehr aus Elba. Desgleichen die Amerikaner 1944 im Rahmen der Landung in Südfrankreich (Unternehmen Dragoon).

X, 24.

Ebenso wie X,23 bezieht sich dieser Vierzeiler auf die Landung Napoleons in Frankreich nach seiner Rückkehr aus Elba 1815. Napoleon landete, durch den Golf von Genua fahrend, in Marseille. Durch die auswärtigen Mächte in der Schlacht beim Mont-Saint-Jean wurde er besiegt; obwohl er den Tod suchte, blieb er persönlich verschont, aber das Blut seiner Garde floß in Strömen, wie wenn der Honig der Bienen überfließt. – Die Biene war das Wappentier Napoleon, siehe auch X, 13.

X, 27.

Durch Philipp V., einen „großen Herkules", wird der Janustempel geöffnet, d.h. der Krieg entfesselt. Papst Klemens Albano (Klemens XI.) stand auf seiten Österreichs („Adler") und verweigerte auch später Philipp

V. noch lange Zeit die Anerkennung als König von Neapel (X,3; X,79).

X, 29.

Pol Mansalias, das zweite Wort hängt sicher mit Massilia, dem antiken Namen von Marseille, zusammen. Bezieht sich auf eine arabische Invasion Südfrankreichs (siehe VIII, 18 X, 30).

X, 30.

Grün ist die Farbe des Islam: Dieser Vierzeiler dürfte mit X,29 in Verbindung stehen.

X, 31.

Man hat gelegentlich vermutet, Nostradamus habe an das „Dritte Reich" gedacht. Aber schwerlich läßt sich damit das Wort „heilig" verbinden, zumal wenn man berücksichtigt, daß Nostradamus jüdischer Abkunft ist. Ismael = Araber oder Türken; 1683–99 kam es zu einem weiteren Vorstoß der Türken nach Wien. 1683 wurde das türkische Heer vor Wien von einem polnisch-deutschen Heer besiegt. Damit endete auch die türkische Bedrohung Westeuropas.

X, 32.

Großes Reich = Großdeutschland; beschreibt die Situation Deutschlands während des Zweiten Weltkrieges. Schon vor Kriegsende kam es zwischen den Aliierten zu Spannungen, die dann zu dem Kalten Krieg führten.

X, 33.

Langen Rob = lange Kleider; bezieht sich sicherlich auf die Kleidung der Araber.

X, 34.

Gallier = Napoleon I., der seinen Schwager Murat (1767–1815) zum König von Neapel machte. Doch später kam es zwischen beiden zu einer Entfremdung, die letztlich auf die Niederlagen Napoleons und seinem zunehmenden Machtverlust zurückzuführen sind. Die Österreicher haben Murat hingerichtet.

X, 36.

Der sogen. Kamisardenkrieg, in welchem die Kalvinisten in den Sevennen und in der Gironde von den Engländern unterstützt wurden (siehe auch IX,64).

X, 39.

Die Heirat Franz II. von Frankreich mit Maria Stuart. – Franz II., 1543, verheiratete sich 1558 mit Maria Stuart; er starb aber schon 1560, im 18. Jahre seines Lebens; seine Ehe blieb kinderlos. Sein Tod veranlaßte heftigen Kampf zwischen England (Elisabeth) und Schottland (Maria Stuart). Die letzte Zeile, die besagt, daß ein „anderer“ noch „niederer sich verbinden“, d.h. in noch jüngerem Alter sich vermählen wird, kann man entweder auf seinen nächstgeborenen Bruder Karl IX. beziehen, der sich mit der erst elf Jahre alten Elisabeth von Österreich verlobte, oder auf Elisabeth von Frankreich, die nächstgeborene Schwester Franz II., die sich 1559 – 14 Jahre alt – mit Philipp II. von Spanien, der auch erst 15 Jahre zählte, vermählte.

X, 40.

Die Regierung der Stuarts. – Nach dem Tode Jakobs VI., Königs von Schottland, der ein Sohn der Maria Stuart war und von seinem Vater Henry Darnley vor seiner Ermordung durch Bothwell den schottischen Großen empfohlen war, und der auch wirklich 1625 als Karl I. den englischen Thron bestiegen hatte, „wird“ – so heißt es richtig übersetzt – „der Mann der Zerstörung eine gewinnende Rhetorik entfalten und verderben das Königreich dem Sohne dieses jungen Fürsten“. Lonol ist Anagramm für das griech. Olleon = part. präs. vom griech. ollymi = ich zerstöre; es ist

Deckwort für den Revolutionär Cromwell, der durch seine hinreißende Beredsamkeit das Volk an sich fesselte und die königlichen Truppen 1645 in der Schlacht bei Naseby entscheidend geschlagen hatte. 1649 wurde Karl I. enthauptet (III, 80; IX, 49).

X, 43.

Einer der zahlreichen Vierzeiler, der sich auf Ludwig XVI. und seine Hinrichtung bezieht. Seine Gattin war Marie-Antoinette, die ebenso wie er 1793 hingerichtet wurde.

X, 44.

Sicherlich ist Heinrich II. oder der Glückliche gemeint, der als Weltmonarch 1999 seine Herrschaft antreten wird. Die Kriege, die er zu führen hat, haben ihm die Araber bzw. der Führer eines arabischen Großreiches aufgezwungen. Er muß große Teile Westeuropas von den Arabern befreien.

X, 46.

Man dachte an Adolf Hitler, der, um für das Amt des Reichspräsidenten zu kandidieren, die deutsche Staatsbürgerschaft benötigte. 1932 wurde der Österreicher Hitler von der nationalsozialistischen Landesregierung in Braunschweig zum Regierungsrat ernannt.

X, 51.

Im Krieg 1870/71 verliert Frankreich Elsaß-Lothringen an Deutschland.

X, 53.

Der Pyrenäenfrieden 1659 (siehe auch IX,93). Für „Selin“ in der ersten Zeile ist feline = „arglistig wie eine Katze“ zu lesen. Damit ist der hinterlistige Philipp IV. von Spanien charakterisiert, der dem jungen Ludwig XIV. (= Ämathion) den Krieg erklärte. Frankreich war damals erschüttert durch den Bürgerkrieg, die sogen. Fronde, und die „Barke“, das

Schifflein St. Petri, war gefährdet durch den Jansenismus. Mit „Phokä" ist Marseille bezeichnet, das 600 v. Chr. von den Phöniziern gegründet war. Am 2. März 1660 drang Ludwig XIV. in Marseille ein. Und im äußersten „Westen" jcil. von Frankreich auf der Konferenzinsel bei Bidassoa wurde 1559 der Friede zwischen Philipp IV. und Ludwig XIV. geschlossen (III,15).

X, 55.

Gatte lautet im Original Phybe. Unter „Phy" sucht man den griechisch geschriebenen Anfangsbuchstaben des Namens Franz, „be" bedeutet dann den zweiten Buchstaben oder einfach II. Also kurz: Franz II. von Frankreich. Er starb nach kaum einjähriger Ehe, bevor er 18 Jahre alt war, am 15. Dezember 1560.X,58

Ämathion = Sonnenkönig, Ludwig XIV. Der Vierzeiler behandelt seinen Krieg mit Philipp II. von Spanien. „Gallien wankt" ist durch den Aufstand von Marseille (1660) in Erfüllung gegangen.

X, 62.

Türkenkrieg; siehe X,31.

X, 64.

Vertreibung des Großherzogs Leopold II. von Toskana im Jahre 1860. Mailand = Lombardei. Lucia, Florentia = Toskana. Venedig wird seinen Herrn wechseln (was allerdings erst 1866 geschah). Colonna = der päpstliche Stuhl.

X, 65.

Hier wird der Untergang der geistlichen Macht Roms, die sein eigentliches Wesen („Fleisch und Blut") ausmacht, prophezeit im Gegensatz zu der weltlichen Macht, die durch „Mauern" ausgedrückt ist, VIII,98.

X, 72.

Dieser Vierzeiler wurde ganz unterschiedlich interpretiert. Er kann auf die Geburt des neuen Weltherrschers Heinrich II. oder des Glücklichen hinweisen. „Schrekkenskönig“ wäre dann im guten Sinn auszulegen. Andere Interpreten denken an einen neuen „Hitler“ oder an eine Invasion außerirdischer Wesen.

X, 79.

Als der neuerwählte König Philipp V. seine Reise nach Spanien antrat, wurden alle Wege ausgebessert und geschmückt. Er nahm seinen Weg durch die Provence, wo er in Beaucaire oder Memphis zum letzten Mal auf französischem Bodenhaltmachte, am 3. März 1701. Die große Botschaft, daß ein französischer Prinz den spanischen Thron („Thron des Herkules“) bestiegen habe, machte gewaltigen Eindruck in der Welt und führte schließlich zum spanischen Erbfolgekrieg (auch X,27).

X, 86.

Erste Rückkehr Ludwigs XVIII. nach Paris am 3. Mai 1814. L. XVIII. betrachtete sich als König von Frankreich und als der direkte Nachkomme Hugo Capets, als der erste unter den Königen Europas. „Die vom Norden“ sind die Russen; „rot“ sind die Uniformen der Engländer und „weiß“ die der Österreicher. Sie marschierten gegen Paris, das moderne Babel, wo Napoleon herrschte, II,66 und auch II,72.

X, 87.

Kann sich nur auf die Landung Napoleons I. an der südfranzösischen Küste oder die alliierte Landung (Unternehmen Dragoon) beziehen, siehe Vierzeiler X, 23.

X, 88.

Muß in Verbindung mit X,87 gesehen werden.

X, 90.

Gefangenschaft Napoleons I. auf St. Helena. „Hundertfachen Tod“ erleidet er dort wegen der schmachvollen Behandlung durch die Engländer. Der „sanfte weiße“ ist sein Nachfolger auf dem Thron Ludwig XVIII., cfr. II,67. Der „boshafte Geselle“ ist der Stallknecht Louvel, der am 13. Febr. 1820 ein Attentat gegen ihn unternahm (III,96).

X, 91.

Hier muß sich ein Fehler in den Abschriften eingeschlichen haben, oder Nostradamus hat sich um einige Jahre geirrt. Im Jahre 1605 hatte das Kardinalkollegium zwei Papstwahlen. Leo XI. war nur 26 Tage Papst, dann folgte Paul V. Unter ihm machte die Gegenreformation große Fortschritte, worauf sich wahrscheinlich die letzte Zeile bezieht. In diese Zeit paßt auch ein Vers, der besonders für Astrologen wichtig ist. Zur ganzen Problematik siehe VIII, 80.

X, 95.

Vertreibung der Moriskos aus Spanien. Es handelt sich hierbei um den arabisch-islamischen Bevölkerungsanteil in Spanien, der vor allem um Granada wohnte. Ab 1492 unterlagen sie schärfsten Verfolgungen, da sie sich trotz Zwangsbekehrungen nicht assimilieren wollten. Nach fehlgeschlagenen Aufstandsversuchen kam es zu Massenemigrationen von über 50 000 Menschen. Die restlichen Moriskos wurden von dem spanischen König Philipp III. 1609/10 endgültig vertrieben. Freitagsvolk = Mohammedaner.

X, 100.

Deutet die künftige Weltherrschaft Englands an. Wenn man den Beginn derselben mit der Vernichtung der spanischen Armada, die im Sturm an Englands Küste zerschellte, ansetzt (1588), so stände Englands Schicksalsstunde unmittelbar bevor; nimmt man die Navigationsakte (1651) und die im Anschluß daran erfolgte Vernichtung der holländischen Seemacht als terminus a quo an, so würde England noch eine Frist von etwa zwei Menschenaltern haben. Zu beachten ist jedenfalls, daß zu N.s Zeiten die politische Bedeutung Englands eine solche Machtentfaltung nicht im entferntesten ahnen ließ.

X, 101.

Der Beginn des persönlichen Regiments Ludwigs XIV. – Die beiden ersten rätselhaften Zeilen enthalten nichts weiter als eine Zeitbestimmung. Der von zwei Stützen getragene Gegabelte ist = M, die 6 Halbhörner sind = CCCCCC (600) und die 6 offenen Scheren sind = XXXXXX (60), also 1660. Die Kröte war das Wappentier der alten Merowinger, Ludwig war Erbe des merowingischen Reiches. Am 9. März 1661 stirbt der allmächtige Ministerkardinal Richelieu. Mit seinem Tode beginnt das absolute Regiment des Sonnenkönigs, das aber schon während der Krankheit des Kardinals eingesetzt haben dürfte. –

XI. Zenturie

Es ist davon auszugehen, daß es außer den 1555 und 1558 veröffentlichten Vierzeilern noch andere gibt, die Nostradamus aus Gründen, die uns heute noch nicht erkennbar sind, nicht veröffentlichen wollte (siehe auch Einleitung). Unter den nicht veröffentlichten Vierzeilern sind sicherlich auch sehr viele gefälschte (vergleiche: A. Kniepf, Echte und gefälschte Prophetien des Nostradamus, Psychische Studien, 36. Bd., 1909, S. 276 ff.). Es ist glaubhaft bezeugt, daß 1605 eine ganze Sammlung bisher unveröffentlichter Vierzeiler dem französischen König Heinrich IV. überreicht wurden (siehe Anhang).

XI, 4.

Der Geburt des Herzogs von Bordeaux am 29. Sept. 1820.

XI, 6.

Verrat und Hinrichtung Birons. – Robin ist Anagramm für Biron, der eine Verschwörung gegen Heinrich IV. unternahm, die aber durch einen namens Lafin („das Ende") rechtzeitig enthüllt wurde. Philipp II. von Spanien war daran beteiligt. Das Mißgeschick des Boten hat sich genau so zugetragen, wie es hier geschildert wird. – Wir wollen nicht verschweigen, daß die Sechszeiler der 11. Zenturie erst im Jahre 1605 durch den Druck veröffentlicht worden sind, ohne aber deshalb etwas behaupten zu wollen, daß es sich hier um keine echte Weissagung handelt.

XI, 36.

Die Erhebung des dritten Standes in der französischen Revolution.

XI, 52.

Die Bartholomäusnacht am 24. Aug. 1572. – Hier ist der Name „Bartholomäus" von N. genannt. Auch die hier noch genannten Städte sind sämtlich Schauplätze blutiger Kämpfe gewesen (IV,47).

XI, 58.

Mit dem „Blutegel" ist der geizige, durch unerhörte Steuern das Volk aussaugende Minister Kardinal Mazarin treffend gezeichnet. Nach seinem Tode wurde Frankreich durch die Politik Ludwigs XIV. zur maßgebenden Macht in Europa; es schloß Bündnisse mit der Türkei und anderen Mächten gegen Österreich und erreichte, daß auf den Friedensschlüssen zu Utrecht und Rastatt (1713 und 1714) Ludwigs XIV. Enkel, Philipp, endgültig als König Philipp V. von Spanien anerkannt wurde.

Verzeichnis zentraler Begriffe und Namen

A

Aar, deutsches Kaiserhaus, siehe auch Adler

Abdalla, Mohammeds Vater.

Adler, deutsches Kaiserhaus, der *celtische* A. = Frankreich.

Ämathion, Sohn des Cephalus und der Aurora; er öffnete dem Apollo die Tore, wenn er mit seinem Sonnenwagen des Morgens aus seiner Burg herausfuhr. Deckwort für den „Sonnenkönig" Ludwig XIV.

Ämona, X,61, die Stadt Laibach.

Änobarb, f. Kupferbart.

Agripp. Colonia Agrippina, Köln a. Rhein III,53; VI,4, 91. (S. Cöln).

Aimar, Anagr. für Maria.

Albion, England, X,7.

Allemannen, deutsche, III, 78; IV,94.

Allemannien, Deutschland IV,94.

Allus, Anagr. f. Sulla.

Anagr. = Anagramm; Umstellung der Buchstaben eines Wortes, so daß ein anderes Wort entsteht, das als Deckwort benutzt wird. Die häufigste Form des Anagr. ist das Rückwärtslesen eines Wortes.

Anaragonische Umwälzung, Rückwälzung, Rückkehr der Herrschaft des Saturn und mit ihr des goldenen Zeitalters, mit dem die Welt anfing.

Angeln, Briten VII,60; IX,6, 38.

Anglaquitanien IX,6: Name der von den Engländern eroberten Landschaft Aquitanien im südwestlichen Frankreich.

Antike, VII,14 (Altertum); I,45; II,12: das alte, von dem Protestantis-mus modernisierte Heidentum.

Antoniusfeuer, Rose oder Rotlauf.

Aquatik, Wassergeschöpf.

Aquilon, der Norden Europas.

Araber, in übertragenem Sinne auch = Türken.

Artemis, Göttin der Jagd; als Göttin des Mondes auch Symbol des türkischen Reiches und des muhamedanischen Glaubens, II,28; IX,12, 74.

Artischer Pol, der Norden, oder auch die im nördlichen Frankreich gelegene ehemalige Grafschaft Artois.

Askan, f. Klemens.

Aspir, s. Paris, s. auch Rapis.

Augsburg, III,53; V,12; VII,4.

Augur, Wahrsagerin aus dem Vogelflug.

Ausonien, III,70, 86; IV, 34, 48. Italien; IV,48 speziell Sagunt.

Aufoniens Gallier, II,63 Oberitalien (Gallia cisalpina).

Austerien, die afrikanischen Randstaaten (auster = Südwind).

B

Barbadira, der wilde Bart, der Schreckliche, s. Kupferbart.

Barbaren, Berber, Türken.

Barbaris, Barbaren, Ausländer, fremde Truppen.

Barke, das Schiff St. Petri, katholische Kirche.

Barkner, der Papst.

Basel, III,52.

Basil, König spez. v. Frankreich IV,78.

Behaarter Stern, Komet.

Bekreuzigte, Männer der Kirche.

Belgien, IV,81; V,13; VI,83 (belgisch Gallien).

Berg IX,68, die Bergpartei der 1. französischen Revolution?

Beste, Bèze, Beza, Calvins Nachfolger in Genf I,45.

Biene, das Wappentier Napoleons I., daher Bienen = Anhänger desselben.

Blauhaupt II,2 die höhere katholische Geistlichkeit.

Blennus VI,100, der rohe Ignorant.

Blume, VI,83 = Lilie s.d.

Blutegel, Charaktername für einen das Volk ausfangenden Empörer im Süden Frankreichs.

Bogen, ein Bestandteil vom Sternbild des Schützen.

Böhmen V,51, 89.

Boot, f. Barke.

Bourbonen, das nach dem Aussterben der Valois 1598 mit Heinrich IV. auf den Thron kommende französische Königsgeschlecht.

Braunschweig X,46.

Britannien, Briten, II,1; III,57, 80; V,99; VI,2, 41; VII,46; VIII,58; X,25, 40.

Brügge V,94.

Brüssel, II,16, 50; IV,81; V,13; VI,47; IX,39; X,54.

Buda X,62, Budapest (Aquineum).

Bündten X,38, Graubündten in der Schweiz.

Bullenbeißer V,4; X,99, Überf. von mastin (matin), Anspielung auf das Optimatengeschlecht della Scala, von dem ein Mastin I. und ein Mastin II. an der Spitze der Republik Verona standen.

Byzanz I,40; II,49; IV,38; V,25, 47, 54, 70, 80, 86; VI,21, 53; VII,36; VIII,39, 51, 83; IX,30, 73; X,62, Konstantinopel, Istanbul.

C

Calais, VII,45; IX,88.

Cambrich, Cambridge X,66.

Car, VIII,67, Caraffa, Optimatengeschlecht in Ita-lien.

Celtica dextra II,69, das rechts vom Rhein gelegene Keltenland = Deutschland.

Chartres IV,42; IX,86 Stadt in Frankreich; III,49; IV,61 Herzog von Chartres, Titel des ältesten Sohnes des Herzogs von Orleans.

Chiren, Anagr. für Henricus, Henric, Heinrich, vor allem auf Heinrich IV. von Frankreich bezogen, der sich „Henric“ mit auslautendem c schrieb. Andere sehen darin einen künftigen großen König Frankreichs.

Chrisma, XI,16 das heilige Öl, das die Katholiken bei der Taufe usw. gebrauchen.

Christus, Vorr. 2; V,53; IX,67.

Cimbern, III,8, germanischer Volksstamm.

Colonia V,94; Köln.

Colonn, *Colonna* IX,2; X, 64, Optimatengeschlecht in Italien.

Connetable, Großschwertträger des Königs von Frankreich.

D

Dacien, östliche Ungarn, Siebenbürgen und die Donaustaaten V,51; VI,7.

Dänemark, IV,27; VI,41; IX,33.

Dalmatien, II,32, 84; IX, 60; X,44.

Dauphin, der Kronprinz von Frankreich IX,18, 27.

Demipel, Volksfahnen, Fahne der Volkspartei, IV, 98.

Dentat, XII,4; Dentatus, der Gezähnte, Scharfzähnige.

Deutsch, Deutschland, II, 39; III,57, 76; X,59.

Dial, Priester des Jupiter.

Diana, s. Artemis.

Dioskuren, s. Castor.

Donau, V,68; VI,49.

Donnerstag, der Tag der Einsetzung des Allerheiligsten, dann dieses selbst I,50; X,71.

Dreizackfürst, Neptun, England, V,62.

Dreizackmacht, Seemacht, England, II,59.

Dritte, XI,91 = der dritte Stand.

E

Eborac, X,66 (Eboracum), York in England.

Ecke des Nordens, I,49, Ungarn?

Ejovas, Anagr. f. Savoie, Savoyen.

Eklipse, Erdhälfte.

Eklipsis, Verdunkelung eines Sterns durch einen anderen, Fisternis.

F

G

M

N

O

P

R

Bibliographie

Textausgaben

Nostradamus, Michel: Les Vrayes Centuries et Propheties de Maistre Michel Nostradamus. Faksimile der Ausgabe von 1568, hrsg. von Krafft 1940 und 1969.

Textausgaben mit Übersetzung

Allgeier, Kurt: Die Prophezeiungen des Nostradamus, 1988

Patrian, Carlo: Nostradamus – Le Profezie (ital.), 1978

Le Pelletier: Les Oracles de Michel de Notredame, 2 Bde. 1867 (wichtig auch wegen des Kommentars)

Deutsche Übersetzungen

Allgeier, Kurt: siehe oben

Die erstaunlichen Bücher des großen Arztes, Sehers u. Schicksalspropheten Nostradamus, hrsg. von Ed. Roesch, 1850

Nostradamus Prophezeiungen, hrsg. von W. Faber, 1920 (identisch mit dem Buch von Ed. Roesch)

Centurio, Alexander N.: Nostradamus, der Prophet der Weltgeschichte, 1953

Sekundärliteratur

Bartoshek, Norbert: Nostradamus und seine berühmten Prophezeiungen, 1946

Centurio, Alexander N.: Nostradamus Prophetische Weltgeschichte, 1976

Centurio, Alexander N.: Nostradamus und das jüngste Weltgeschehen. In: Schweizer Monatshefte 1959 (August)

Dennert, E.: Nostradamus und das zweite Gesicht, 1931

Drude, Karl: Nostradamus – Ein Leben in der bedeutendsten Zeitenwende des Abendlandes und seine Auferstehung, 1963

Drude, Karl: Das magische Quadrat des Nostradamus, o.J.

Eilenberg-Kraus: Der neue Nostradamus – Entschlüsselte Zukunft, gedeutete Vergangenheit, 1983

Ernst, R.: Nostradamus – Vom Mythos zur Wirklichkeit, 1986

Fontbrune, Max de: Was Nostradamus wirklich sagte, 1981
Fontbrune, Charles de: Nostradamus – Historiker u. Prophet, 1982
Fuchs, Eberhard: Nostradamus – Die geheimen Offenbarungen des größten Sehers aller Zeiten bis zur Jahrtausendwende, 1989
Hildebrand, Jakob: Nostradamus. In: Süddeutsche Monatshefte 29 (1932)
Hogue, John: Nostradamus – Jahrtausendwende – Was bringt die Zukunft, 1990
Kahir, M., Nahe an zweitausend Jahren – Gegenwart u. Zukunft der prophetischen Schau, 1961
Kemmerich, Max: Prophezeiungen, 1925 (4. Auflage).
Klinckowstroem, Carl Graf: Rund um Nostradamus. In: Zeitschrift f. Kritischen Okkultismus II. 1927. Neudruck: Zeitschrift f. Parapsychologie u. Grenzgebiete der Psychologie, Jahrg. 26, Nr. 1, 1984
Klinckowstroem, Carl Graf: Die ältesten Ausgaben der „Propheties" des Nostradamus. In: Zeitschrift f. Bücherfreund, N.F. IV, Bd. 2, 1913
Kniepf, Albert: Die Weissagung des altfranzösischen Sehers Michael Nostradamus und der Weltkrieg, 1915
Koschmieder, E.: Die wahren Zenturien und die Prophezeiungen des Herrn Michel Nostradamus, 1928
Kritzinger, H.H.: Mysterien von Sonne und Seele, 1922
Loog, C.L.: Die Weissagungen des Nostradamus, 1921
Putzien, Rudolf: Nostradamus – Weissagungen über den Atomkrieg, 1968
Putzien, Rudolf: Friede unter den Völkern, 1958
Quinz-Sappada: Nostradamus und seine Prophezeiungen über das 20. Jahrhundert, 1949
Voldben: Nostradamus und die großen Weissagungen, 1990 (4. Auflage)
Winkler, Bruno: Nostradamus und seine Prophezeiungen für das zwanzigste Jahrhundert, 1939
Wöllner, Chr.: Das Mysterium des Nostradamus, 1926